# 아동관찰 및 행동연구

# 아동관찰 및 행동연구

전은옥 · 이은희 · 손은경 공저

동문사

# 머리말

아동은 발달특성상 자신의 감정과 생각을 말과 글로 표현하기 어려워하며, 성인의 설명을 이해하는 데 어려움이 있다. 특히 언어가 충분하게 발달하지 않은 상태에서의 의사소통은 인간관계에서 서로 간 오해를 불러올 수 있고, 해결되지 않을 경우 소통을 포기하거나 단절되는 결과를 초래하기도 한다.

우리는 대부분 언어로 이루어진 의사소통에 실패를 할 경우 몸짓 언어라는 비언어적 행위를 통해 소통을 이어나가려는 시도를 한다. 언어가 발달한 성인도 대화 중에 얻을 수 있는 부가정보의 약 80% 정도를 몸짓 언어에서 얻을 수 있다고 한다. 만약 길을 걷다가 갑자기 누군가 다가와 길을 묻거나 장소를 물어올 때 우리는 당황한다. 당황한 나머지 몸짓 언어로 설명하고 있는 자신을 발견하고 차분하게 말로 설명하지 못한 상황이 아쉬움으로 남는 경우도 있다. '다시 가서 자세히 설명해줄까? 뭐 그렇게까지!' 하면서 자신의 갈 길을 갔던 경험이 종종 있었을 것이다. 만약 외국인이 와서 내게 길을 묻는다면 나는 어떻게 할까? 이런 상상을 해보기도 한다. 말이 잘 통하지 않는다면 '보디랭귀지로 하면 되지'라고….

영유아는 비언어적으로 의사소통을 시도하고 자신의 감정을 표현하는 시기이므로 이러한 표현방식이 극히 정상적이다. 태어나서 자신의 모든 것을 울음으로 표현하는 신생아기부터 성인의 주도적인 역할이 있어야 울음이 말로 분화되는 기적 같은 일이 단계적으로 이루어진다. 울음으로 자신의 감정을 표현하는 신생아기에 성인과 같은 대화상대로 인정하고 영유아가 표현하는 것을 모든 것을 경청하는 자세야말로 진정한 아동 존중의 태도가 된다.

영유아의 행동을 관찰하고 무엇을 말하려는지 어떤 감정인지 무슨 욕구가 있는지를 먼저 파악하는 것이 중요한데, 무엇보다 관찰이 가장 필요한 대상임을 인식하는 것이 필요하다. 그렇다면 관찰은 어떻게 해야 할까? 관찰대상, 관찰상황, 관찰방법 및 기록, 관찰평가까지 이론적으로 접근하면서 원리는 충분하게 이해할 수 있지만 실제로 관찰을 실행한다면 무엇을 어떻게 해야 할지 막막하다. 또한 영유아발달을 촉진하고, 교사의 교수방법을 개선하는 차원에서 관찰한 기록을 분석하는 과정도 필요하다. 실습이 필요한 이유이다. 평상시 사물이나 현상을 주의하여 자세히 관찰하면서 관찰력을 길러야 실제 상황에서 필요한 피드백을 할 수 있는 교수자가 될 수 있다. 교수자가 바라보고 관찰하는 상황에서 객관적인 정보를 파악하여 평가하고 적기에 적용할 수 있는 역량개발이 필요하다고 하겠다.

저자들은 다년간 현장에 머물면서 영유아를 가르친 경험과 그 경험에서 비롯된 다양한 현장연구, 대학뿐 아니라 다양한 분야에서의 강의를 통해 현장과 교사의 연결고리 역할을 해왔다. 현장의 변화를 민감하게 인식하고 예비유아교사의 교육과정을 개발하는 일에도 발 빠르게 움직여왔다. 특히 영유아 교육과정이 개정된 이후 영유아가 주도하는 놀이중심 교육과정 운영과정에서 놀이관찰뿐 아니라 놀이지원이 강조되고 있다. 영유아 놀이를 관찰하여 지원하는 교사의 역할변화가 중요해졌다고 할 수 있다.

이 책은 이론을 최소화하고 실습을 강화하여 교사의 아동관찰과 분석역량을 키우는 데 방향을 두고 집필하였다. 1장과 2장은 아동관찰의 개념과 절차에 대해 서술하여 관찰의 전반적인 이해를 돕도록 하였다. 2장부터 8장까지는 관찰방법을 서술하여 현장의 교사나 예비유아교사가 손쉽게 활용하도록 하였다. 매 장마다 관찰 실습을 강화하기 위해 Activity를 제시하였고, 영유아의 다양한 상황이나 행동 이해를 돕기 위해 동영상을 찾아 첨부하였다.

모쪼록 이 책이 관찰역량을 키우기 위해 노력하시는 현직교사뿐 아니라 교사로 입문하기 이전의 예비유아 교사들에게 유용한 관찰 및 실습 지침서가 되기를 바라며 더욱 현장연구에 매진하는 저자가 되겠습니다.

2022년
저자 올림

# 차 례

Chapter

# 01

# 아동관찰

## (Child Observation)

# 1. 아동관찰의 이해

## 1) 관찰의 정의

아동은 발달 특성상 자신의 감정과 생각을 말과 글로 표현하기 어려워하고, 성인의 설명을 이해하는 데 어려움이 있다. 관찰(observation)은 '사물이나 현상을 주의하여 자세히 살펴보는 것'이라는 사전적인 의미와 '들여다보다', '바라보다'와 같이 객관적인 현상에 대해 살펴보는 것을 의미한다. 유아교육학에서는 관찰을 '사물의 형태나 현상에 기존의 지식을 사용해서 주의 깊고, 자세하게 탐색하는 기술 활동'이라고 정의한다(한국유아교육학회, 1996). 즉, 관찰은 아동의 행동을 이해하기 위해 아동이 보여주는 여러 가지 상황이나 활동을 과학적 기법을 사용하여 다양한 방법으로 관찰하고, 기록·분석함으로써 아동의 발달 및 행동에 대한 정보를 수집하는 것으로 아동 연구에서 가장 유용하게 사용하는 방법이다(황해익, 2017).

관찰대상으로 아동이 대표적인 이유는 다음과 같다(강현경 외, 2021; 이소영 외, 2020; 전남련 외, 2016; 황해익 외, 2021).

첫째, 아동은 자신이 관찰되는 상황을 크게 의식하지 않는다.

아동은 낯선 타인이 교실에 들어왔을 때 처음에는 관심을 보이지만 이내 그 존재를 잊고 자연스러운 행동을 보인다. 따라서 일상생활 속에서 아동의 자연스러운 행동을 관찰할 수 있다.

둘째, 아동은 언어로 자신의 의사를 완전하게 표현하는 데 서툴다.

연령이 어릴수록 자신의 생각과 감정을 구체적인 언어로 표현하기 쉽지 않다. 따라서 아동은 눈빛, 몸짓 등의 비언어적인 표현으로 나타나고, 이러한 표현은 관찰을 통해 더 잘 이해할 수 있다.

셋째, 아동은 낯설고 인위적인 상황에서 집중하기 힘들어한다.

아동은 검사나 면접과 같은 인위적인 상황을 접하면 위축되어 자신의 능력을 최대한 발휘하지 못할 가능성이 크다. 따라서 인위적인 상황이 아닌 자연스러운 놀이 상황에서 아동의 능력을 더 정확하게 관찰할 수 있다.

넷째, 아동 연구에서 실험실 통제 및 제재는 아동에게 윤리적이지 않다.

관찰은 특별한 조작이나 제재를 가하지 않은 상태에서 진행되므로 윤리적으로 적절하다 본다. 영유아 교육 현장에서의 관찰은 아동의 자연스러운 일상생활을 객관적으로 관찰하기 때문에 아동의 전반적인 발달을 이해할 수 있는 가장 효과적인 방법이라고 볼 수 있다.

## 2) 아동관찰의 목적

아동관찰의 목적은 아동의 질적 수준을 관리하고, 발달에 적합한 교육을 제공하기 위해 객관적인 정보를 수집하는 것이다. 관찰자인 교사는 관찰을 통해 아동의 발달 수준과 강점, 흥미를 발견하고, 이를 바탕으로 놀이를 지원할 수 있다. 이렇듯 관찰을 통해 아동이 놀이에서 배움을 찾는 아동의 유능함을 발견할 수 있고, 교육과정에서 표준보육과정과 누리과정이 어떻게 실행되고 있는지 알 수 있다(교육부·보건복지부, 2019).

영유아 교육기관에서의 아동 관찰목적은 다음과 같다.

첫째, 관찰은 아동의 발달 수준을 파악하기 위한 목적으로 사용될 수 있다.

아동은 동일한 연령대라도 발달 특성에 차이가 나타나기 때문에 교사는 발달 규준을 기준으로 개별 아동의 발달 수준 정도를 확인하는 것이 필요하며, 아동의 신체, 인지, 사회·정서 발달 특성을 이해해야 한다. 아동의 발달 수준은 단기간에 나타나지 않기 때문에 교사는 시점을 정해 관찰을 실시하며, 한 번의 관찰로는 발달 수준을 평가하기 어려움으로 지속적인 관찰을 한다. 관찰 기록지는 발달 영역별로 분류하여 아동의 행동 발달 여부를 체크리스트 형식으로 살펴보는 것이 편리하다. 따라서 관찰은 현재 아동의 발달 수준을 이해할 수 있게 하고 적절한 통합적인 지원을 할 수 있게 한다.

둘째, 관찰은 아동의 보육 및 교육계획을 수립하기 위한 목적으로 사용될 수 있다.

관찰은 자연스러운 놀이 상황에서 아동의 발달 수준, 흥미, 관심사, 경험의 정도나 수준을 이해할 수 있게 하고, 아동의 자발적인 놀이에서 아동의 관심 영역과 놀잇감을 파악할 수 있게 한다. 따라서 관찰기록은 아동의 보육 및 교육계획을 수립하고 놀이 확장을 지원할 수 있게 한다.

셋째, 관찰은 아동의 강점 및 발달 지연을 선별하기 위한 목적으로 사용될 수 있다.

동일한 연령대의 아동도 개인별 발달 수준에 차이가 있고, 각각 다른 특성이 있다. 어떤 아동은 적절한 발달을 보이지만 어떤 아동은 도움을 필요하거나, 전문가의 개입이 필요할 만큼 부족한 발달 상태를 보일 때도 있다. 따라서 아동의 강점과 발달 지연을 선별하고 객관적으로 분석하기 위해서는 아동의 발달을 지속적이고 반복적으로 관찰하는 것이 조기 지원을 위해 필요하다.

넷째, 관찰은 부모 면담 시 객관화된 자료로 사용하기 위한 목적으로 사용될 수 있다.

관찰은 아동의 문제행동, 또래 관계, 기관 적응, 교사와의 관계, 놀이 활동 참여 등의 다양한 사례에 대한 객관적인 자료수집을 할 수 있게 한다. 관찰자료는 아동에 대한 전반적인 이해를 하는 데 중요한 자료이며, 부모 면담 시 아동의 발달 상태를 객관적으로 제공할 수 있다. 또한 부모 면담 시 제공한 정보를 바탕으로 기관과 가정이 연계하여 아동의 발달을 돕고, 지도할 수 있다.

다섯째, 관찰은 교사에 대한 자기반성을 하기 위한 목적으로 사용될 수 있다.

관찰은 아동을 이해하기 위한 중요한 방법이지만 관찰자인 교사 자신을 이해하는 데도 중요한 방법이다. 관찰을 통해 교사 자신의 행동이나 사고를 주의 깊게 살펴볼 수 있으며, 자신의 행동, 태도, 능력 등에 대한 반성적인 사고를 갖게 할 수 있다. 또한 교사의 교수법까지 객관적으로 평가할 수 있으므로, 교육의 질 평가 및 수정을 통해 교사의 전문성 증진을 할 수 있다.

## 2. 아동관찰의 유형

아동관찰은 관찰 장면의 참여 여부에 따라 참여관찰과 비참여 관찰, 관찰 장면의 통제 여부에 따라 자연적 관찰과 통제적 관찰로 구분된다(황해익 외, 2021).

### 1) 참여관찰과 비참여 관찰

관찰자가 관찰 장면에 참여하는 여부에 따라 참여관찰과 비참여 관찰로 구분된다. 참여관찰(participant observation)은 관찰자가 관찰대상의 집단 속에 들어가 그 집단의 구성원이 되어 자연스러운 상황에서 관찰하는 방법이다. 즉, 관찰자가 관찰 장면에 직접 참여하여 관찰 대상자의 자연스러운 행동을 관찰하는 것이다. 대표적으로 담당 학급의 교사 및 실습생이 교실에서 아동과 지내면서 아동의 자연스러운 일상생활과 놀이 및 활동에 직접 참여하는 것이다.

유의할 점은 아동과의 라포 형성이 관찰 전에 이루어져야 자연스러운 관찰이 가능하며, 객관적이고 사실적인 정보를 기록할 수 있다는 것이다. 반면, 관찰자(교사)의 반응에 따라 아동의 행동에 영향을 받지 않도록 아동과의 상호작용에서 중립적이어야 한다. 그러나 관찰자(교사)일지라도 아동이 도움을 요청할 때는 도와줄 수 있다.

이렇듯 참여관찰은 자연스러운 상황에서 아동의 모습을 그대로 관찰할 수 있으며, 그 안에서 아동이 경험하는 다양한 감정을 함께 공유함으로써 다량의 정보를 수집할 수 있다는 장점이 있다. 반면, 관찰할 때 시간 소비가 많고, 관찰자(교사)의 주관적인 평가가 이루어질 수 있다는 단점이 있다.

비참여 관찰(non-participant observation)은 관찰자(교사)가 관찰 장면에서 참여하지 않고 관찰만 하는 방법으로 일반경(one-way mirror)이 설치된 관찰실에서 관찰하거나, 비디오, 카메라를 설치하여 녹화한 것을 관찰하는 방법이다.

유의할 점은 제공된 녹화자료는 외부에 유출되지 않도록 주의해야 한다. 특히 교실에서 비참여 관찰을 진행할 때 관찰자(교사)는 아동의 주의를 끌지 않는 곳에 착석하여 관찰하며, 이동 시 조용히 움직여야 한다. 또한 아동의 질문에 최대한 단답형으로 반응함으로써 지속적인 상호작용이 진행되지 않도록 해야 한다. 이는 관찰자(교사)가 아동의 행동이나 말에 감정적 반응을 보일 때 아동관찰에 영향을 줄 수 있기 때문이다.

이렇듯 비참여 관찰은 관찰 대상(아동)의 행동에 영향을 주지 않으므로 조직적이고, 계획적인 관찰을 하여 비교적 객관적인 정보 수집을 할 수 있다는 장점이 있다. 반면, 녹화 시점에 따라 아동(관찰 대상)의 놀이를 구체적으로 관찰할 수 없다는 점에서 심층적인 자료를 구하기 어렵고, 놀이의 흐름을 이해하지 못할 수 있다는 단점이 있다.

### 2) 자연적 관찰과 통제적 관찰

관찰 장면의 통제 여부에 따라 자연적 관찰과 통제적 관찰로 구분된다. 자연적 관찰(naturalistic observation)은 자연스러운 일상생활에서 나타나는 아동(관찰 대상)의 행동이나 현상을 관찰하는 것으로 의도적, 조작적, 인위적인 자극을 주지 않는 비 통제적 관찰 방법이다. 대표적으로 교사나 실습생이 담당 학급에서 일어나는 아동(관찰 대상)의 일상생활과 놀이 활동, 또래와의 관계 등을 주변에서 자연스럽게 관찰하는 것이 자연적 관찰이다.

이렇듯 자연적 관찰은 예상하지 못한 아동(관찰 대상)의 모습과 상황을 발견할 좋은 기회가 되며, 다양한 상황을 아무 제한 없이 그대로 관찰하고 기록하므로 객관적이고, 사실적인 자료수집을 할 수 있다는 장점이 있다. 반면, 수집된 기록이 계획 없이, 우발적, 단편적인 관찰기록일 때 관찰대상(아동)을 전체적으로 이해하기에 부족하다는 단점이 있다.

통제적 관찰(controlled observation)은 특정 목적을 위해 관찰 장면을 통제하거나 의도적으로 조작하여, 나타나는 행동을 특정 영역에서 관찰하는 것으로 실험적 관찰법이라고도 한다. 이때 관찰자는 그 안에서 관찰대상(아동)의 관찰 시간, 장면, 그 행동을 발생시킨 상황이나 조건 등을 구조화한다. 대표적으로는「해리 할로우의 원숭이 실험」[그림 1-1]과「에인스워스의 낯선 상황 실험」[그림 1-2]을 들 수 있다.

(* 동영상은 참고문헌【동영상 안내】를 통해 확인할 수 있다.)

[그림 1-1] 해리 할로우의 원숭이 애착 실험

[그림 1-2] 에인스워스의 낯선 상황 실험

## 3. 아동관찰 시 유의사항

관찰은 일상생활에서 발생하는 상황에 대해 기록, 해석, 평가하는 것이다. 특히, 아동을 대상으로 관찰할 때는 아동의 발달 특성으로 인한 문제가 발생할 수 있으므로 아동의 윤리적 문제를 고려해서 계획해야 한다.

다음은 아동관찰 시 발생할 수 있는 관찰상황의 오류, 관찰자의 오류, 관찰과정의 오류, 관찰 도구의 오류에 대한 설명이다(김이영 외, 2019; 양옥승 외, 2021).

### 1) 관찰상황의 오류

아동은 자신이 관찰되고 있음을 인식하게 되면, 관찰자가 만족스러워하는 행동을 보일 때가 있다. 교실에 새로운 관찰자가 존재하게 되면 아동은 일상적일 때와 다른 방식으로 행동하게 되고, 관찰자의 눈에 바람직하게 보이는 방식으로 행동하는 모습을 보이기도 한다. 예를 들어, 평상시에는 활동적이고 놀이에 잘 참여하던 아동이 관찰자를 발견하고는 보이지 않았던 초조함과 불안을 나타내며 놀이에 참여하지 못할 수 있다. 따라서 관찰 시 관찰자의 영향을 최소화할 수 있는 대책과 방법을 마련하는 것이 필요하며, 필요한 대책 방법은 다음과 같다.

첫째, 관찰자를 사전에 노출시킨다.

관찰을 시작하기 전에 관찰자가 미리 기관에 방문하여 아동과 친밀감을 형성할 수 있도록 하는 것이다. 이때 관찰자는 아동에게 친절하고 우호적이지만 아동의 행동에 감정적인 반응과 아동의 활동에 참여하지는 않는다는 점을 안내해 주는 것이 바람직하다.

둘째, 아동과 친근한 관찰자가 관찰을 수행한다.

새로운 관찰자가 오면 불안해하거나 활동에 참여하는 것이 어려울 때는 아동과 친근한 관찰자가 투입되어 관찰상황을 자연스럽게 관찰하는 것이다. 이때 관찰자는 부모, 교사, 교직원 등이 적합하다.

셋째, 영상장치를 활용한 관찰을 진행한다.

직접 관찰 시 아동의 행동이 보이지 않는 상황일 때는 아동이 알지 못하도록 카메라, CCTV 등의 영상장치를 활용하여 관찰상황을 녹화하는 것으로 일반경이 설치된 관찰실을 이용하거나, 카메라 및 CCTV를 설치하여 모니터로 관찰·기록하거나, 녹화 후 다음에 평정하는 방식을 택할 수도 있다. 이렇듯 영상장치 활용 방법은 원천적으로 관찰자의 영향을 차단할 수 있다는 장점은 있지만, 관찰지점과 카메라의 설치 위치에 따라 사각지대가 만들어지고 관찰상황이 보이지 않거나 들리지 않는다는 단점이 발생할 수 있다.

### 2) 관찰자의 오류

관찰 중 가장 큰 문제점은 관찰자의 오류이다. 관찰은 관찰자의 기록과 판단 및 평가로 이루어지므로 관찰자의 편견이나 선입견으로 인한 관찰기록의 오염이 발생할 수 있다. 관찰자는 관찰자가 가질 수 있는 일반적인 문제점을 인식하고 이를 체계적인 훈련을 통해 최소화할 수 있어야 한다. 다음은 관찰자가 범하는 오류에 대한 설명이다.

첫째, 관찰자의 기대로 인한 편견이 발생할 수 있다.

관찰자는 관찰 결과에 대한 개인적인 기대에 따라 관찰상황 속에서 일어나는 행동을 사실적으로 기록하는 것이 아니라, 일어나기를 원하는 기대방향으로 기록할 수 있다.

둘째, 과대한 일반화 및 주관적 해석이 가능하다.

관찰자가 가장 범하기 쉬운 오류로 관찰자의 개인적 경험에 기초하여 다른 사람의 행동도 같을 것이라는 과대 일반화와 주관적인 해석을 하는 것이다. 이러한 과대 일반화는 관찰된 행동의 중요성이나 특성에 대해 상세히 변별하기 어렵고, 관찰된 상황과 전혀 다른 주관적 해석을 할 수 있으므로 주의해야 한다.

셋째, 후광효과가 나타난다.

후광효과는 관찰대상(아동)에 대한 사전 정보, 호감도, 인상, 옷차림 등의 개인적인 정보를 통해 아동의 행동을 과소 또는 과대평가하는 것으로, 관찰대상(아동)의 전반적인 평가에 영향을 미친다.

### 3) 관찰 도구의 오류

관찰에서 관찰목적을 정확하게 살피기 위해서는 관찰 도구의 선택이 가장 중요하다. 예를 들어, '아동의 개별적인 발달을 관찰할 것인가?', '아동의 놀이를 살펴볼 것인가? 교실 환경을 살펴볼 것인가?', '관찰 행동에 대해 서술적으로 기록할 것인가? 일정 시간 동안 행동의 출현 유무를 확인할 것인가?'에 따라 관찰 도구는 달라진다. 따라서 관찰 도구는 관찰하고자 하는 상황에 적합한지, 실행 가능한지, 관찰 행동의 대표성을 잘 기록 할 수 있는 방법인지를 고려하여 선택해야 한다. 이때 적합하지 않은 관찰 도구를 선택하면 아동의 발달상황 및 관찰상황에 대한 해석과 평가에 부족한 정보를 제공할 수 있다.

### 4) 관찰과정의 오류

관찰과정 중에 발생하는 오류는 다음과 같다(양옥승 외, 2021; 이인원 외, 2020).

① 관용의 오류(error of leniently) : 아는 사람에 대해 실제보다 높거나 낮게 평정하는 것으로 전반적으로 높은 점수를 평정한다.

② 엄격의 오류(error of severity) : 지나치게 엄격한 기준을 적용하여 평

정하는 것으로 전반적으로 낮은 점수를 평정한다.

③ 논리의 오류(error of logic) : 논리적으로 서로 관련되어있는 것처럼 보이는 관찰 항목에 대해 유사한 반응으로 평정하는 것으로, 지능지수가 높으면 창의력도 높다고 평정한다.

④ 집중의 오류(error of central tendency) : 극단적인 항목에 응답하는 것을 기피하고 중앙 항목에 편중하여 점수를 평정하는 것으로 대부분 점수가 중간에 모여 있다.

⑤ 근접의 오류(error of proximity) : 문장 간의 거리가 떨어져 있을 때보다 연달아 있을 때 유사한 평정을 하는 것으로, 식사 전 손을 씻는 습관과 화장실 사용 후 손을 씻는 습관을 묻는 문항을 연달아 제시하면 떨어져 있는 것보다 유사한 평정을 한다.

⑥ 대비의 오류(error of contrast) : 지각된 관찰과 반대되는 측면에서 응답을 평정하는 것으로, 관찰자에게 있는 특성이 관찰대상도 있으면 나쁘게 평가, 관찰자에게 없는 특성을 관찰대상이 가지고 있으면 좋게 평가한다.

동영상 안내

| 원숭이 애착실험 | 낯선 상황 실험 |
| --- | --- |
| 동영상 | 동영상 |
| https://www.youtube.com/watch?v=mbOBzp4SHEQ | https://www.youtube.com/watch?v=yKRiithG4Ds |
| 출처: EBS 다큐멘터리 아기성장보고서 -3부 | 출처: EBS 페팩트베이비-2부 |
|  | 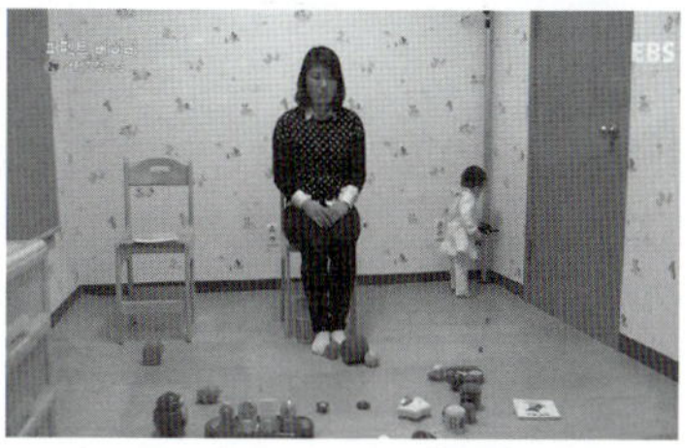 |

# 참고문헌

## 단행본


- 강현경, 김성숙, 김정희(2021). **아동관찰 및 행동연구**. 서울: 학지사.
- 김이영, 곽은복, 김태인, 김현정, 윤정임, 이경희, 장기덕, 장정애(2019). **아동관찰 및 행동연구**. 경기: 양성원.
- 교육부·보건복지부(2019). **2019 개정 누리과정 놀이 실행자료**. 세종: 교육부.
- 양옥승, 김승옥, 류은미, 윤지영(2021). **영유아관찰 및 실습(제2판)**. 서울: 신정.
- 이소영. 임재택(2020). **2019 개정 누리과정에 따른 아이중심·놀이중심 관찰기록**. 경기: 공동체.
- 이인원, 윤정임, 이태분, 최윤지, 이현아(2020). **아동관찰 및 행동연구**. 경기: 양성원.
- 전남련, 김인자, 백향기, 황연옥(2016). **아동관찰 및 행동연구**. 경기: 양서원.
- 황해익(2017). **아동연구방법**. 경기: 정민사.
- 황해익, 최혜진, 권유선(2021). **아동관찰 및 행동연구(제3판)**. 경기: 공동체.


## 동영상


- EBS 다큐멘터리 아기성장보고서 3편 – 애착
  https://www.youtube.com/watch?v=mbOBzp4SHEQ
- EBS 퍼팩트베이비 2부 - 감정조절능력
  https://www.youtube.com/watch?v=yKRiithG4Ds

Chapter

# 02

# 아동관찰의 절차

## 1. 관찰 계획하기

아동을 관찰하기 위해서는 먼저 계획을 세우는 것이 필요하다. 관찰자는 사전에 아동의 행동 발달 특성과 놀이 활동, 일상생활, 또래 관계, 교사와의 상호작용, 물리적 환경 등 모든 면에서 관찰하고자 하는 행동을 잘 볼 수 있도록 계획해야 한다. 체계적인 관찰을 계획하기 위해서는 관찰목적 수립, 관찰대상 선정, 관찰행동 선정, 관찰방법 및 관찰매체 선정을 계획해야 한다(강현경 외, 2021; 양옥승 외, 2021).

| | |
|---|---|
| **관찰 목적** | 아동(관찰대상)의 무엇을 관찰할 것인가? |
| ↓ | |
| **관찰 대상** | 관찰대상은 누구인가? |
| ↓ | |
| **관찰 시간** | 관찰행동을 하루 일과 중 언제 관찰할 것인가? |
| ↓ | |
| **관찰 장소** | 관찰행동을 어디에서 관찰할 것인가? |
| ↓ | |
| **관찰 기록** | 관찰한 내용을 어떻게 기록할 것인가? |

**[그림 2-1] 관찰 전 계획하기**

### 1) 관찰목적 수립

아동관찰의 목적은 아동의 발달 수준, 일반적 행동 특성, 또래 관계, 선호하는 놀이 및 놀잇감과 문제행동의 원인 등을 파악하기 위한 다양한 목적으로 관찰을 한다. 즉, 어떤 목적을 위해 관찰을 할 것인지를 결정하는 것이 중요하다. 이는 같은 관찰자와 대상이라도 목적에 따라 관찰 장면, 상황, 시간, 공간, 방법, 기간 등이 달라질 수 있기 때문이다([그림 2-2] 참조). 따라서 정확한 관찰목적을 수립하여 관찰대상, 관찰행동, 관찰방법 등을 선정하는 것이 필요하다.

| 관찰목적 | | 관찰대상 | | 관찰행동 | | 관찰방법 |
|---|---|---|---|---|---|---|
| 친사회성 | ⇨ | 만 4~5세 | ⇨ | 나누기, 돕기, 양보하기, 쌓기/역할놀이 | ⇨ | 일화기록법<br>시간표집법<br>⋮ |
| 언어발달 | ⇨ | 만 2~5세 | ⇨ | 아동 vs 아동,<br>아동 vs 교사,<br>언어 및 역할놀이,<br>이야기 나누기 | ⇨ | 일화기록법<br>사건표집법<br>평정척도법<br>⋮ |
| 발달수준 | ⇨ | 만 0~5세 | ⇨ | 놀이상황, 일상생활 | ⇨ | 행동목록법<br>시간표집법<br>⋮ |

**[그림 2-2] 관찰목적에 따른 관찰 계획하기**

출처: 강현경 외(2021) 재구성

## 2) 관찰대상 선정

관찰대상은 관찰목적에 따라 다르게 선정할 수 있다. 예를 들어, 아동의 개별적 발달 수준을 살펴볼 때는 모든 아동을 관찰대상으로 선정하며, 학급에서 문제행동(분리불안, 공격성, 부적응 등)을 보이거나, 또래 아동에 비해 발달 수준이 빠르거나 느린 경우는 그에 해당하는 아동을 관찰대상으로 선정한다. 따라서 관찰대상을 영유아 교육기관의 아동으로만 한정하여 선정하는 것보다는 교사, 기관의 물리적 환경, 교사-아동 간 상호작용도 관찰대상으로 선정하여 관찰할 수 있다(김희진 외, 2011).

### 3) 관찰행동 선정

관찰행동은 관찰목적을 측정할 수 있는 적합한 행동을 선정해야 한다. 특히, 관찰목적에 적합한 관찰행동이 '언제 가장 잘 나타나는가?', '이 행동을 얼마나 오랫동안 관찰할 것인가?'에 대한 관찰시간, '어느 정도 범위까지 관찰할 것인가?'에 대한 관찰범위, 그리고 '어떤 장면 및 상황에서 관찰할 것인가?'에 대한 관찰장면을 고려하여 선정해야 한다. 예를 들어, 만 5세(관찰대상) 유아의 친사회적 행동(목적)을 관찰하고자 한다면 친사회적 행동을 가장 자연스럽게 관찰할 수 있는 자유놀이시간(관찰시간)에 역할놀이 혹은 쌓기놀이영역(관찰범위)에서 나누기, 돕기, 공감하기 행동(관찰행동) 등을 관찰하는 것으로 계획한다.

관찰행동이나 영역을 선정할 때 연간 교육·보육 과정을 참고하여 미리 계획한다면 관찰에 누락 된 아동이나 관찰이 미흡한 행동이나 영역을 쉽게 파악할 수 있다. 예를 들어, 신입 원아의 경우 3월에 기관 적응이 가장 중요한 과제이므로 등원 시 부모와 헤어지는 것에 초점을 두고 기록하거나, 간식, 점심은 어떻게 먹는지에 대한 식습관, 낮잠 자는 것에 문제가 없는지에 대한 수면, 기저귀 갈이 및 배변에 대한 행동 등을 미리 관찰행동으로 선정하여 관찰하는 것이다. 이러한 연간 관찰기록 목록은 <표 2-1>과 <표 2-2>에 제시하였다.

**표 2-1 연간 관찰기록표 예시(영아)**

| 상황 / 영아명 | 등원 | 기본생활습관 | | | 신체 | 사회 | 언어 | 자연탐구 | 예술경험 |
|---|---|---|---|---|---|---|---|---|---|
| | | 식습관 | 수면 | 배변 | | | | | |
| 전○○ | 3/15 | | | | | | | | |
| 손□□ | | 3/25 | | | | | | | |
| 임○○ | | | 3/29 | | | | | | |
| ⋮ | | | | | | | | | |

출처: 양옥승 외(2021) 재구성

**표 2-2** 연간 관찰기록표 예시(유아)

| 상황 / 유아명 | 등원 | 언어 | 정서 | 수/ 조작 | 쌓기/ 역할 | 미술 | 음률 | 과학 | 신체 |
|---|---|---|---|---|---|---|---|---|---|
| 정○○ | 3/7 | | | | | | | | |
| 이□□ | | 4/5 | | | | | | | |
| 장○○ | | | | 4/15 | | | | | |
| ⋮ | | | | | | | | | |

출처: 양옥승 외(2021) 재구성

## 4) 관찰방법 선정

관찰방법은 관찰행동을 정확하게 측정할 수 있는 것으로, 기록방식에 따라 서술식 기록법의 일화기록법과 표본기록법, 서술식 사건표집법이 있고, 측정식 기록법의 행동목록법과 평정척도법이 있고, 표집식 기록법의 시간표집법과 빈도 사건표집법으로 나눌 수 있다.

첫째, 서술식 기록법은 일정한 양식 없이 일어난 행동 그대로 사진을 보는 듯 기록하는 형식이다. 둘째, 측정식 기록법은 사전에 준비한 구조화된 목록에 관찰행동이 출현할 때마다 체크하는 것으로, 행동의 유무와 함께 연속적인 빈도나 점수와 같이 수량으로 표기한다. 셋째, 표집식 기록법은 관찰행동의 출현 유무를 표시하는 기록형식이다.

## 5) 관찰매체 선정

관찰을 기록할 때 아동의 역동적인 상황을 그대로 관찰하기 위해서는 관찰대상의 말과 행동, 그리고 주변 상황을 하나도 빠짐없이 기록 할 수 있는 매체를 선정해야 한다. 관찰행동을 바로 기록하기 어렵다면 사진이나 녹음기를 이용하는 관찰행동을 기록해 두는 것도 방법이다. 최근에는 기술적 발달로 간편하고 정확하게 관찰행동을 기록할 수 있는 매체가 다양해져 녹음기, 비디오, 카메라, 컴퓨터, 스마트폰 등으로 관찰을 기록할 수 있으며, 이를 바탕으로 관찰장면 회상, 같은 기록에 대한 재분석 등과 같이 관찰의 보조적인 역할로 활용되기도 한다.

## 2. 관찰 진행하기

영유아 교육현장에서 아동을 성공적으로 관찰하기 위해서는 관찰하고자 하는 대상, 상황, 현상에 대해 주의 깊게 자세히 관찰하며, 객관적으로 기록해야 한다.

### 1) 관찰 활동의 이해

관찰은 단순히 '보는 것', '주의 깊게 보는 것'만이 아니라 관찰자가 관찰한 활동을 통해 무엇인가를 알아가고 깨닫는 것이다(양옥승 외, 2021). 즉, 관찰자인 교사는 현상을 그대로 보는 수준에서 벗어나 오감을 사용하여 아동의 행동과 상황을 자세히 관찰하고, 관찰대상 아동에 대해 기록·해석·평가를 객관적으로 기록해야 한다.

### 2) 객관적 관찰

객관적 관찰은 아동의 행동을 관찰할 때 관찰자의 생각과 감정 등을 배제한 채 최대한 객관적이며, 장면 그대로 관찰한 것을 기록하는 것으로, 사전에 충분한 관찰 훈련이 필요하다. 이때 객관적으로 상황을 보고 판단하는 것도 중요하지만 그 내용을 사실적이고 객관적으로 기술하는 능력도 중요하다. 따라서 객관적 기록은 직접화법으로 기록하며, 관찰상황을 보지 않은 사람도 그 장면에 대해 유추가 가능할 정도로 구체적이고 상세하게 기록해야 한다.

**Activity**

동영상

객관적인 기록을 연습해 보기 위해 동영상을 보고 관찰한 행동에 대해 〈Activity 2-1〉에 객관적으로 작성해 보세요.

https://www.youtube.com/watch?v=2DZhaF3VEK8

## 3) 주관적 기록과 객관적 기록 분별

관찰기록에서 주관적 기록과 객관적 기록을 구분하는 것은 관찰 행동에 대한 정보수집을 위해 중요하다. 먼저, 주관적 기록은 관찰자의 생각과 감정이 포함되어 다른 사람이 동의하기 어려운 기록이다. 예를 들어, '사랑스럽다', '귀엽다', '잘한다' 등의 기록은 관찰자(교사)가 느끼는 개인적인 생각과 감정이므로 다른 관찰자(교사)는 아동의 동일한 행동을 보고 다르게 기록할 수 있다. 즉, 관찰자의 주관적인 판단은 아동의 발달상황을 정확하게 이해하기 어렵게 하므로 주의해야 한다.

다음으로, 객관적 기록은 기록을 보고 다른 사람도 동의할 수 있는 기록이다. 예를 들어, '주원이가 오른손으로 휴지를 뽑았다', '서원이가 휴지 한 장을 위로 던졌다', '지원이가 빨간색 매트에 앉았다' 등으로 관찰상황을 보지 않은 사람도 기록을 통해 그 장면을 유사하게 연출하거나, 그 장면에 대해 유추가 가능한 기록이다. 즉, 관찰자가 객관적으로 기록을 하면 아동의 발달상황을 정확하게 이해하여 적합한 지원과 교육계획을 세울 수 있다.

**Activity**

기록한 내용을 보고 〈Activity 2-2〉에 객관적 기록과 주관적 기록을 구분해 작성해 보세요.

다음은 객관적 기록을 기술하기 위해 고려해야 할 사항이다(<표 2-3> 참조).

**표 2-3 객관적 기록을 위한 고려사항**

1. 관찰 대상자가 행동한 것만을 기록한다.
   - 좋아한다. → 입을 크게 벌리고 깔깔 소리 내어 웃었다.
   - 신난다. → 어깨를 들썩이며 흥얼거린다.
   - 짜증 냈다. → 자동차를 집어 던지며 소리를 질렀다.

2. 부사는 주의해서, 형용사는 적절하게 사용한다. 모호한 '부사'와 '형용사' 표현은 가급적 자제한다.
   * 표준화된 수치(예: cm, 분 등)로 표현하기 어려운 경우 비표준화 수치(예: 무릎 정도, 한 팔, 두 뼘 등)로 표현한다.
   - 한참 동안 놀았다. → 약 15분 정도 놀았다.
   - 높이 뛰었다. → 10cm 정도 높이 뛰었다.
     → 유아 무릎 정도 높이로 뛰었다.

3. 대화는 직접화법으로 기록한다.
   - 밥을 달라고 말한다. → 주원이는 "맘마"라고 말한다.
   - 자동차를 달라고 말한다. → 서원이는 "빠방"이라고 말한다.

4. 관찰된 행동은 육하원칙에 맞게 기록한다. 누가, 언제, 어디서, 무엇을, 어떻게, 왜 했는지 상세히 기록한다.
   - 역할영역에서 한참 놀고 있다. → 서원이가 주원이랑 역할영역에서 15분째 공룡 놀이를 하며 놀고 있다.

5. 행동의 특성을 상세히 기록한다.
   - 울다. → 엎드려서 소리를 내고 운다.
     → 뒤로 넘어져서 발버둥 치며 운다.
     → 소리를 내지 않고 눈물만 흘린다.

출처: 양옥승 외(2021)

**Activity**

나 또는 주변을 관찰한 후 〈Activity 2-3〉에 객관적으로 관찰상황을 기록해 보세요.

### 4) 객관적으로 행동의 특성 표현

객관적인 관찰행동을 기록하기 위해서는 아동의 행동 특성을 정확하고 상세하게 기록하는 것이 중요하다. 이는 아동의 관찰행동이 다른 아동과 어떻게 구분되는지 정확하게 설명해 줄 수 있으며, 아동에 대한 정확한 정보를 유추할 수 있게 한다. 즉, 관찰자의 객관적인 기록은 일상생활 속에서 관찰대상인 아동이 무엇을 하고 있고, 그 행동의 특성이 어떻게 표현되는지에 대해서 아동의 상황이나 사건을 누구나 공감할 수 있는 해석과 평가로 이끌 수 있다. 따라서 관찰대상의 행동 특성 표현을 잘 기록하기 위해서는 행동을 정확하게 나타낼 수 있는 적절한 동사를 선택하여 사용해야 한다. 단, '본다'와 같이 '실눈을 뜨고 본다'의 행동을 표현하는 것과 '책을 본다'의 목적이 다르므로 주의하여 기술해야 한다.

**Activity**

다양한 행동으로 표현되는 동사에 대해 생각해 보고 〈Activity 2-4〉에 구체적인 문장으로 기록해 보세요.

### 5) 객관적으로 관찰기록

관찰기록 시 주의해야 할 점은 관찰자도 모르게 기록하는 주관적인 기록이다. 따라서 관찰자는 기록을 작성한 후 다시 한번 읽어보고 주관적으로 작성한 부분이 없는지 살펴보는 것이 필요하다.

**Activity**

객관적으로 관찰기록하는 연습을 하기 위해 〈Activity 2-5〉에 기록된 내용을 읽고, 객관적인 기록으로 수정해 보세요.

## 3. 관찰자료 분석 및 활용

아동을 관찰하는 목적은 아동의 개별적인 발달 특성을 이해하고 발달 수준에 적합한 교수전략을 계획하고, 가정에 아동의 발달 정보를 제공함으로써 가정과 기관이 연계하여 아동의 건강한 발달을 도모하기 위해서이다.

객관적으로 수집된 관찰자료는 아동의 행동 및 발달에 대한 추론 및 평가를 할 수 있는 분석의 바탕이 되고, 이를 통해 추후 교육을 계획하고 실천하는 자료로 활용된다. 따라서 관찰자인 교사는 아동을 관찰할 때 아동 발달에 대한 이론적 지식을 근거로 객관적인 판단을 하는 것이 중요하다.

### 1) 관찰자료 분석

#### (1) 추론

추론은 어떠한 판단을 근거로 삼아 다른 판단을 끌어내는 것으로, 객관적인 기록이 선행되어야 하고, 관찰기록 및 관찰행동의 원인, 감정, 동기, 목적 등의 다양한 관찰기록에 근거하여 이루어진다.

이 단계에서의 유의할 점은 관찰대상에 대한 관찰자의 사전 정보나 발달이론에 대한 지식이 주관적 해석으로 개입될 수 있으므로 주의해야 하며, 다양한 상황에 대한 객관적 관찰기록을 근거로 관찰행동을 추론을 해야 한다.

#### (2) 평가

평가는 사물의 가치나 수준을 판단하는 것으로, 객관적으로 관찰기록한 자료의 내용을 근거로 아동이 표현한 행동에 가치를 부여하는 것이다. 즉, 객관적인 관찰기록을 기반으로 추론한 내용이 문제행동인지, 발달 지연인지, 영재인지를 판단하는 것이다.

이 단계에서 유의할 점은 평가로 아동의 행동이 '바람직한가 vs 바람직하지 않은가', '긍정적인가 vs 부정적인가', '정상발달인가 vs 발달지연인가'를 판단하므로, 관찰자는 표준보육과정과 누리과정의 영역별 및 연령별 발달 수준 정도를 정확하게 파악하고, 관찰 행동에 대한 사전 정보, 객관적 지식, 누적된 관찰기록을 바탕으로 평가해야 한다.

### 2) 관찰자료 활용

관찰의 마지막 단계는 관찰자료에 대한 활용이다. 객관적으로 관찰하고 기록된 자료는 아동의 전반적인 발달과 강점, 문제점 발견, 학부모 면담 시 활용된다. 또한 교사의 경우 자신의 모습을 객관적으로 평가할 수 있으며, 이를 바탕으로 아동이 나타내는 행동을 이해하고, 발달 특성에 적합한 교육을 계획할 수 있고, 교수법을 수정할 수 있다.

이 단계에서 유의할 점은 관찰자료를 활용하기 위해서는 아동의 발달 변화에 대해 시간별, 영역별, 활동별 등 체계적이고 구조화하여 준비해야 한다. 이는 부모와의 면담 및 교사의 다양한 교수법을 개발하는 데 활용하거나 아동의 문제행동 및 발달 지연으로 인하여 다른 기관에 의뢰할 때 기초 자료로 제공할 수 있기 때문이다.

## 척도연구

# 만 5세 유아가 경험하는 디자인씽킹 프로그램에 대한 의미 탐색

**연구자 : 김경은, 김연아(2021)**

출처: 유아교육학논집. 2021, Vol. 25, No. 1. pp. 169-196.

| 연구내용 | |
|---|---|
| 연구목적 | 만 5세 유아들의 디자인씽킹 프로그램 경험의 의미, 인식 등을 통해 유아의 창의적 문제해결력을 살펴보고자 함 |
| 연구대상 | ◦ 서울, 경기에 소재한 두 곳의 유아교육기관<br>◦ 만 5세 유아 31명을 관찰<br>◦ 관찰 대상자 선정 :<br>- 유아 수, 프로그램 가능 일정, 환경 등을 고려하여 적합한 곳<br>- 연구에 참여를 희망하는 유아 |
| 연구방법 | ◦ 프로그램 기간 : 총 8주 진행 (주 2 - 3회)<br>◦ 프로그램 시간 : 60분 - 90분 정도<br>◦ 연구 참여자 : 연구개발자 1인과 연구 참여자 1인 (유아교육 전공자) |
| 자료분석 | ◦ 다양한 문헌 및 관련 자료를 참고하여 사전 질문의 명료화<br>◦ 녹취한 자료 전사 및 담임교사를 통한 확인<br>◦ 전사한 자료 범주화하여 주제 분류<br>◦ 자료에서 의미 있는 해석과 연구 결론 도출 |

**【관찰방법】**

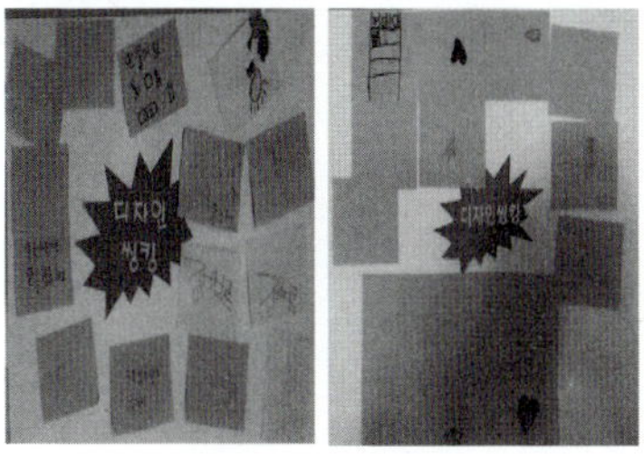

[그림 1] 생각풀기: 디자인씽킹이란?

[팀별로 생각을 모으기 시작한다]

연구자1: 그럼 디자인씽킹이 뭘까 생각해보고 그림이나 글로 표현해 여기에 모아 볼까요? 글로 쓰는 것이 어려운 친구들은 그림을 그려서 알려줘도 좋아요. 맞고 틀리는 건 없어요. 너희들이 생각하는게 모든 답이 될 수 있어요. 글자로 써도 좋고, 그림으로 그려도 좋아요. 여러분의 생각을 자유롭게 적어서 팀별로 나누어준 4절지에 붙여 생각을 모아볼께요. 자 그럼 시작해 볼께요.

유 아 들: 네...

(유아들은 팀별 책상 위에 놓여 있는 색연필과 사인펜을 이용해 포스트잇에 그림을 그리거나 글로 적어, 4절지에 붙여 모은다.)

연구자1: 자 그럼 팀별로 어떤 생각들이 모였는지 이야기해볼까요.

유아5(남): 이거는 뇌예요.

연구자1: 어떻게 뇌를 생각해냈어요?

유아5(남): 뇌에서 생각하는 것예요. 디자인씽킹은 생각하는 거 같아요.

유아7(여): 꽃이랑 별이에요. 반짝이고 예쁜 거에요. 디자인하는 거!

유아12(여): 목걸이를 만드는 거 같아요.

유아3(남): 색종이나, 이런 걸로 만드는 거예요. 그래서 가위랑 색종이 그렸어요.

연구자1: (유아들이 작성한 포스트잇을 보며) 생각 생각 생각을 하자! 라고 써 있네요.

유아10(남): 생각을 계속 계속 '생각 생각 생각 하~' 이렇게 계속하는 거예요.

유아3(남): 이거는 ○○이가 그린 건데요. 티비 보면서 불이 나오는 거예요. 생각이 나서 '빤짝'하고...

(2019. 9. 26. A 어린이집, 1주차 관찰)

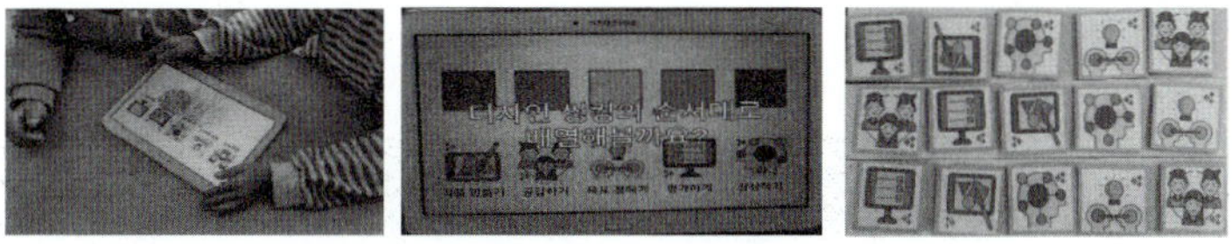

**[그림 2] 디자인씽킹 앱과 디자인씽킹 교구**

| **관찰법** | • 교구를 제시하고 활동하는 아동을 관찰하여 일지로 작성함<br>• 아동의 변화에 대한 인터뷰 진행<br>• 2개의 녹음기로 유아의 언어 녹취, 모둠별 활동 시 영상자료 촬영 실시 |
|---|---|

## Activity

### Activity 2-1

**동영상을 관찰 후 기록하기**

- 동영상에 제시된 아동의 놀이를 관찰해보세요.
- 선정한 관찰대상에 대해 가능한 상세하고 정확하게 객관적으로 기록해 보세요.

동영상

https://www.youtube.com/watch?v=2DZhaF3VEK8

출처: EBS 다큐 놀이의 기쁨-1부

**객관적으로 기록해 보기**

◦

◦

◦

◦

◦

## Activity 2-2

### 객관적 기록과 주관적 기록 구분하기

◦ 제시된 아래 문장을 읽어보고 객관적 기록은 '객'으로 주관적 기록은 '주'로 표시해 보세요.

① 지원이가 좋아했다. ________

② 장난감 기차를 잡고 서원이가 '내 거야'라고 말했다. ________

③ 나영이는 말을 잘한다. ________

④ 아영이는 1에서 5까지 수를 셀 수 있다. ________

⑤ 주영이는 점프를 높게 한다. ________

⑥ 주영이가 가지고 있던 빨간색 색연필을 아영이에게 건네주었다. ________

⑦ 서원이는 바지를 두 손으로 잡고 내릴 수 있다. ________

⑧ 주원이는 역할영역에서 할아버지 역할을 하면서 만족해했다. ________

⑨ 지원이는 그리기를 잘한다. ________

⑩ 주원이는 파란색 색연필로 공룡을 색칠했다.

출처: 양옥승 외(2021) 재구성.

## Activity 2-3

| 나(주변) 객관적 관찰하기 |
|---|
| ① 현재 상황의 나(주변)를 관찰하고 기록해 보기<br><br>◦ 약 10 - 15분 정도 지금 내가 있는 상황을 관찰한다.<br>◦ 주어진 시간 내에 관찰한 내용을 10 - 15개 문장으로 기록한다.<br>(예: 내 앞에 컴퓨터가 있다. 옆에 선생님이 볼펜을 잡고 무엇인가를 끄적인다 등)<br>◦ 상황이 일어나는 순서대로 관찰한 것을 아래 제시된 기록표에 기록한다. |
| 순서대로 관찰하기 |
| 1. |
| 2. |
| 3. |
| 4. |
| 5. |
| 6. |
| 7. |
| 8. |
| 9. |
| 10. |
| ② 기준에 의해 나의 관찰기록 분석하기<br><br>• 내가 작성한 관찰기록이 주어진 시간 동안 발생한 일을 관찰한 내용-1,<br>주어진 시간 이전에 발생했던 내용-2로 번호 앞에 표기한다.<br>• 내가 작성한 기록이 관찰한 기록-△, 상황을 해석한 기록-☆로 표기한다.<br>• 내가 작성한 관찰기록에 사용된 부사와 형용사에 밑줄을 긋는다.<br>• 내가 작성한 기록이 객관적 관찰기록-○, 주관적 기록-X로 표기한다. |

## Activity 2-4

| 행동의 특성 기록하기 |
|---|

- 다음에 제시된 동사를 보고, 다양한 행동으로 표현되도록 동사 1개당 3개의 행동 표현을 기록해 보세요.
- 유의할 점은 행동 자체에 초점을 두고 다양한 표현을 기록해 보세요.

| | |
|---|---|
| 싫다 | 예) ○○이는 몸을 좌우로 흔들면서 "싫어"라고 말하며, 장난감을 놓지 않는다. |
| | |
| | |
| | |
| 말하다 | |
| | |
| | |
| 좋다 | |
| | |
| | |
| 논다 | |
| | |
| | |

출처: 양옥승 외(2021) 재구성.

## Activity 2-5

| 객관적인 기록으로 수정하기 |
|---|
| 지원이는 원 현관 앞에서 짜증을 내면서 엄마를 쳐다보고 있다. 교사를 보자 울어버렸다. 엄마에게 울면서 들어가기 싫다고 짜증을 낸다. 엄마는 안절부절못하면서 지원이를 원으로 들여보냈다. 지원이는 한참 울다가 교사와 교실로 들어왔다. 교사가 가방 정리하자고 하니 지원이는 가방 정리를 하기 싫어하는 것 같았다. |

⬇

출처: 양옥승 외(2021). 내용 재구성

## 참고문헌

### 단행본


○ 강현경, 김성숙, 김정희(2021). **아동관찰 및 행동연구**. 서울: 학지사.
○ 김희진, 박은혜, 이지현(2011). **영유아교육기관에서의 관찰**. 서울: 창지사.
○ 양옥승, 김승옥, 류은미, 윤지영(2021). **영유아관찰 및 실습 2판**. 서울: 신정.


### 논문


○ 김경은, 김연아(2021). 만 5세 유아가 경험하는 디자인씽킹 프로그램에 대한 의미 탐색. **유아교육학논집, 25**(1), 169-196.

Chapter

# 03

# 일화기록법

## (Anecdotal Records)

## 1. 일화기록법의 정의

일화기록법은 서술형식의 기록법으로 관찰대상 아동의 한 가지 행동이나 상황을 신문 기사 쓰듯이 언제, 어디서, 어떤 일이 일어났는지, 아동이 그 상황에서 무슨 말을 하고 행동했는지를 사실적으로 기록하는 것으로(이정환 외, 2009), 발생한 행동을 그대로 사실적이고 구체적으로 기록하기 때문에 객관적이다. 또한 일상생활에서 발생한 관찰대상의 특정 행위를 묘사하여 기술하므로, 관찰대상의 특정 행동을 이해하는 데 중요한 역할을 한다(Wortham, 2001). 그러나 일상적인 상황에서 관찰자가 의미 있다고 판단한 아동의 한 가지 행동이나, 발생한 사건의 상황에 초점을 두고 기록하므로 상황에 대해 사실 그대 알 수 있어 좋으나, 역동적인 교육 현장에서 사용하기에는 상황상 여의치 않을 수 있다.

## 2. 일화기록법의 특징

일화기록법은 아동의 우발적인 행동과 사회·정서적 특성, 문제행동, 집단 내에서의 인간관계 등과 같이 아동의 전반적인 성장 발달과 관련된 행동을 관찰한 즉시 사실적이고, 객관적으로 서술식 기록하는 방법으로, 아동의 전형적인 행동에 대한 이해와 사건이 발생한 맥락, 교실 상황을 파악하는 도움이 된다.

일화기록법으로 수집된 기록은 아동의 사고방식이나 발달을 이해하는 데 유용하다. 이를 통해 아동의 다양한 행동 특성 및 아동의 문제행동이나 일반적인 발달 특성도 발견할 수 있다. 예를 들어, 어린이집 적응 기간에 아동이 등원하는 과정에서 보이는 표정, 울음소리, 몸짓 등을 기록함으로써 아동의 어린이집 적응을 파악할 수 있다. 따라서 교사는 아동이 속한 집단의 연령별 발달 특성과 일상에서 발생하는 행동의 맥락을 정확하게 알고 있는 것이 필요하다.

또한 일화기록법은 관찰에 대한 준비 및 시간과 장소를 계획하지 않고

도 쉽게 기록할 수 있으므로, 교육현장에서 교사들이 많이 사용하고 있다. 이때 관찰행동을 모두 기록하기 어렵다면 육하원칙에 따라 '언제, 어디서, 누가, 무엇을, 왜, 어떻게 했는지'의 주요 단어 중심으로 간단하게 기록 후 활동이 끝난 후 상세하게 일화기록법 관찰양식에 기록할 수도 있다. 하지만 교육과정이 끝난 후에 작성하면 교사의 주관적인 편견이 개입될 우려가 있으므로, 녹음기나 스마트폰을 활용하는 것도 도움이 된다.

마지막으로 일화기록법은 부모 면담 및 다양한 관찰법과 함께 사용하여 아동을 이해할 수 있다(Gober, 2001). 신입 아동의 경우 보이는 행동 및 발달에 대해 부모와 면담을 진행하고, 기록을 통해 아동의 행동에 대한 맥락과 문제행동을 발견하였다면, 그 행동의 빈도와 정도를 알아보기 위해 평정 척도법이나 행동 목록법 등의 다른 관찰법을 사용하여 아동을 이해할 수 있기 때문이다.

## 3. 일화기록법의 장단점

일화기록법의 장점과 단점은 다음과 같다(강형경 외, 2021; 성미영 외, 2021: 양옥승 외, 2021; 이인원 외, 2020).

### 1) 일화기록법의 장점

첫째, 장소, 시간 및 도구에 제한받지 않고 기록할 수 있다.

일화기록법은 사전 준비 없이 진행하므로, 다른 관찰법에 비해 간편하게 실시할 수 있다. 특히 특별한 양식 없이 쉽게 기록할 수 있고, 시간과 장소에 제한을 받지 않는다. 그래서 언제, 어디서나 관찰하고 기록할 수 있으며, 메모지와 펜만 있으면 관찰이 가능하다.

둘째, 아동의 발달상황을 확인할 수 있다.

일화기록법은 아동의 행동이나 반응에 대한 일반적인 특성뿐만 아니라 특정한 발달 영역에 초점을 두어 관련 내용을 관찰 및 기록한다. 예를 들어, 아동의 식습관, 건강, 새로운 기술의 습득, 의미 있는 사건 등 아동의 행동 변화에 대한 서술적 기록을 통해 아동의 발달상황을 확인할 수 있다.

셋째, 관찰 초점에 따라 구체적이고 객관적인 기록을 남길 수 있다.

일화기록법은 아동의 언어나 행동에 초점을 두고 관찰하므로, 명확하고 구체적으로 당시 상황을 기록할 수 있으며, 발달 지연과 같은 특별한 목적을 관찰할 때 활용할 수 있다. 즉, 하나의 상황에 초점을 맞추어 구체적으로 기록하므로 발생 상황에 대해 분명히 알 수 있다.

넷째, 누적된 자료는 아동의 행동 이해와 놀이지도 계획 및 지원에 중요한 자료가 된다.

일화기록법은 장기간에 걸쳐 아동의 행동 패턴이나 발달 정도를 파악할 수 있고, 아동이 보이는 특정한 행동에 대해 알 수 있다. 즉, 교사는 아동의 독특한 발달패턴, 변화, 흥미, 능력, 필요로 하는 것 등에 대해 알 수 있으므로 아동에게 적절한 지원을 제공할 수 있다.

## 2) 일화기록법의 단점

첫째, 관찰자(교사)의 편견이 들어갈 수 있다.

일화기록법은 관찰한 후 바로 기록하지 못하고 어느 정도 시간이 지난 후 기록할 때가 있다. 이런 경우 추후 기록을 하면 그때 상황을 잊어버리거나, 교사의 편견이 들어가 정확한 기록을 하기 어려울 수 있다. 이를 보완하기 위해 육하원칙에 따라 간단한 메모를 남기거나, 사진으로 상황을 촬영하거나, 녹음으로 남기는 것도 좋다.

둘째, 해석 시 오류를 범할 수 있다.

일화기록법은 아동의 다양한 행동 중 관찰자가 관심을 갖는 한 가지 사건에 대해 초점을 두어 기록하므로 해석할 때 오류를 범할 가능성이 있다. 특히, 관찰한 행동이 바람직하지 못한 행동일 때 일부 행동이 관찰대상 아동의 전체 모습으로 인식될 수 있다.

셋째, 관찰자(교사)가 부담을 가질 수 있다.

일화기록법은 기록하는 데 많은 시간이 소요되므로 유아교육 현장에서 혼자 학급을 담당하는 교사의 경우 일화기록법으로 관찰하고, 기록·평가하는 것을 어려워할 수 있다. 그러므로 일화기록법은 한 번에 많은 아동을 관찰할 수 없고, 1~2명 만 기록하는 것이 적합할 수 있다.

넷째, 상황묘사가 단편적이라 전반적인 맥락을 파악하는 데 어려움이 있다.

일화기록법은 중요한 사건을 중심으로 그 상황만 간단하게 기술하므로 사건의 발생이나 행동의 원인을 파악하는 데 어려움이 있다.

## 4. 일화기록법의 지침

일화기록법의 지침은 다음과 같다(강현경 외, 2021; Gober, 2001).

### 1) 일화기록 작성

#### (1) 관찰에 관한 기본적인 정보를 기록한다.

일화기록법으로 기록할 때 관찰대상 아동의 이름, 생년월일, 현재 연령, 성별, 관찰자 이름, 관찰날짜, 관찰시간, 관찰장소 등의 정보를 기록한다. 이러한 기본정보는 관찰대상 아동의 행동과 관련지어 해석할 때 도움이 된다.

### (2) 모든 아동을 기록하기 위해 사전 계획을 세운다.

교사는 일화기록법으로 모든 아동의 일과 전반에 걸친 모든 영역을 기록하기 위해서는 사전 계획을 세워야 한다. 이때 세워지는 계획은 한 아동을 1주일에 1~2회 이상 관찰하는 것으로, 등원, 실내·외 자유선택활동, 정리정돈, 간식 및 급식, 대·소집단 활동, 낮잠 및 휴식, 귀가 지도 등의 활동에서 관찰하도록 계획하는 것이다.

### (3) 한 가지 사건에 초점을 맞추어 관찰하고 기록한다.

일화기록법으로 관찰을 할 때는 아동의 한 가지 사건에 초점을 맞추어 관찰하는 것이 좋다. 예를 들어, 아동의 사회적 상호작용을 살펴보고 싶다면 자유선택활동 시간에 또래와의 관계를 관찰·기록하며, 식습관에 대해 살펴보고 싶다면 간식 및 급식 시간에 관찰·기록한다. 관찰하고자 하는 초점은 표준보육과정과 누리과정 영역을 기준으로 살펴보는 것이 좋다.

### (4) 관찰사건이나 행동을 순서대로 기록한다.

먼저, 관찰대상 아동의 행동에 대해 전반적인 측면이나 주요 행동을 기록하고, 두 번째, 주요 행동에 대한 하위 행동을 기록한다. 마지막으로 행동의 진행을 구체적으로 기록한다. 즉, 관찰사건이나 행동을 세 가지 기준으로 순서대로 기록한다.

### (5) 관찰사건이나 행동을 구체적이고 객관적으로 기록한다.

관찰한 사건이나 행동은 구체적이고 객관적으로 기록하기 위해서는 관찰대상의 언어적 표현, 비언어적 표현, 행동과 주변 인물에 대한 응답과 반응도를 기록하는 것이 필요하다. 이러한 기록으로 인해 사건 당시 분위기와 맥락을 이해할 수 있다.

#### (6) 관찰행동은 현재형으로 기록한다.

일화기록법으로 기록 시 관찰행동 및 상황에 대해 현재형으로 기록한다. 아동의 대화는 인용부호(“ ”)를 이용하여 대화를 그대로 적는 직접화법으로 기록한다.

### 2) 일화기록 해석 및 평가

#### (1) 해석하기

해석은 눈앞에 보이는 것을 넘어 발생한 행동의 원인, 그 행동을 할 때 감정을 추측해 보고, 기록된 자료의 의미를 찾는 과정이다(김희진 외, 2011). 일화기록의 내용을 해석할 때 관찰대상 아동이 왜 그렇게 행동했는지, 아동의 행동에 대한 동기가 무엇인지, 원인과 목적은 무엇인지 등을 추측하여 기술하므로, 해석은 객관적 기록과 분리하여 별로도 제시한다.

#### (2) 평가하기

평가하기는 해석한 후 아동의 행동 특성을 파악하기 위해 실시한다. 하지만 1~2회의 기록으로는 평가가 정확할 수 없기에 유사한 관찰행동이나 사건에 대해 누적적으로 기록하고, 자료를 수집하여 종합적인 평가를 실시하는 것이 필요하다.

## 5. 일화기록법의 실제

### 1) 일화기록법 사례 Ⅰ

놀이상황, 요약, 추론 및 평가, 관찰을 통한 지원을 개별적으로 작성하여 교육과정에서 보이는 행동에 대해 살펴볼 수 있다(<표 3-1> 참조).

표 3-1 일화기록지

| 관찰아동 | 임○○ | 관 찰 자 | 전△△ |
|---|---|---|---|
| 생년월일 | 20○○. ○○. ○○ | 관찰일시 | 20○○. ○○. ○○ |
| 관찰시간 | 오전 11시 10분 ~ 11시 50분 | 관찰장면 | 역할놀이 영역의 미용실 놀이 |
| 기록 | ○○이가 □□와 ☆☆에게 "미용실 놀이하자."라고 말하자 □□와 ☆☆가 "그래 좋아."라고 답한다. ○○가 □□이에게 "넌 손님 해, 내가 디자이너 할게."라고 말하자, □□이는 "알겠어"라고 대답하면서 의자에 앉는다. 그리고 □□이는 "머리 좀 해 주세요, 아주 예쁘게!"라고 말한다. ○○는 작은 가방에서 미용실용 가위를 챙기면서 ○○에게 "손님에게 무슨 머리 하고 싶은지 물어봐요."라고 말한다. ☆☆는 옆에 있는 종이를 들고 □□이에게 다가가 종이를 보여주며 "이 중에서 고르셔야 해요. 무슨 머리를 할 건지! 파마할 거예요? 길쭉길쭉한 머리 할 거예요?"라고 묻는다. 그러자 □□이는 "선생님이 그냥 이쁘게 해주세요!"라고 말한다. 그러자 ○○이는 "☆☆ 씨, 저기 머리끈 주세요!"라고 말하며 머리끈을 받아 □□이 머리를 묶는다. 그런 다음 "손님! 머리 다 되었어요. 어때요? 마음에 드시나요?"라고 묻는다. □□이는 손거울로 머리를 본 후, "맘에 들어요. 조금 이쁘네요!"라고 답한다. | | |
| 요약 | • 자신이 하고 싶은 놀이를 제안할 수 있다. (의사소통)<br>• 미용실에서 일하는 사람에 대해 알고 그 역할에 어울리는 행동과 말을 이해하고 있다. (사회관계)<br>• 미용실 가위, 머리끈 등을 사용하는 등 소근육이 잘 발달되어 있다. (신체운동·건강) | | |
| 추론 및 평가 | • ○○는 미용실 놀이에 관심을 보이며, 미용실 놀이에 필요한 역할 등에 대해 잘 알고 있다.<br>• ○○는 친구들과 놀이를 할 때, 놀이를 제안하고 놀이를 주도하는 리더의 역할을 한다. | | |
| 관찰을 통한 지원 | • ○○와 친구들이 관심을 보이고 있는 미용실 놀이를 보다 확장시킬 수 있도록 지역사회의 전문가를 초빙하여 수업을 계획해 본다.<br>• 헤어스타일 화보집을 만들어 보게 함으로써 놀이를 확장시켜준다. | | |

출처: 강현경 외(2021).

**Activity**

동영상

일화기록법을 연습해 보기 위해 동영상을 보고 관찰 장면을 〈Activity 3-1〉에 기록해 보세요.

https://www.youtube.com/watch?v=K9kfdMt-vRM

## 2) 일화기록법 사례 II

해석과 평가를 통합하여 제시함으로써 해석에 근거한 교육지원을 작성할 수 있다(<표 3-2> 참조).

**표 3-2** 해석과 평가를 통합한 일지

| 관찰아동 | ○ 서원 | 생년월일 | 20○○.○○.○○(남 / 여) |
|---|---|---|---|
| 관 찰 자 | 전 ○○ | 관찰날짜 | 20○○년 ○○월 ○○일 |
| 관찰장소 | 교실 | 현재 연령 | ○년 ○○개월 |
| 관찰시간 | (오전/오후) 9시 30분 ~ 9시 40분 | 관찰영역 | 블록영역 |
| 기록 | 친구들이 블록으로 물총을 만들어 놀이를 하는 것을 서원이가 보고 울먹거리는 목소리로 "나는 블록이 없어서. 물총이 없어"라고 말하며 교사를 쳐다봤다. 교사는 "그럼 우리는 에너지 총을 만들자"라고 말하니 서원이는 남은 레고 블록으로 만들기 시작했다. 서원이는 1~2분간 혼자 앉아서 레고 블록으로 무언가를 만들고 있다. 서원이는 친구들의 물총과 다른 모양의 블록을 가져와서 "나는 에너지 물총이다"라고 말한다. | | |
| 해석 및 평가 | • 서원이가 자신은 물총이 없다고 울먹거리는 행동을 볼 때 자신의 의견을 정확하게 표현하기 어렵다는 것을 알 수 있다.<br>• 교사가 에너지 총을 만들자고 할 때 수용한 것을 보면 다른 사람의 의견을 경청할 수 있다.<br>• "나는 에너지 총이다"라고 말하는 것을 볼 때 새로운 놀이를 제안할 수 있다.<br><br>* 평가 : 이를 살펴보면, 서원이에게 자신의 의견을 울지 않고 표현할 수 있는 방법과 놀이상황에서 발생할 수 있는 다양한 상황에 따른 의사소통 방법을 지원해야겠다. | | |

**Activity**

일화기록법으로 기록된 지문을 읽고 〈Activity 3-2〉에 해석과 평가를 작성해 보세요.

## 3) 일화기록법 사례 Ⅲ

교육일지에 포함된 일화기록법으로 놀이상황에서 관찰된 모든 아동에 대한 정보와 상황을 기록하고 관찰 아동에 대한 해석과 평가를 함께 기록하여 살펴볼 수 있다(<표 3-3> 참조).

**표 3-3 교육일지 안에 포함한 기록**

<table>
<tr><th>관찰아동</th><th>생년월일</th><th>관찰내용</th><th>해석 및 평가</th></tr>
<tr><td>○주원</td><td>○○.○○.○○</td><td rowspan="3">• 시간 : 오전 10:00~10:10<br>• 장소 : 교실 역할영역<br><br>종이 블록으로 주원이가 울타리를 만들고 “여기는 무대야”라고 말한다. 그때 나영이가 장난감 마이크를 가져와서 주원이에게 마이크 하나를 건네주었다. 주원이와 나영이는 울타리 가운데에 서서 ‘곰 세 마리’ 노래를 불렀다. 이를 본 아영이가 “나는 기다릴게”라고 말하면서 울타리 옆에 앉아서 기다렸다.</td><td rowspan="3">• 주원이는 블록을 사용하여 다양한 구성을 할 수 있다.<br>• 나영이는 친구들과 어울리는 방법을 알고 있다.<br>• 나영이는 무대의 용도를 알고 있다.<br>• 아영이는 무대에서 노래를 부르기 위해서는 순서를 기다려야 한다는 것을 안다.<br>• 평가 : 놀이가 확장될 수 있도록 무대 구성에 필요한 재료를 충분히 구성해 놓을 필요가 있다.</td></tr>
<tr><td>△나영</td><td>○○.○○.○○.</td></tr>
<tr><td>☆아영</td><td>○○.○○.○○.</td></tr>
</table>

## 4) 일화기록법 사례 Ⅳ

개인별로 하루의 일과 영역을 모두 작성하여 기록하는 것으로 한 번에 관찰 아동의 발달상황을 살펴볼 수 있다(<표 3-4> 참조).

**표 3-4** 아동의 전체 영역을 살펴보는 양식

관찰 기간: 20 년 월 일 ~ 월 일

<table>
<tr><td colspan="2">관찰아동</td><td></td><td>생년월일</td><td>년 월 일(남/여)</td></tr>
<tr><td colspan="2">관 찰 자</td><td></td><td>현재연령</td><td>년 개월</td></tr>
<tr><td colspan="2">구 분</td><td colspan="2">관찰내용</td><td>해석(평가)</td></tr>
<tr><td rowspan="3">기본<br>생활습관</td><td>식습관</td><td colspan="2"></td><td></td></tr>
<tr><td>배변습관</td><td colspan="2"></td><td></td></tr>
<tr><td>수면습관</td><td colspan="2"></td><td></td></tr>
<tr><td rowspan="5">교육과정<br>영역별<br>활동</td><td>신체운동</td><td colspan="2"></td><td></td></tr>
<tr><td>의사소통</td><td colspan="2"></td><td></td></tr>
<tr><td>사회관계</td><td colspan="2"></td><td></td></tr>
<tr><td>예술경험</td><td colspan="2"></td><td></td></tr>
<tr><td>자연탐구</td><td colspan="2"></td><td></td></tr>
<tr><td>비고</td><td colspan="4"></td></tr>
<tr><td>작성 tip</td><td colspan="4">• 관찰은 모든 흥미 영역에서의 놀이나 활동, 일상생활, 실・내외 공간, 견학이나 행사, 또래 간 상호작용 등 일과의 모든 시간에서 아동이 나타내는 반응이나 행동을 고루 포함한 내용을 기록한다.<br>• 관찰된 내용을 날짜와 함께 해당 칸에 기록한다.<br>• 개별 아동의 관찰기록을 기초로 아동을 지도한다.<br>• 관찰기록은 부모 면담 시 기초로 활용한다.<br>• 비고에는 차후에 중점을 두어 지도해야 할 내용이나 참고해야 할 사항을 기록할 수 있다.<br>• 교육과정 영역별 관찰은 연령 및 발달수준에 따라 조절할 수 있다.</td></tr>
</table>

출처: 양옥승 외(2021)

## 척도연구

# 자가진단 루브릭에 근거한 피드백 전략이 보육교사의 영유아 놀이 의미 읽기 작성 능력과 반성적 사고에 미치는 영향

**연구자 : 김수향(2021)**

출처: 열린유아교육연구. 2021, Vol. 26, No. 5. pp. 245-267.

| 연구내용 | |
|---|---|
| 연구 목적 | 자가진단 루브릭에 근거한 피드백 전략이 보육교사의 영유아 놀이의미 읽기 작성 능력과 반성적 사고에 미치는지 살펴보고자 함 |
| 연구 대상 | ◦ 경주, 포항에 소재한 어린이집 보육교사 40명(영아반 교사 20명, 유아반 교사 20명)<br>◦ 관찰 대상자 선정:<br>- 영유아의 놀이의미 읽기와 반성적 저널쓰기 교육 참석(대면 교육)<br>- 작성한 일지를 9회 모두 제출한 보육교사 |
| 연구 방법 | ◦ 프로그램 기간 : 총 9회 진행 (주 1회)<br>◦ 주 1회 영유아들의 놀이를 관찰하여 이메일로 제출<br>◦ 연구자는 교사가 작성한 놀이의미 기록과 저널 쓰기에 피드백을 하여 보냄<br>◦ 1주 차 관찰은 사전으로 9주 차 관찰은 사후로 분류함 |
| 자료 분석 | ◦ 피드백 일지를 기준으로 읽기 작성능력 척도와 반성적 사고 척도에 채점함<br>◦ 두 명의 연구자가 각각 채점한 뒤 평균을 구함 |

**【일화기록법】**

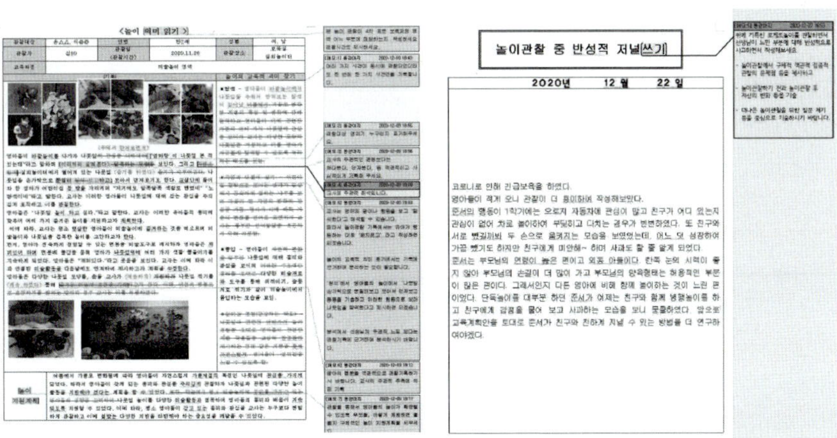


| 일화 기록법 | • 교사가 영유아의 놀이를 관찰한 후 일지에 관찰한 놀이를 작성함<br>• 교육과정과 연계성을 부여하여 표기함<br>• 교사들의 일화기록 작성능력을 향상시킬 수 있는 방법을 제시함 |
|---|---|

## Activity

### Activity 3-1

**일화기록법으로 관찰장면 기록하기**

- 동영상을 시청하면서 놀이를 관찰해 보세요.
- 관찰장면에 대해 가능한 상세하고 정확하게 그리고 객관적으로 기록해 보세요.

동영상

https://www.youtube.com/watch?v=K9kfdMt-vRM

출처: EBS 놀이의 반란-놀이, 아이의 본능

| 관찰유아 | | 생년월일 | 년 월 일 (남/여) |
|---|---|---|---|
| 관 찰 자 | | 관찰날짜 | 년 월 일 |
| 관찰장소 | | 현재연령 | 년 개월 |
| 관찰시간 | (오전/오후) 시 분 ~ 시 분 | 관찰영역 | |
| 기록 | | | |

## Activity 3-2

| 일화기록 해석과 평가해보기 | |
|---|---|
| 기록 | 지원이와 주영이가 쌓기 영역에서 십자블록을 끼우면서 놀이를 하고 있는데 서원이가 다가왔다. 서원이는 지원이와 주영이가 만들어 놓은 사각형 모형의 십자블록에 앉아 "자동차야"라고 말한다. 지원이와 주영이는 "아니야"라고 하면서 서원이의 블록을 빼앗았다. 서원이는 "자동차 놀이하자"라고 하면서 지원이와 주영이에게 말한다. 그러자 지원이는 "나는 자동차 놀이 안 해"라고 하며 십자블록을 다시 끼우고 있다. 주영이는 "나는 빨간색 자동차야"라고 하면서 십자블록으로 만들어 놓은 빨간색 사각형에 앉았다. |
| 해석 | |
| 평가 | |

# 참고문헌

## 단행본


- 강현경, 김성숙, 김정희(2021). **아동관찰 및 행동연구**. 서울: 학지사.
- 김희진, 박은혜, 이지현(2011). **영유아교육기관에서의 관찰**. 서울: 창지사.
- 이정환, 박은혜(2009). **유아관찰 워크북(교사들을 위한)**. 서울: 아이코리아.
- 양옥승, 김승옥, 류은미, 윤지영(2021). **영유아관찰 및 실습 2판**. 서울: 신정.
- 성미영, 전가일, 정현심, 김유미, 정하나(2021). **아동관찰 및 행동연구 2판**. 서울: 학지사.
- 이인원, 윤정임, 이태분, 최윤지, 이현아(2020). **아동관찰 및 행동연구**. 경기: 양성원.

- Gober, S. Y. (2001). *Six simple ways assess young children*. Delmar Thomson Learning.
- Wortham, S. C (2008). *Assessment in early childhood education*(5th ed). Upper Saddle River, NJ; Merrill/Prentice Hall.


## 논문


- 김수향(2021). 자가진단 루브릭에 근거한 피드백 전략이 보육교사의 영유아 놀이의미 읽기 작성능력과 반성적 사고에 미치는 영향. **열린유아교육연구, 26**(5), 245-267.

Chapter

# 04

# 표본기록법

## (Specimen Record)

## 1. 표본기록법의 정의

표본기록법은 관찰자가 관찰장면을 미리 계획하여 진행하는 서술식 기록법으로, 사건마다 최대한 자세하고 연속적으로 관찰하는 방법이다. 관찰자는 아동과 관련된 상황과 사건에 대해 사건마다 기록하고, 주변 인물(또래, 교사)과의 상호작용에서 발생하는 언어 및 비언어적 표현도 구체적으로 기술한다.

이를 위해 관찰자는 관찰대상, 관찰장면, 관찰시간 등을 미리 계획하며, 정해진 시간 동안 일어나는 모든 일을 구체적으로 묘사하고 객관적으로 기록한다. 따라서 관찰자는 관찰목적이 무엇인지를 잘 인지하고 관련된 상황과 사건에 대한 배경을 구체적으로 기록해 두는 것이 필요하며, 자세한 기록을 위해 녹음기, 카메라, 스마트폰 등을 활용하여 관찰상황을 녹화하는 것이 좋다.

이렇듯 표본기록법은 아동의 언어적 표현, 비언어적 표현과 행동을 순서대로 구체적이며, 객관적으로 기록하므로, 아동의 다양한 발달 측면을 살펴볼 수 있고, 아동의 문제행동을 해결할 때 사용할 수 있다.

## 2. 표본기록법의 특징

표본기록법은 관찰자가 미리 정해 놓은 관찰 장면 안에서 아동의 모든 행동과 의사소통을 순서대로 기록한다. 즉, 그 상황을 보지 않은 사람도 기록을 통해 그 상황을 재현할 수 있다. 이는 일화기록법의 서술식 기록과 비슷하지만 관찰 장면을 시간 순서대로 기록하며, 사건의 행동 장면과 언어·비언어적 표현 등을 구체적으로 기록한다는 점에서 일화기록법과 차이가 있다. 특히, 아동의 행동 특성을 파악하기 힘든 학기 초기에 유용하게 사용된다는 점에서 아동이 보이는 행동에 대한 원인을 찾아볼 수 있고, 개별 아동의 특성 파악 및 문제행동에 대해 구체적인 자료수집을 할 수 있다.

이렇듯 표본기록법은 아동의 행동과 언어·비언어적 표현을 사건이 일어난 순서대로 기록하므로, 아동의 놀이 활동, 교사와의 상호작용, 또래와의 상호작용 등 아동의 다양한 측면을 설명할 수 있다.

## 3. 표본기록법의 장단점

다음은 표본기록법의 장점과 단점이다(강형경 외, 2021; 양옥승 외, 2021; 이인원 외, 2020).

### 1) 표본기록법의 장점

첫째, 사건의 전후 맥락을 알 수 있다.

표본기록법은 발생한 관찰 행동을 순서대로 기록하므로 사건의 전후 관계를 알 수 있다. 또한 기록할 때 관찰대상, 행동, 상황 등에 대해 구체적으로 기록하기 때문에 관심 행동의 질적인 특성을 파악할 수 있다.

둘째, 아동의 전반적인 발달을 이해할 수 있다.

표본기록법은 아동의 행동, 언어적 표현, 비언어적 표현, 주변 상황 등을 구체적으로 기록하여 아동에 대한 많은 정보를 수집하므로, 아동의 전반적인 발달을 이해할 수 있다.

셋째, 아동을 위한 교육과정 및 프로그램 계획 시 유용하다.

표본기록법은 모든 장면을 연속적이고, 구체적으로 기록하므로 아동의 행동에 대해 알 수 있고, 이를 통해 아동을 위한 교육계획 및 프로그램 계획 시 유용하게 사용될 수 있다.

넷째, 아동의 문제행동 및 개별적 지도에 활용된다.

표본기록법은 학기 초 적응 및 문제행동을 나타내는 아동을 지도하거나 이해하는 데 기본자료로 사용될 수 있다. 즉, 아동의 문제행동에 대한 원인을 파악할 수 있게 도와주고, 이를 바탕으로 아동에게 적합한 개별 교육을 개입할 수 있게 한다.

다섯째, 최소한의 관찰 도구로 기록이 가능하다.

표본기록법은 발생한 사건에 대해 순서대로 기록하는 것으로, 준비교육이 필요하지 않으며, 최소한의 필기도구로 관찰과 기록이 가능하다.

### 2) 표본기록법의 단점

첫째, 한 번에 관찰할 수 있는 인원이 적다.

표본기록법은 아동의 중요한 행동이나 말, 주변 상황을 모두 자세하게 관찰하고 기록하므로 한 번에 적은 수의 인원만 관찰할 수 있다.

둘째, 관찰자의 편견이 생길 수 있다.

표본기록법은 기록과 평가에 많은 시간과 노력이 소요되므로 기록과 평가 시 관찰자의 편견이 개입될 수 있으며, 주관적 해석이나 추론에 후광효과가 나타날 수 있다.

셋째, 수집한 자료를 효과적으로 활용하기 어렵다.

표본기록법은 아동의 언어·비언어적 표현, 주변 인물의 행동과 대화 등 모든 것을 기록하므로 관찰 기록한 자료의 양이 많아 자료를 활용할 때 효과적으로 사용하기 어려울 수 있다.

넷째, 일과 운영 시 교사는 관찰에 어려움이 따른다.

표본기록법은 아동의 행동과 상황에 대해 모두 기록하므로 기관에서 혼자서 반을 담당하는 교사는 관찰 및 기록에 어려움이 따른다. 따라서 표본기록법으로 관찰을 계획할 시 교사는 보조교사나 다른 관찰자의 도움을 받아서 기록하거나, 스마트폰, 카메라, 녹음기 등의 매체를 활용하여 녹화된 기록을 관찰기록으로 사용하는 것도 한 가지 방법이다.

## 4. 표본기록법의 지침

표본기록법의 지침은 다음과 같다(강현경 외, 2021; 양옥승 외, 2021; 이인원 외, 2020; Brandit, 1972).

### 1) 표본기록 작성

#### (1) 관찰에 관한 기본적인 정보들을 기록한다.

표본기록법으로 기록 시 관찰지에는 관찰대상의 이름, 생년월일, 현재 연령, 성별, 관찰자 이름, 관찰시간, 관찰장소, 관찰영역 등 관찰에 관한 기본적인 정보를 함께 기록한다. 이러한 기본정보는 해석 시 관찰 행동과 연결하여 정확한 해석을 내릴 수 있다.

#### (2) 사건이 일어난 순서대로 자세하게 기록한다.

표본기록법은 관찰할 장면을 미리 선정하고 그 상황이 일어난 순서대로 사건을 기록한다. 관찰자는 특정 사건만 기록하는 것이 아니라 관찰자가 미리 정해 놓은 시간이나 활동이 끝날 때까지 모든 행동을 구체적으로 기록한다. 관찰 행동에 대한 기록이 어려울 때 상황을 녹음기나 카메라, 스마트폰 등으로 촬영하여 상황을 자세히 기록하는 것도 가능하다.

#### (3) 관찰대상 아동의 행동을 객관적으로 기록한다.

관찰자는 사건 장면에서 일어나는 아동의 행동을 객관적으로 기록하기 위해 현재형으로 기록한다. 이때 관찰자는 기록 시 아동의 자세, 몸짓, 얼굴 표정, 교사나 또래와의 상호작용, 응답의 반응도 등과 같이 사건 장면에서 실제로 일어난 행동만 기록한다. 단, 관찰자의 해석이나 주관적인 판단이 필요할 경우 기록 칸에 기술하지 않고 관찰 기록지의 오른쪽 여백에 보충 설명이나 관찰자의 생각을 별도로 작성할 수 있는 비고란이나 메모란을 추가하여 작성한다.

### (4) 관찰대상의 언어를 직접화법으로 기록한다.

관찰대상 아동이 표현한 말은 의미를 정확하게 파악할 수 있도록 인용부호(" ") 속에 사실대로 적는다. 이 부분은 표본기록 시 기술 오류 부분에서 자세히 살펴보고자 한다.

### (5) 왼쪽 여백에 시간을 표시한다.

표본기록법은 사건이 일어난 시간 순서대로 기록하므로 관찰 기록지 왼쪽에 관찰 시간을 제시한다. 관찰 및 기록 시간은 보통 10~30분 정도로 계획하며, 10분 동안 기록을 계획한다면 매 1분마다 시간을 표시하고, 30분 동안 기록을 계획한다면 매 5분마다 시간을 표시하여 기록한다. 또한 실내에서 실외로 장면이 바뀔 때는 기록 시간이 되지 않아도 시간을 입력한다. 기록한 시간을 통하여 아동이 어떤 활동에 관심을 보이고, 집중하는지를 알아볼 수 있다.

### (6) 평가 시 관찰 내용을 근거로 발달영역별로 요약한다.

관찰 내용을 근거로 평가 시 요약 부분 및 교육과정 연계 부분에 행동에 해당하는 아동의 발달영역을 요약하여 기술한다. 이를 바탕으로 아동의 교육계획 및 개별적 지도를 계획할 수 있다.

## 2) 표본기록 평가 기준

표본기록법으로 관찰기록 시 지침에 따라 기록하였는지를 살펴보기 위한 표본기록 평가 기준은 다음과 같다(이인원 외, 2020).

**표 4-1 표본기록 평가 기준**

| 평가내용 | 평가 | | | 비고 |
|---|---|---|---|---|
| | ○ | △ | × | |
| 1. 관찰날짜 및 시간, 장면, 관찰대상의 주요 정보들이 기록되어 있는가? | | | | |
| 2. 사건이 일어난 순서대로 상세하게 기록되어 있는가?<br>(10분이면 1분마다, 30분이면 5분마다, 행동 변화 시점 등) | | | | |
| 3. 관찰 내용 기록 시 아동이 사용한 언어를 인용부(“ ”)를 사용하여 직접적으로 표현했는가? | | | | |
| 4. 관찰대상 아동과 상호작용하는 다른 아동이나 교사의 언어 및 행동도 기록되어 있는가? | | | | |
| 5. 주요 발달 영역 및 교육과정 영역에 따른 평가가 잘 기록되어 있는가? | | | | |
| 6. 관찰기록이 객관적이고 사실적이며 관찰자의 추론과 해석이 배제되어 있는가? | | | | |

### 3) 표본기록 시 기술 오류

다음은 표본기록법을 기록할 때 범할 수 있는 오류에 대한 예시이다(김희진 외 2011; 황해익 외, 2015).

① 관찰대상이 실제로 행동한 것만 기록한다.
  예) 지원이가 행복해 보였다. (X)
  예) 지원이가 크게 웃었다. (O)

② 관찰대상의 말을 사실 그대로 직접화법으로 기록한다.
  예) 주원이가 서원이를 이리 오라고 부른다. (X)
  예) 주원이가 "서원아! 이리 와봐"라고 부른다. (O)

③ 관찰대상의 행동을 구체적으로 기록한다.
  예) 주영이가 역할 영역에서 놀고 있다. (X)
  예) 주영이가 역할 영역에서 냄비에 가지 모형 장난감을 넣고 주걱으로 가지 모형 장난감을 볶고 있다. (O)

④ 행동의 특성을 정확하게 기록한다.
  예) 나영이는 웃는다. (X)
  예) 나영이는 빙그레 웃는다. 나영이는 깔깔 웃는다. (O)

**Activity**

관찰기록할 때 범할 수 있는 오류에 대해 생각해 보고 〈Activity 4-1〉을 통해 연습해 보세요.

## 5. 표본기록법의 실제

### 1) 표본기록법 사례 Ⅰ

관찰상황, 요약, 추론 및 평가, 관찰을 통한 지원을 작성하여 교육과정에서 보이는 행동에 대해 살펴볼 수 있다.

**표 4-2** 수·조작 영역에서 표본기록법

| 관찰아동 | 정○○(남) | 관 찰 자 | 전△△ |
|---|---|---|---|
| 생년월일 | 20××년 00월 00일(만 4세) | 관찰일시 | 20××년 00월 00일 |
| 관찰시간 | 오전 10시 40분 ~ 10시 50분 | 관찰장면 | 수·조작 영역에서의 놀이 |
| 시간 | 기록 | | |
| 10:40 | ○○이는 친구 ■■이와 함께 수·조작 영역에서 놀이를 하고 있다. ○○이는 ■■이가 가지고 노는 파란색 팽이 모양 블록을 가리키며 "하나만 주면 안 잡아먹지!"라고 말한다. ■■이는 ○○이를 따라 "하나만 주면 안 잡아먹지!"라고 말한다. | | |
| 10:41 | ○○이는 과일 모양 장난감을 가리키며 "이건 딸기 알이고, 이건 오렌지 알이야"라고 말한다. ■■이가 "딸기 알 하나 주면 안 잡아먹지!"라고 말하면서 딸기 알을 가져가자 ○○이는 얼굴을 찌푸리며 "싫어 내놔!"라고 소리 지르며 말한다. | | |
| 10:42 | ○○이의 큰 소리에 교사가 ○○이 왼쪽으로 와 무릎을 구부리고 앉으며 "○○아, 무슨 일이니?"라고 물어본다. ○○이는 "■■이가 내가 가지고 있던 딸기 알 장난감을 말없이 그냥 가져갔어요. 뺏어 갔어요!"라고 말한다. 교사는 "■■이가 ○○이한테 말하지 않고 딸기 알 장난감을 가져갔다고?"라고 되묻는다. | | |
| 10:43 | ■■이가 선생님 옆으로 와서, "장난친 거예요. 장난!"이라고 말한다. 선생님은 ■■이에게 "친구에게 묻지 않고, 허락받지 않고 장난감을 가지고 가면 친구가 속상해. ○○이에게 장난감을 돌려주고 미안하다고 사과하자."라고 말한다. ■■이는 ○○이를 한 번 쳐다보고는 "○○아 미안해"라고 말하며 딸기 알 장난감을 되돌려준다. | | |
| 10:44 | 선생님은 ○○이에게 "○○아 아무리 기분이 나빠도 친구에게 소리를 지르는 것은 좋지 않은 모습이야. 기분이 나쁘고, 친구에게 화가 났다면 어떻게 해야 할까?"라고 묻는다. 그러자 ○○이는 ■■이가 다시 건네준 딸기 알 장난감을 오른손에 쥐고는 "○○아 소리 질러서 일단 미안해."라고 말한다. | | |

| | |
|---|---|
| 10:45 | ○○이와 ■■이는 수·조작 영역에서 다시 놀이를 시작한다. ○○이는 레몬 모양 장난감을 가리키며 ■■이에게 "레몬 하나 주면 안 잡아먹지!"라고 말하자 ■■이도 "레몬 하나 주면 안 잡아먹지."라고 말한다. |
| 10:46 | ○○이는 ■■이를 쳐다보며 눈웃음을 지은 뒤 말없이 놀이한다. 그러다 ■■이가 옆에서 레고 블록을 분해하지 못하고 손으로 만지작거리고 있는 모습을 보고는 ○○이가 ■■이에게 다가가 "내가 도와줄까?"라고 말한다. |
| 10:47 | ■■이는 ○○이를 쳐다보고 "응"하며 고개를 끄덕이고는 들고 있던 레고 블록을 건넨다. ○○이는 자신이 들고 있던 레몬 모양 장난감과 딸기 알 장난감을 책상 위에 나란히 옆으로 내려놓고 ○○이의 레고 블록을 두 손으로 받는다. |
| 10:48 | ■■이가 들고 있던 레고 블록을 "끙" 소리를 내며 분해하기 시작한다. 먼저 초록색 블록을 분해하고, 차례로 연두색, 노란색, 주황색 블록들을 하나씩 분해하고 마지막으로 주황색 블록에 붙어 있던 작은 하얀색 동그라미 레고 블록을 분해한다. |
| 10:49 | ○○이는 완전히 분해한 레고 블록 5개를 ■■이에게 돌려준다. ■■이는 ○○이에게 "고마워 ○○야"라고 말한다. ■■이는 ○○이에게 다시 받은 레고 블록 5개를 한 줄로 세우며 고개를 오른쪽으로 갸우뚱거리며 "인제 뭘 만들어 볼까요?" 하며 혼자 놀이를 시작한다. |
| 10:50 | ○○이는 말없이 고개를 끄덕이며 책상 위에 올려 준 장난감을 가지고 놀이를 시작한다. ■■이와 ○○이는 서로를 바라보며 한번 씨익 웃는다. |
| 요약 | • 자신의 상황과 생각을 교사에게 전달할 수 있다. (의사소통)<br>• ○○이는 친구와의 놀이를 즐겨한다. (사회관계)<br>• ○○이는 친구가 자신의 장난감을 허락 없이 빼앗는 행동에 대해 기분 나쁨을 부정적으로 표현한다. (사회관계)<br>• 작은 블록을 하나씩 분해할 수 있다. (신체운동·건강)<br>• 교사가 중재하는 것을 이해하고 실행한다. (사회관계) |
| 추론 및 평가 | • ○○이는 자신의 감정을 표현은 하지만 소리를 지르는 등 좋지 않은 방법으로 종종 표현한다.<br>• ○○이는 ■■이가 놀이를 하면서 만나는 어려움을 종종 해결해 준다.<br>• 또래와의 관계에 있어서 좋은 대처 방법, 그렇지 않은 대처 방법에 대해 이해하고 있다.<br>• 친구와 좋지 않은 일은 금방 잊을 만큼 친구와의 놀이를 좋아한다.<br>• 분해하기 힘든 작은 크기의 레고 블록을 분해하는 소근육이 발달 되어 있다. |
| 관찰을 통한 지원 | • 자신의 생각과 기분을 긍정적으로 표현할 수 있는 다양한 방법을 알려주기 위해 그림책 『소피가 화나면 정말 정말 화나면』 등의 책 읽기를 계획할 수 있다.<br>• 교실에서 일어날 수 있는 소유권 분쟁에 대한 이야기 나누기 활동을 계획함으로써 나의 감정, 친구의 감정 그리고 그 대처 방안에 대해 토론해 보는 시간을 계획해 볼 수 있다. |

출처: 강현경 외(2021)

## 2) 표본기록법 사례 II

평가 부분에 요약, 교육과정 연계, 교수계획을 작성하여 관찰행동에 대해 살펴볼 수 있다.

**표 4-3** 음률 영역에서 표본기록법

| 관찰아동 | ○○○ | 생년월일 | 20○○년 ○○월 ○○일(5년 4개월) (여) |
|---|---|---|---|
| 관 찰 자 | △△△ | 관찰날짜 | 20○○년 ○○월 ○○일 |
| 관찰장면 | 음률영역에서 악기탐색 중 | 관찰시간 | 10:07 ~ 10:20 |

| 시간 | 관찰 기록 내용 | 추론 |
|---|---|---|
| 10:07 | 과학영역 책상 위에 소라껍데기가 다양하게 전시된 것을 본 ○○이는 "와~ 이거 바다에서 봤는데. 선생님 이거 누가 가지고 왔어요"하는 ○○이의 질문에 "선생님이 주말에 바닷가에 갔다가 주워 왔지" 하며 교사가 대답한다. | 소라껍데기의 소리를 듣는 모습을 보임 |
| 10:08 | ○○이는 소라껍데기 중에 왼쪽에서 세 번째 껍질을 오른손으로 잡더니 오른쪽 귀에 가져다 대며 고개를 오른쪽으로 45도 정도 기울이고 10초간 움직임이 없다. | |
| 10:09 | 가지고 있던 껍질을 제자리에 내려놓으며 "바닷소리가 들리는데요. 선생님도 한번 들어 보세요" 하며 교사에게 권유한다. 교사는 오른쪽 끝에 있는 소라껍데기를 왼손으로 잡고는 왼쪽 귀에 가져다 대고 잠시 멈추더니 "음- 선생님도 파도 소리가 들리는 것 같아"하며 소라껍데기를 내려 제자리에 내려놓는다. ○○이는 교사의 행동을 보고 있다가 "맞죠. 바닷소리죠"하고는 음률영역으로 이동한다. | |
| 10:11 | ○○이는 악기가 있는 교구장 앞에 서서 마라카스를 만지고 있다. 왼쪽 귀에 갖다 대고는 손목을 돌려보며 마라카스에서 나는 소리를 듣는다. 다시 좌우로 두 번을 흔들어 보더니 다시 내려놓는다. | |
| 10:12 | 마라카스가 담긴 바구니 옆에 코끼리 코 귀로(악기)를 양손으로 잡아 왼손과 오른손을 교차로 위아래로 올렸다 내렸다를 반복한다. |  |

| | | |
|---|---|---|
| 10:13 | □□이가 옆으로 와 "너 지금 뭐 하는 거야"라며 ○○이에게 묻자 "잘 들어 봐. 이거 무슨 소리랑 닮았거든" 하며 귀로(악기)를 다시 왼손과 오른손을 위아래로 올렸다 내렸다를 반복한다. | |
| 10:14 | □□이는 소리와 고개를 갸웃거리며 반복해서 듣고 있다. ○○이는 "잘 들어봐. 생각이 안 나?" 하고 말한다. | |
| 10:15 | 가만히 소리를 듣고 있던 □□이는 "음- 엄마 구두 소리?"라고 이야기하자 "그래? (옆에 있는 마라카스를 잡고 □□이 귀에 대고는 천천히 돌려보며) | |
| 10:16 | "이거는 무슨 소리 같아?"하고 묻는다. □□이는 가만히 듣고 있더니 (30초 정도) "이거는 빗소리 같기도 하고, 파도 소리 같기도 하네"하고 대답한다. | |
| 10:17 | ○○이는 "바닷소리?" 하더니 "이제 찾았다"라며 가지고 있던 마라카스를 오른쪽 옆에 두고 "□□아 우리 바다놀이 할래?" 하며 □□이에게 놀이를 제안한다. "바다놀이? 어떻게 하는 건데"라고 묻자 마라카스를 내려놓고 □□이에게 쌓기 놀이영역을 가리키며 "저기 가서 하는 건데 나 따라와 봐" 하며 □□이의 손을 잡고 함께 쌓기 놀이영역으로 자리를 옮긴다. | |
| 평가 | 요약 | • ○○이는 소라껍데기를 탐색하고 껍데기에서 들리는 소리와 악기소리를 연결 짓고 다양하게 표현함<br>• 자신과 다른 □□이의 생각을 인정해줌.<br>• 주도적으로 새로운 놀이를 친구에게 제안함. |
| | 교육과정 연계 | • 예술경험 영역: 창의적으로 표현하기-신체, 사물, 악기로 간단한 소리와 리듬을 만들어 본다.<br>• 자연탐구 영역: 탐구과정 즐기기-탐구과정에서 서로 다른 생각에 관심을 가진다. 생활 속에서 탐구하기-물체의 특성과 변화를 여러 가지 방법으로 탐색한다.<br>• 사회관계 영역: 더불어 생활하기-서로 다른 감정, 생각, 행동을 존중한다. |
| | 교수계획 | • 다양한 소리 탐색의 기회와 창의적 표현을 할 수 있도록 환경지원이 필요함.<br>• 주도적으로 놀이 제안과 서로 다른 의견을 존중하는 태도에 대한 교사의 정서적 지지가 필요함. |

출처: 이인원 외(2020)

### 3) 표본기록법 사례 III

추론 부분에 사건마다 교사의 생각이 기록되었고, 관찰 시간이 사건이 일어난 시간으로 기록되었다는 것을 살펴볼 수 있다.

**표 4-4 자유선택영역에서 표본기록법**

| 관찰아동 | 임서원 | 생년월일 | 20○○년 ○○월 ○○일(3년 1개월) (남) |
|---|---|---|---|
| 관 찰 자 | △△△ | 관찰날짜 | 20○○년 ○○월 ○○일 |
| 관찰장면 | 자유선택활동<br>- 병원놀이 | 관찰시간 | 9:30 ~ 9:40 |

| 시간 | 관찰 기록 내용 | 추론 |
|---|---|---|
| 9:30 | 서원이는 주원이가 인형을 안고 있자 다가가 "아가 아파요"라고 물어본다. 주원이가 "아가 응애 응애요"라고 말하자. "여기 앉으세요."라고 말하며 주사기와 청진기를 들었다. | 병원놀이를 시작하려고 한다. |
| 9:31 | 서원이가 주원이의 인형을 잡으며 "여기 누우세요"라고 말하자 주원이는 "싫어"라고 말하며 인형을 잡고 놓지 않았다. 서원이는 "주사 맞아야지"라고 말하며 인형을 잡아당기자. 주원이는 "싫어"라고 소리 질렀다. 교사가 다가가자 서원이는 "아가가 주사를 맞아야 하는데 싫데요"라고 하면서 교사를 쳐다봤다. | 참여 아동: 정주원 |
| 9:34 | 교사는 서원이에게 "지금 누가 아파요?"라고 물으니 서원이는 주원이의 인형을 가리키며 "아가요"라고 하였다. 교사가 주원이에게 "아가가 아파요?"라고 물으니 주원이는 "아니. 아가 안 아파"라고 말하며 인형을 뒤로 숨겼다. | 다른 친구의 의견을 묻지 않는다. |
| 9:36 | 교사가 서원이에게 "서원아 주원이 아가는 안 아프다고 하네요. 어떻게 하죠?"라고 말하니 서원이는 5초간 가만히 교사를 쳐다보더니 "선생님이 주사 맞아요. 선생님 아프죠?"라고 말하며 교사의 팔에 주사기를 누르고는 "이제 다됐어요. 가세요."라고 말하고 "안녕히 가세요."라고 손짓 인사를 했다. 서원이는 일어나 공용인형을 가져와서 "여기가 아프세요?"라고 물으며 주사기를 누르고 "다 됐어요"라고 말했다. | 병원 진료방법을 알고 있다. |
| 요약 | • 서원이는 병원 진료 방법을 알고 있다.<br>• 서원이는 혼자 놀이를 한다.<br>• 서원이는 상황에 대해 설명할 수 있다. | |

| | |
|---|---|
| 교육과정 연계 | • 놀이할 때 친구의 생각을 물어볼 수 있도록 한다(의사소통, 사회관계).<br>• 역할 놀이에 필요한 도구를 찾아보고 주변에서 탐색해 보도록 한다(자연탐구, 신체・건강). |
| 교수계획 | • 병원 놀이에 필요한 놀잇감을 추가적으로 지원해준다.<br>• 놀이 활동 참여할 때 친구에게 의견을 물어볼 수 있도록 안내해 준다.<br>• 다른 사람의 감정과 의견을 존중하는 태도를 기를 수 있도록 지지해 준다. |
| 평가 | 서원이는 주도적인 놀이를 진행할 수 있으며, 상황을 대처하여 놀이를 진행할 수 있다. 하지만 아직 친구의 의견을 듣거나 물어보지 못하여 서원이 행동을 오해할 수 있다. |

## Activity

동영상을 시청한 후 관찰 영상을 〈Activity 4-2〉에 표본기록법으로 기록해 보세요.

동영상

https://www.youtube.com/watch?v=m7JhN95K9_o

## 척도연구

# SNS 기반 아버지 역할 증진 프로그램이 장애 유아 아버지의 양육 참여와 역할 만족도, 아버지-유아 상호작용 행동에 미치는 영향

**연구자 : 이지연, 이소현(2020)**

출처: 특수교육학연구. 2020, Vol. 54, No. 4. pp. 51-80.

| 연구내용 | |
|---|---|
| 연구 목적 | SNS 기반 아버지 역할 증진 프로그램이 장애 유아 아버지의 양육 참여와 역할 만족도, 아버지-유아 상호작용 행동에 미치는 영향을 살펴보는 것을 목적으로 함 |
| 연구 대상 | ◦ J시에 소재한 유아특수학교의 만 3~5세 장애 유아를 둔 20가족(아버지, 어머니, 유아)<br>◦ 관찰 대상자 선정:<br>- 실험집단(10가족), 통제집단(10가족)으로 구성<br>- 집단 간 동질성을 위해 : 장애 유아의 연령, 성별, 장애 유형, 비장애 형제 특성(유무, 순서) 순으로 짝짓기를 하여 배치 |
| 연구 방법 | ◦ 프로그램 기간 : 총 10주 진행<br>◦ 프로그램 진행<br>- 집단활동 : 학교 강당에서 연구자가 직접 전달, 1-10회 총 10회기 운영<br>- SNS 개별활동 : 연구자가 보낸 자료를 개별적으로 선택한 장소에서 2~4회, 6~9회 총 7회기 운영<br>- 개별 가정 방문 활동 : 연구자가 가정에 방문하여 직접 전달. 5회기 운영 |
| 자료 분석 | ◦ 아버지 양육 참여도, 역할 만족도는 질문지 평정<br>◦ 실험집단과 통제집단 비교<br>◦ 문서 분석(기록내용을 특정 유형의 상호작용 행동 발생률 계산) |

**【아버지의 인터뷰를 표본기록법으로 작성】**

| 시간 | 관찰 기록 내용 |
|---|---|
| 5:26-34 | 지금 5살인데 태어나자마자 바로 수술을 했어요. 수술을 4번이나 했어요. 태어나자마자 항문 쇄항증이라고 해서 항문이 막혀서 나왔어요. 태아도 자궁에서 변을 보고 그래야 하는데 그러지 못해서 태어나자마자 산부인과에서 나왔는데 바로 대학병원으로 옮겨 가지고 수술을 하고, 거기에 또 등에 혹이 있어서. 좀 사연이 있었어요. 저도 힘들고, 우리 와이프도 그렇고 굉장히 힘든 시기를 보냈고 |
| 6:1-5 | 막연하게 아이한테 잘 해줘야겠다고 생각은 했지만 방법은 몰랐잖아요. 모르는 상황이라… 잘하면 칭찬해주고, 못하면 화를 내는데… 그런 방법적인 것을 몰라서. 저의 아내도 그렇고 저도 강압적인 부분이 너무 많았어요. 스트레스도 많고 |
| 요약 | • 자녀의 장애 진단을 수용하기 어렵다고 함. (장애 자녀로 인한 힘든 경험)<br>• 자녀와 놀이하는 방법이나 적절한 수준으로 지도하는 것에 어려움을 보임.<br>(자녀양육 어려움) |
| 교수계획 | 자녀의 현행 수준을 알고 반복적으로 지도하면서 자녀를 이해하지 못함으로써 느꼈던 답답함과 장애 자녀라는 거부감이 감소 되도록 장애 유아와 아버지 상호작용 프로그램을 제공한다. |
| 표본 기록법 | • 아버지-유아 놀이 장면 13분 촬영 동영상을 기록함<br>• 표본기록법 - 녹화 시작 2분 후부터 10분 분석 |

## Activity

### Activity 4-1

**행동의 특성 수정하기**

• 다음에 제시된 문장을 읽고 객관적인 행동으로 수정해 보세요.

| 예) 주원이는 화가나 보였다. |
|---|
| → 주원이는 소리를 지르고 울면서 화났다고 말했다. |
| 1. 지원이가 우울해 보였다. |
| → |
| 2. 서원이가 교사에게 이거 보라고 한다. |
| → |
| 3. 주원이는 미술 영역에서 그림을 그린다. |
| → |
| 4. 우영이는 울었다. |
| → |

## Activity 4-2

### 표본기록법으로 관찰 장면 기록하기

- 동영상을 시청하면서 아동을 관찰해 보세요.
- 관찰대상을 표본기록법으로 기록해 보세요.

동영상

https://www.youtube.com/watch?v=m7JhN95K9_o

출처: EBS 부모-유치원에 적응 못 하는 아이

| 관찰아동 | | 생년월일 | 년　　월　　일(　　년　　개월)(남/여) |
|---|---|---|---|
| 관 찰 자 | | 관찰날짜 | |
| 관찰영역 | | 관찰시간 | |
| 관찰장면 | | | |

| 시간 | 관찰 기록 내용 | 추론 및 해석 |
|---|---|---|
| | | |
| | | |
| | | |

| | | |
|---|---|---|
| | | |
| | | |
| | | |
| | | |
| | | |
| | | |
| | | |
| 요약 | | |
| 교수계획 | | |

# 참고문헌


## 단행본

○ 강현경, 김성숙, 김정희(2021). **아동관찰 및 행동연구**. 서울: 학지사.
○ 김희진, 박은혜, 이지현(2011). **영유아교육기관에서의 관찰**. 서울: 창지사.
○ 양옥승, 김승옥, 류은미, 윤지영(2021). **영유아관찰 및 실습 2판**. 서울: 신정.
○ 이인원, 윤정님, 이태분, 최윤지, 이현아(2020). **아동관찰 및 행동연구**. 경기: 학지사.
○ 황해익, 송연숙, 정혜연, 유수정(2015). **영유아 행동 관찰법**. 서울: 창지사.

○ Brandt, R. M. (1972). *Studying behavior in natural settings*. New York Holt, Rinehart and Winstin, Inc.

## 논문

○ 이지연, 이소현(2020). SNS 기반 아버지 역할 증진 프로그램이 장애 유아 아버지의 양육 참여와 역할 만족도, 아버지-유아 상호작용 행동에 미치는 영향. **특수교육학연구, 54**(4), 51-80.

Chapter

# 05

# 행동목록법
## (Checklist)

## 1. 행동목록법의 정의

행동목록법은 관찰하고자 하는 행동이 나타나는지를 확인하기 위한 것으로 관찰 시점에 행동이 나타나면 '예' 나타나지 않으면 '아니요' 등과 같이 출현 유무를 기록하는 관찰법으로 체크리스트라고도 한다. 행동목록법은 행동목록표라는 목록에 관찰하고자 하는 행동을 사전에 작성하여 준비하고, 아동의 영역별 발달 수준 파악, 특정 행동의 변화를 살펴본다. 따라서 행동목록법은 아동의 특정 행동에 대해 학기 초와 학기 말에 관찰하여 그 변화를 비교하거나 아동의 발달 및 변화를 확인할 때 사용한다.

## 2. 행동목록법의 특징

행동목록법은 관찰하고자 하는 아동의 특정 행동에 대해 목록으로 미리 작성하여 관찰대상인 아동의 현재 상태를 평가하는 것으로, 관찰행동의 출현 유무만 수집할 수 있고, 행동의 강도, 지속시간 등과 같은 자세한 정보는 수집할 수 없다. 하지만 기록방식이 간단하고 쉽게 관찰할 수 있어 아동 평가, 교육과정 계획 및 개발 등에 다양하게 활용되고 있다.

행동목록법은 사전에 아동 발달 수준이나 행동 특성을 목록으로 작성하고, 아동의 특정 행동이 나타나는지를 간단한 부호로 기록하므로 아동의 현재 상태를 바로 확인할 수 있다. 또한 관찰목적에 따라 아동을 반복적으로 관찰함으로써 아동의 특정 행동 변화와 발달 특성을 파악할 수 있다.

이렇듯 행동목록법은 관찰 행동이나 영역에서 나타날 수 있는 행동을 미리 구조화하여 관찰 전에 행동목록표로 만들어 놓기 때문에 구체적으로 다양한 묘사적 특성들이 포함될 수 있다. 즉, 행동 특성에 대한 기술, 발달적 특성, 사회적·정서적 행동, 흥미, 학문적 기술, 지식 혹은 개념들이 포함(Ryan & Grolnick, 1986)되어있으므로 교사가 정기적으로 사용하게 된다면 특정 영역의 발달에 대한 변화를 파악하는 데 도움이 될 수 있다.

## 3. 행동목록법의 장단점

다음은 행동목록법의 장점과 단점이다(강형경 외, 2021; 성미영 외, 2021; 양옥승 외, 2021; 이인원 외, 2020; 황해익 외, 2021).

### 1) 행동목록법의 장점

첫째, 객관적 기록을 위한 훈련이 필요 없다.

행동목록법은 아동의 행동에 대해 '예', '아니오'로 기록하므로 객관적 기록을 위한 훈련이 필요 없다. 즉, 관찰자가 시간, 장소에 구해 받지 않고 어디서나 간단하게 기록할 수 있으며, 관찰목적에 적합한 문항으로 구성된 행동목록표가 있다면 간편하게 관찰·기록할 수 있다.

둘째, 한 번에 여러 명의 아동을 관찰할 수 있다.

행동목록법은 구조화된 항목으로 관찰하므로 동일한 문항으로 아동의 행동에 시간 차를 두고 관찰하며, 여러 명의 아동을 관찰할 수 있다. 예를 들어, 아동의 사회적 놀이 행동을 살펴본다면, 사회적 놀이 목록으로 여러 명의 아동을 관찰할 수 있다. 따라서 교사는 행동목록법으로 관찰하고자 하는 목적에 따라 다양한 영역에 적용하여 관찰할 수 있다.

셋째, 정보수집이 효율적이다.

행동목록법은 관찰목적에 따라 수집하고자 하는 아동의 특정 행동과 아동의 배경정보 등의 다양한 정보도 수집할 수 있다. 단, 아동의 배경정보를 수집할 때 불필요한 정보는 배제하고 필요한 정보만 수집하는 것이 좋다.

넷째, 행동 변화를 관찰할 수 있다.

행동목록법은 아동의 관찰행동을 반복적으로 기록할 수 있으며, 누적된 기록을 통해 아동의 단계적 발달 변화를 관찰할 수 있다. 관찰자는 관찰 목적에 따라 아동의 행동 변화에 대해 재관찰이 필요한 경우 관찰 횟수를 늘려 재기록 할 수 있다. 또한 행동목록법은 처음 행동목록표 문항에는 존재하지 않지만, 관찰 중 변화된 행동이 있을 때 그 행동만 추가하여 사용하면 되므로 교육현장에서 유용하게 사용된다.

## 2) 행동목록법의 단점

첫째, 행동의 질적 정보수집이 어렵다.

행동목록법은 아동의 특정 행동의 출현 유무만 확인할 수 있으므로, 특정 행동이 '왜 발생하였는지'의 발생 원인, '얼마나 행동을 보였는지'의 발생빈도, '어떤 상황에서 나타났는지'의 행동의 맥락과 주변 상황 등의 정보를 파악할 수 없어 행동에 대한 질적 정보수집이 어렵다. 또한 행동목록표 항목에 제시되지 않은 아동의 특성은 관찰 및 해석이 어렵다. 따라서 다른 관찰법과 함께 사용하여 행동목록법의 단점을 보완하는 것이 필요하다.

둘째, 관찰자 간의 오류가 발생할 수 있다.

행동목록법은 관찰한 행동을 제시된 문항에 기호를 사용하여 기록하는 것으로, 행동 목록이 구체적이고 명확하지 않으면 동일한 A 아동을 관찰하더라도 관찰자 간에 다른 결과를 기록할 수 있다. 따라서 행동목록표에 제시되는 문항은 해당 영역 및 행동을 대표하는 문항으로 구체적으로 기술하며, 관찰 전 행동목록표에 대해 다른 관찰자와 함께 살펴보는 과정이 필요하다.

셋째, 문항의 수에 따라 기록 시간에 차이가 나타난다.

아동에 대한 관찰 문항이 많을수록 기록 시간은 길어진다. 그렇게 되면 교육현장에서 학급을 담당하는 교사는 아동을 관찰하기 어려울 수 있다.

따라서 교육현장에서 교사가 아동의 특정 행동을 간편하게 기록할 수 있도록 행동의 특성을 대표하는 문항으로 구성해야 한다.

## 4. 행동목록법의 지침

행동목록법의 지침은 다음과 같다(성미영 외, 2021; 이인원 외, 2020).

### 1) 행동목록표 작성

#### (1) 관찰대상(아동)의 기본정보를 기록한다.

모든 관찰기록 방법에는 관찰대상의 기본정보를 기록해야 한다. 이는 행동목록법으로 수집된 정보를 해석할 때 아동에 대해 이해할 수 있는 추가적인 정보를 제공할 수 있다.

#### (2) 관찰목적에 맞는 관찰 양식에 기록한다.

관찰하고자 하는 특정 행동을 일회성으로 관찰할 것인가, 반복적으로 관찰하여 행동의 변화를 관찰할 것인가에 따라 양식의 구성이 달라질 수 있다. 따라서 관찰하고자 하는 목적에 맞추어 관찰 양식을 구성해야 한다. 또한 추가적으로 비고란을 만들어 관찰되지 않은 부분에 대해 기록할 수 있도록 한다.

#### (3) 행동목록법의 문항은 하나의 관찰 행동만으로 구성한다.

전체 문항은 관찰행동을 전부 포함하되 각 문항에서는 중복된 내용 없이 행동에 대해 명확하고 아동의 행동 특성을 구체적으로 설명할 수 있는 문항으로 구성해야 한다. 구체적인 문항 구성은 추후 해석 및 교육과정 연계에 도움이 될 수 있다.

### (4) 관찰할 영역이나 특성 행동을 범주화한다.

행동목록표를 구성할 때 관찰 행동을 연달아 같은 영역에 배치한다. 예를 들어, 언어영역의 경우 읽기, 쓰기, 말하기, 듣기를 섞어서 문항을 제시하는 것보다는 읽기 영역, 쓰기 영역, 말하기 영역, 듣기 영역으로 구분하여 해당 영역 및 행동을 한 번에 기록할 수 있도록 제시한다.

### (5) 관찰행동 영역을 대표할 수 있는 구체적인 문항으로 구성한다.

행동목록표의 문항은 관찰하고자 하는 아동의 특정 행동 및 발달영역에 대해 명확하게 정의를 내린다. 이는 행동목록표의 특성상 '예', '아니오'의 단답형으로 답변을 하기 때문이다.

## 2) 행동목록표 기록 시 유의점

행동목록표에 기록하기 전 관찰자는 문항에 아동이 특정 영역에서 나타내는 발달의 특징이 포함되어 있는지를 확인하고 행동을 구체적으로 설명할 수 있는 문항인지 확인해야 한다. 또한 관찰하고자 하는 목적에 적합한 특정 행동 및 영역을 대표하는 문항으로 구성되었는지를 확인해야 한다. 마지막으로 관찰자가 문항을 읽고 해당 영역 및 발달 특성을 체크 할 수 있는지 확인한다.

다음은 관찰 전 행동목록표를 살펴보기 위한 기준이다(<표 5-1> 참조).

**표 5-1** 행동목록표 기록시 유의점

| 평가내용 | ○ | △ | × |
|---|---|---|---|
| 1. 문항은 관찰대상의 발달 수준을 구체적으로 기술하고 있는가? | | | |
| 2. 문항은 관찰대상의 행동을 구체적으로 기술하고 있는가? | | | |
| 3. 문항은 관찰 행동의 범주를 정확하게 기술하고 있는가? | | | |
| 4. 문항은 관찰 행동을 대표하는 문항으로 기술하고 있는가? | | | |
| 5. 제시된 문항 구성은 간결하고 정확하게 기술하고 있는가? | | | |

**Activity**

나 또는 주변을 관찰한 후 행동목록법으로 〈Activity 5-1〉에 기록해 보세요.

## 5. 행동목록법의 실제

### 1) 행동목록법 사례 I

**표 5-2** 아동의 언어능력 변화 관찰

| 관찰아동 | 전○○ | 생년월일 | 2014년 3월 8일 (여) |
|---|---|---|---|
| 관 찰 자 | 손△△ | 현재연령 | 만 5세 |
| 관찰기간 | 2019년 3월 O일 ~ 2019년 12월 O일 | | |

• 다음에서 설명하는 언어능력 문항을 읽고 관찰되면 ○, 관찰되지 않으면 × 표시를 하세요.

| 내용 | 1회 | 2회 |
|---|---|---|
| | 4월O일 | 9월O일 |
| 1. 친구의 이야기를 관심 있게 듣는다. | ○ | ○ |
| 2. 동화를 듣고 이해한다. | ○ | ○ |
| 3. 교사의 이야기를 집중하여 듣는다. | ○ | ○ |

| | | |
|---|---|---|
| 4. 비슷한 말소리를 구분하여 듣는다. | × | ○ |
| 5. 생활인쇄물을 읽는다. | × | × |
| 6. 자신의 이름 글자를 읽는다. | ○ | ○ |
| 7. 동화를 읽기 위해 시도한다. | × | × |
| 8. 동화를 읽는 것을 즐긴다. | × | ○ |
| 9. 동화의 그림을 단서로 이해한다. | ○ | × |
| 10. 일상의 물건을 정확한 발음으로 말해본다. | × | ○ |
| 11. 궁금한 것을 질문할 수 있다. | × | ○ |
| 12. 경험한 일을 이야기할 수 있다. | ○ | ○ |
| 13. 자신의 생각을 이야기한다. | × | ○ |
| 14. 존댓말을 사용하여 말한다. | ○ | ○ |
| 15. 강, 약을 조절하여 말한다. | × | ○ |
| 16. 상대방을 바라보며 말한다. | ○ | ○ |
| 17. 자신의 이름을 쓴다. | × | × |
| 18. 바르게 필기도구를 잡을 수 있다. | ○ | ○ |
| 19. 완벽하지 않은 글자가 나타난다. | ○ | × |
| **평 가** | • ○○이는 1학기에 언어능력 관찰을 통해 집중하여 듣기가 가능하며, 읽기에 능숙하지 않으나 그림과 생활인쇄물에 관심을 보임<br>• 자신의 경험은 이야기할 수 있으며 도구를 이용해 글자의 형태로 쓰기에 어려움을 보임.<br>• 1학기와 비교해 2학기에 ○○이는 대체로 읽기, 말하기 능력의 발달적 변화가 나타났으나 아직 읽기와 쓰기에 어려움을 보임.<br>• ○○이가 읽기 흥미를 가질 수 있도록 과자봉지를 이용한 그림카드 등 생활인쇄물을 이용한 읽기 놀이를 할 수 있도록 환경을 개선하고, 쓰기에 관심을 가지도록 지속적인 격려와 관심을 기울여야 함. | |

출처: 이인원 외(2020)

**Activity**

동영상

동영상을 시청한 후 관찰 영상을 〈Activity 5-2〉에 행동목록법으로 기록해 보세요.

https://www.youtube.com/watch?v=KrSZ5lORu5Q

## 2) 행동목록법 사례 II

**표 5-3** 아동의 신체적 공격성

| 관찰아동 | 전○○ | 생년월일 | 2017년 02월 00일 (만 4세) (여) |
|---|---|---|---|
| 관 찰 자 | 임○○ | 관찰날짜 | 2022년 04월 00일(10:00 ~ 10:30) |

| 구분 | 내용 | 예 | 아니요 |
|---|---|---|---|
| 대물공격 | 색종이, 도화지, 책 등을 갈기갈기 찢는다. | | ✓ |
| | (허공, 다른 장난감을 향해) 교구를 던진다. | ✓ | |
| | 교재, 교구를 부러뜨린다. | | ✓ |
| | 문, 의자, 책상, 피아노 등을 손으로 두들긴다. | | ✓ |
| | 문, 의자, 책상 교구를 발로 찬다. | | ✓ |
| 대인공격 | 친구를 때린다. | ✓ | |
| | 친구의 교구를 빼앗는다. | | ✓ |
| | 친구에게 싸움을 건다. | ✓ | |
| | 친구와 싸움을 한다. | | ✓ |
| | 친구를 때리는 흉내를 내거나 신체로 위협하는 흉내를 낸다. | | ✓ |
| | 친구의 머리, 팔, 옷, 바지 등을 잡아당긴다. | ✓ | |
| | 친구를 손이나 물건으로 찌르거나 툭툭 친다. | ✓ | |
| | 친구의 자리를 빼앗는다. | | ✓ |
| | 친구에게 물건을 던진다. | | ✓ |
| | 친구의 발을 걸어 넘어뜨린다. | | ✓ |
| | 의도적으로 친구의 발, 신체 부위를 밟거나 밟고 지나간다. | | ✓ |
| | 손, 등을 이용해서 친구를 민다. | ✓ | |
| | 친구를 입으로 문다. | ✓ | |
| | 친구를 발로 찬다. | | ✓ |
| | 친구를 꼬집는다. | | ✓ |

| 요약 및 해석 | 관찰을 통한 지원 |
|---|---|
| ■ 대물공격으로 교구를 허공에 던지는 행동을 보인다. 반면, 물건을 부수거나 발로 차는 행동은 보이지 않는다.<br>■ 대인공격으로 친구의 신체를 때리기, 치기, 밀기, 당기기, 물기 등의 행동을 보인다. | ■ 물건을 던지는 행동은 안전과 관련하여 위험하므로 그 행동을 한 이유를 알아보고 물건을 던짐으로 발생하는 위험성에 대해 알아본 후 이야기 또는 활동을 통해 교정 될 수 있도록 단계적인 지도가 필요함.<br>■ 친구의 신체를 건드는 행동에 대한 원인을 알아보고 타인의 신체를 만지지 않도록 안내가 필요함.<br>■ 친구와 의사표현 하는 방법을 모를 경우 의사표현 하는 방법에 대해 그림책과 활동을 통해 안내하고자 함. |

출처: 황해익 외 (2021). 척도 일부 발췌

## 3) 행동목록법 사례 III

**표 5-4** (개정판) K-DST 한국 영유아 발달선별검사(36~41개월용)

| 관찰아동 | ○○○ | 생년월일 | 년 월 일 (남/여) |
|---|---|---|---|
| 관 찰 자 | △△△ | 관찰날짜 | 년 월 일 |
| 관찰행동 | | 현재 연령 | 년 개월 |

| 내용 | 예 | 아니요 | 기타 |
|---|---|---|---|
| 1. 의미 있는 단어를 말하지 못한다. (예: "멍멍", "맘마", 물" 등) | | | |
| 2. 두 단어가 결합 된 말을 하지 못한다. (예: "밥 줘", "우유 먹자" 등) | | | |
| 3. 아이가 보호자와 눈을 잘 맞추지 않는다.<br>(다른 것에 집중하고 있어서 눈을 맞추지 않는 경우는 해당 되지 않는다.) | | | |
| 4. 이름을 불러도 대부분 쳐다보지 않는다.<br>(청력에 이상이 있거나, 다른 것에 집중하고 있어서 불러도 쳐다보지 않는 경우는 해당 되지 않는다) | | | |
| 5. 어른들의 관심을 끄는 행동(예: 손가락으로 물건을 가리키면서 보호자의 반응을 살피기, 물건 가져다 보여주기, 같이 놀자고 조르기, 소리 내어 부르기 등)을 하지 않는다. | | | |
| 6. 또래 아이들에게 관심이 없다.<br>(또래와 함께 있어도 아이들을 지켜보거나, 행동을 따라 하거나 함께 놀려고 시도하지 않는다.) | | | |
| 7. 2인 이상이 하는 역할놀이를 하지 않는다.<br>(예: 의사와 환자 되어보기, 엄마와 아빠 되어보기 등) | | | |

| 평 가 | |
|---|---|

출처: 정은경 외(2017)

### 4) 행동목록법 사례 Ⅳ

표 5-5 한국 영아용 가정환경 검사(K-IT-HOME)

| 관찰아동 | | 생년월일 | 년 월 일 ( 년 개월) (남/여) |
|---|---|---|---|
| 관 찰 자 | | 관찰날짜 | 년 월 일 |

| 내용 | 예 | 아니요 |
|---|---|---|
| 1. 대근육 활동을 위한 장난감이나 시설이 있다. | | |
| 2. 끌고 밀면서 다닐 수 있는 놀잇감이 비치되어 있다. | | |
| 3. 유모차, 보행 연습기구, 어린이용 세발자전거 등 영아 발달 수준에 적합한 탈것이 비치되어 있다. | | |
| 4. 영아가 껴안을 수 있거나 역할놀이 할 수 있는 장난감이 있다. | | |
| 5. 영아의 학습을 돕는 교구나 가구가 있다(모빌, 책상과 의자, 놀이 울타리 등). | | |
| 6. 단순한 눈과 손의 협응력을 돕기 위한 장난감이 있다. | | |
| 7. 복합적인 눈과 손의 협응력을 돕기 위한 장난감이 있다. | | |
| 8. 문학과 음악을 위한 장난감이 두 가지 이상 구비되어있다. | | |
| 9. 어머니는 영아가 놀 수 있도록 장난감을 제공한다. | | |
| 평 가 | | |

출처: 연세대학교 K-IT-HOME(2012) – 발달에 적합한 놀잇감과 학습자료 구비상태

## 5) 행동목록법 사례 V

**표 5-6** 놀이공간과 자료

| 관찰대상 | ○○반 교사 | 관찰일자 | 년 월 일 | |
|---|---|---|---|---|
| 참 관 자 | | 관찰장소 | | |
| 내용 | | 예 | 아니요 | 개선사항 |
| 놀이공간 | 1. 놀이공간이 융통성 있게 배치되었는가? | | | |
| | 2. 충분한 놀이공간을 확보하였는가? | | | |
| | 3. 아동에게 공간 배치의 주도권을 부여하였는가? | | | |
| | 4. 놀이 시 아동이 다른 놀이공간(의외의 놀이공간)을 찾아볼 수 있는가? | | | |
| 놀이자료 | 1. 아동이 스스로 자료 활용 방법을 선택하도록 지원하고 격려하는가? | | | |
| | 2. 자연을 통해 관찰, 탐색, 몰입이 일어나도록 자연물과 자연현상을 자료로 활용하는가? | | | |
| | 3. 일상에서 발견하는 다양한 사물을 놀이자료로 활용하는가? | | | |
| | 4. 아동의 몸 움직임에서 놀이성을 찾기 위해 자료 없이 놀이할 수 있는 기회를 제공하는가? | | | |
| | 5. 기존 자료를 새로운 방식으로 놀이하는 것을 허용하고 격려하는가? | | | |
| 평가 및 놀이계획 | | | | |

출처: 교육부·보건복지부(2019)

### 6) 행동목록법 사례 Ⅵ

**표 5-7** 반복측정으로 살펴본 영아의 신체발달

| 관찰아동 | | 생년월일 | 년 월 일 ( 년 개월) (남/여) | |
|---|---|---|---|---|
| 관 찰 자 | | 관찰장면 | | |
| 관찰 일 | 1회 | 2회 | 3회 | |
| | 년 월 일 | 년 월 일 | 년 월 일 | |
| 지침 | 1. 영아가 보이는 행동 유무를 기록하세요.<br>2. 학기 초, 학기 중, 학기 말로 구분하여 기록하세요.<br>3. 행동이 나타나면 '○', 나타나지 않으면 '×'로 기록하세요. | | | |

| 내용 | 1회 | 2회 | 3회 | 비고 |
|---|---|---|---|---|
| 1. 주변의 벽을 잡고 일어선다. | | | | |
| 2. 주변의 손잡이를 잡고 일어선다. | | | | |
| 3. 주변의 물건을 잡고 일어선다. | | | | |
| 4. 성인의 손을 잡고 일어선다. | | | | |
| 5. 도구를 이용하여 일정 거리 걷는다. | | | | |
| 6. 도구를 이용하지 않고 일정 거리 걷는다. | | | | |
| 7. 표정이나 소리로 감정을 표현한다. | | | | |
| 8. 성인의 표정이나 목소리로 감정을 이해한다. | | | | |
| 9. 혼자 사물을 이동시킬 수 있다. | | | | |
| 10. 이동 가능한 기구를 잡고 이동시킬 수 있다. | | | | |
| 11. 탑승이 가능한 기구를 탈 수 있다. | | | | |
| 해석 및 요약 | | | | |
| 교사지원 | | | | |

## 척도연구

# 영유아 청각 및 의사소통 행동 체크리스트의 신뢰도와 타당도

**연구자 : 김진숙, 박경연(2017)**

출처: *Audiology and Speech Research*. 2017, Vol. 13, No. 3. pp. 222-230.

| 연구내용 | |
|---|---|
| 연구 목적 | 영유아 초기의 듣기 능력을 정확하게 평가하여 영유아의 의사소통 능력을 분석하고 전반적인 영역과 비교할 수 있도록 개발된 영유아 청각 및 의사소통 행동 체크리스트를 검증하는 것이 목적임 |
| 연구 대상 | ◦ 선천적 장애나 청각 및 언어 장애가 없는 1-26개월 정상 영유아의 주 양육자<br>◦ 주 양육자 총 287명 중 70명(1~3개월 아동을 제외한 다른 개월은 2개월 단위로 구분)<br>◦ 관찰 대상자 선정:<br>- 1차: 청각 및 의사소통 행동 응답한 164명<br>- 2차: 검사-재검사 평가 70명 |
| 연구 방법 | ◦ 1차 평가:<br>- IT-ACBC(영유아 청각 및 의사소통 행동 체크리스트) 예비문항 총 72문항 응답<br>- K-DST(한국 영유아 발달 선별검사) 6개 영역<br>◦ 2차 평가:<br>- IT-ACBC(영유아 청각 및 의사소통 행동 체크리스트) 예비문항 총 72문항 응답<br>- LEAQ-K(영유아 듣기 발달 평가) 72명 검사<br>◦ 연구자료 수집: 온라인(온라인 맘카페)과 오프라인(어린이집 방문) |
| 자료 분석 | ◦ 총 72개 예비문항을 12개의 월령 구간별 6문항으로 분석<br>◦ IT-ACBC의 '예(1점)', '아니오(0점)'로 분석<br>◦ 최종 IT-ACBC 36문항 |

**【영유아의 청각 · 의사소통 행동체크리스트 IT-ACBC】**

| | | | |
|---|---|---|---|
| 이 름 | | 검 사 일 | 년 월 일 |
| 성 별 | ○ 남 자 ○ 여 자 | 생 년 월 일 | 년 월 일 |
| 보 고 자 | (부 / 모) | 연 락 처 | - - |
| 선별검사 결과 | ○ 통과 ○ 재검권고 ○ 난청확인 | | |

■ 아기가 하는 행동에 'ㅇ'로 표기해 주세요. 아기가 아주 어렸을 때 했던 행동들도 회상하여 'ㅇ'로 표기해 주세요. 아기의 해당 월령구간에 따른 표준점수와 확인하기 위하여 이전 월령구간의 행동도 체크하여야 하니 이해하여 주시기 바랍니다.

| 월령 구간 | 확인 | 청각 · 의사소통 행동 | 월령 구간 | 확인 | 청각 · 의사소통 행동 |
|---|---|---|---|---|---|
| 1-3 | | 갑작스런 큰 소리에 놀라거나 깬다. | 14-15 | | 책 속의 그림을 가리키는 말("멍멍"-강아지, "빵빵"-차, "음메"-소 등)을 하면 해당 그림을 가리킬 수 있다. |
| | | 큰 소리에 젖이나 우유병을 빠는 동작을 멈춘다. | | | "엄마", "아빠" 이외에 두세 개 정도의 단어를 알고 사용한다. |
| | | 엄마 목소리(친숙한 목소리)를 듣고 울다가 조용해지는 등의 반응을 한다. | | | 간단한 질문을 이해하고 한 단어("응", "아니" 등)나 몸동작으로 답한다. |
| 4-5 | | 소리가 나는 곳을 찾으려는 행동(고개를 돌리는 등)을 한다. | 16-17 | | 간단한 심부름(기저귀, 신발, 컵 등을 가져오기)을 한다. |
| | | 이상한 소리(자음이나 모음으로 표현할 수 없는)를 내며 놀기 시작한다. | | | 10~20개의 단어를 알고 말한다. |
| | | 반복적인 모음 소리(/아~/, /오~/)를 내기 시작한다. | | | 매일 새로운 단어를 배우고 사용한다. |
| 6-7 | | 자기 이름에 반응하기 시작한다. | 18-19 | | 20개 이상의 단어를 알고 사용한다. |
| | | 다양한 소리("껄껄", "끼끼", "걸걸", 비명소리, '흐-읍'하며 들이마시는 소리 등)를 낼 수 있다. | | | '나', '이거', '저거'와 같은 대명사를 사용할 줄 안다. |
| | | 음악소리를 좋아하고, 반응하기 시작한다. | | | "배고파", "쉬 마려워?"와 같은 단순한 예, 아니오 식의 질문을 이해한다. |

| | |
|---|---|
| 행동 목록법 | • 행동목록법 (연구도구)<br>- 응답 형식 : 영유아가 과거나 현재에 보였던 청각 및 언어소통 행동은 '예'로 응답하고, 영유아에게 아직 나타나지 않은 행동은 '아니오'로 응답, 기타 행동은 '기타'에 작성 |

## Activity

### Activity 5-1

| 나(친구)를 대상으로 행동목록법으로 기록하기 |
|---|
| • 다음 제시된 문항을 읽고 행동이 나타나면 '예', 나타나지 않으면 '아니오'에 ✓ 표로 체크하세요. |

| 관찰아동 | | 생년월일 | 년 월 일 (만 세) (남/여) |
|---|---|---|---|
| 관 찰 자 | | 관찰날짜 | 년 월 일 |
| 관찰행동 | | | |

| 내용 | 예 | 아니요 |
|---|---|---|
| 1. 학업, 일, 기타활동에 세심한 주의를 기울이지 못하거나 부주의한 실수를 자주 한다. | | |
| 2. 과제수행이나 놀이 중 주의집중을 지속적으로 유지하는 데 어려움을 자주 갖는다. | | |
| 3. 대놓고 이야기하는데도 듣지 않는 것처럼 보일 때가 자주 있다. | | |
| 4. 지시를 따라오지 않거나 학업, 심부름, 업무를 끝내지 못하는 경우가 자주 있다. | | |
| 5. 과제나 활동을 조직적으로 하는 데 곤란을 자주 겪는다. | | |
| 6. 지속적으로 정신을 쏟아야 하는 일을 피하거나 싫어하거나 거부하는 것이 자주 있다. | | |
| 7. 과제나 활동에 필요한 것을 자주 잃어버린다.<br>(예: 숙제, 연필, 책 등) | | |
| 8. 외부 자극에 의하여 쉽게 산만해진다. | | |
| 9. 일상적인 일을 자주 잃어버린다. | | |

출처: 홍강의(2014) – 조용한 ADHD

## Activity 5-2

### 행동목록법으로 관찰장면 기록하기

- 동영상을 시청하면서 아동들의 놀이를 관찰해 보세요.
- 관찰장면에 대해 정확하며 객관적으로 기록해 보세요.

동영상

https://www.youtube.com/watch?v=KrSZ5IORu5Q

출처: 중앙육아종합지원센터(다은어린이집)

| 관찰대상 | ○○반 교사 | 관찰일자 | 년 월 일 |
|---|---|---|---|
| 참 관 자 | | 관찰장소 | |

| 내용 | 예 | 아니요 |
|---|---|---|
| 1. 놀이공간이 융통성 있게 배치되었는가? | | |
| 2. 충분한 놀이공간을 확보하였는가? | | |
| 3. 아동에게 공간 배치의 주도권을 부여하였는가? | | |
| 4. 놀이 시 아동이 다른 놀이공간(의외의 놀이공간)을 찾아볼 수 있는가? | | |
| 5. 아동이 스스로 자료 활용 방법을 선택하도록 지원하고 격려하는가? | | |
| 6. 자연을 통해 관찰, 탐색, 몰입이 일어나도록 자연물과 자연현상을 자료로 활용하는가? | | |
| 7. 일상에서 발견하는 다양한 사물을 놀이자료로 활용하는가? | | |
| 8. 아동의 몸 움직임에서 놀이성을 찾기 위해 자료 없이 놀이할 수 있는 기회를 제공하는가? | | |
| 9. 기존 자료를 새로운 방식으로 놀이하는 것을 허용하고 격려하는가? | | |
| 평 가 | | |

출처: 교육부·보건복지부(2019)

# 참고문헌


## 단행본

- 강현경, 김성숙, 김정희(2021). 아동관찰 및 행동연구. 서울: 학지사.
- 교육부·보건복지부(2019). 2019 개정 누리과정 놀이실행자료. 세종: 교육부.
- 성미영, 전가일, 정현심, 김유미, 정하나(2021). 아동관찰 및 행동연구 2판. 서울: 학지사.
- 양옥승, 김승옥, 류은미, 윤지영(2021). 영유아관찰 및 실습 2판. 서울: 신정.
- 연세대학교 K-IT-HOME 연구실(2012). 한국 영아용 가정환경검사(K-IT-HOME) 매뉴얼.
- 이인원, 윤정임, 이태분, 최윤지, 이현아(2020). 아동관찰 및 행동연구. 경기: 양성원.
- 정은경, 양세원(2017). (개정판) K-DST 한국 영유아 발달선별검사(36~41개월용). 질병관리본부 만성질환예방과.
- 홍강의(2014). DSM-5에 준하여 새롭게 쓴 소아정신의학. 서울: 학지사.
- 황해익, 최혜진, 권유선(2021). 아동관찰 및 행동연구(제3판). 경기: 공동체.

## 논문

- 김진숙, 박경연(2017). 영유아 청각 및 의사소통 행동 체크리스트의 신뢰도와 타당도 검증. *Audiology and Speech Research*, 13(3), 222-230.
- Ryan, R. M., & Grolnick, W. S. (1986). Origins and pawns in the classroom: Self-report and projective assessments of individual differences in children's perceptions. *Journal of personality and social psychology*, 50(3), 550-558.

Chapter

# 06

# 평정척도법

## (Rating scale)

## 1. 평정척도법의 정의

평정척도법은 사전에 준비된 범주에 따라 관찰대상의 특정 행동을 관찰하고, 행동을 각 항목에 대한 점수나 가치로 평정하는 것으로 관찰행동을 수량화하여 측정하기 위해 고안된 관찰법이다. 평정척도법은 특정 행동의 출현 유무와 함께 행동의 출현 빈도, 질적 수준에 대한 정보를 포함하고 있어 관찰행동의 질적 차이를 평가할 때 사용된다. 따라서 아동의 발달 특성이나 사회·정서적 수준과 같이 아동의 질적 수준을 측정하는 것이 가능하므로, 아동의 개별적인 발달 특성과 교육과정을 계획하는 데 유용하게 사용된다.

## 2. 평정척도법의 특징

평정척도법은 행동목록법처럼 관찰이 시작되기 전에 문항 구성이 이루어져 있어서 관찰목적에 따른 객관적인 자료수집이 가능하다. 예를 들어, 아동의 사회적 기술을 관찰하고자 할 때, 다른 관찰법은 직접 관찰하거나, 행동을 서술식으로 기록하므로 많은 시간과 자료 정리 및 분류가 필요하나 평정척도법은 사전에 개발된 척도로 관찰하기에 단시간에 객관적인 자료수집이 가능하다.

평정척도법은 일상생활에서 아동 및 부모, 교사 등의 다양한 대상을 관찰할 수 있다. 이는 연령이 어린 아동일수록 자신의 의견이나 생각을 자유롭게 표현하기 어렵고, 성인의 영향을 많이 받기 때문에 아동의 교육 및 발달을 살펴볼 때 다양한 대상에 대한 관찰이 필요하다.

이렇듯 평정척도법은 관찰하고자 하는 목적과 수집하려는 자료의 성격에 따라 다양한 평정척도를 사용할 수 있다. 즉, 개별아동의 행동 및 특성을 다른 아동과 비교할 때 숫자, 언어, 그림 등과 같이 다양한 방법으로 기록할 수 있으며, 반복적이고 지속적인 관찰을 통해 시간의 흐름에 따른 아동의 발달 변화를 알 수 있다.

## 3. 평정척도법의 유형

다음은 평정척도법의 대표적인 유형인 기술평정척도, 숫자평정척도, 도식평정척도, 표준평정척도에 대한 설명이다(김지은, 2008; 안선희 외, 2021; 전남련 외, 2018).

### 1) 기술평정척도

기술평정척도는 행동을 수준에 따라 구체적으로 기술하여 평정하는 척도로, 행동의 한 가지 차원을 연속성 있는 몇 개의 범주로 나누어 기술하는 것이다. 관찰자는 관찰대상의 행동을 질적으로 차이가 나는 진술문으로 작성하며, 각 범주 간에 차이가 구별될 수 있도록 행동적으로 기술해야 한다. 관찰행동은 3~5개의 범주로 평가하게 된다(안선희 외, 2021). <표 6-1>은 차례 지키기 행동에 대한 진술문이다.

**표 6-1 차례 지키기**

- 차례를 지켜야 함을 모른다.
- 차례를 지켜야 하는 것을 알지만, 거의 지키지 못한다.
- 차례를 지키는 편이나 지키지 못할 때도 있다.
- 자기 차례를 잘 지킨다.

출처: 이은해 외(2006)

**Activity**

제시된 행동을 기술평정척도 방법으로 기술하여 〈Activity 6-1〉과 〈Activity 6-2〉에 작성해 보세요.

## 2) 숫자평정척도

숫자평정척도는 관찰행동의 특성이 나타나는 정도를 각 항목에 숫자로 부여하여 평정하는 것으로, 일종의 점수로서 평정된 자료를 수량화할 수 있다. 숫자평정척도의 숫자 배정은 한 방향으로 점점 커지거나, 반대로 작아지게 제시하는 단극평정척도와 가운데를 중심으로 숫자를 양방향으로 제시하는 양극평정척도가 있다. 예를 들어, 5점 척도의 경우 단극평정척도는 1 - 2 - 3 - 4 - 5 또는 5 - 4 - 3 - 2 - 1로 배정한다. 반면, 양극평정척도는 '+'와 '−'로 구분하여 +2 / +1 / 0 / -1 / -2 또는 −2 / -1 / 0 / +1 / +2로 배정한다. [그림 6-1]과 [그림 6-2]는 관찰행동에 대한 숫자평정척도 예시이다.

**예시) 아이는 차례를 잘 지킨다.**

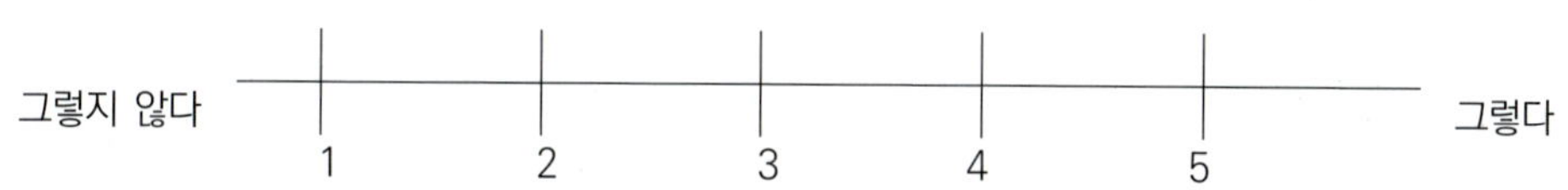


**[그림 6–1] 단극 평정척도**

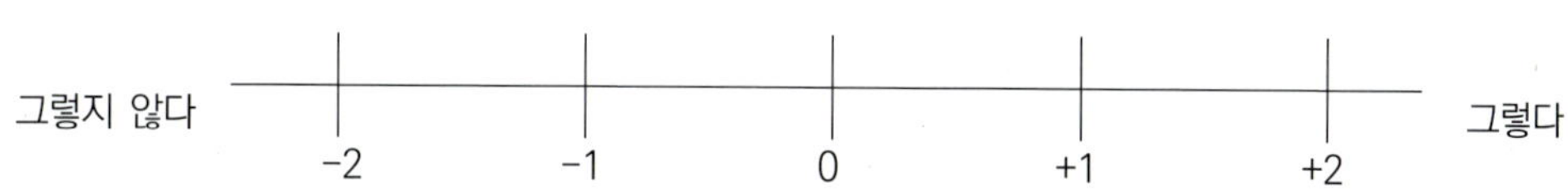


**[그림 6–2] 양극 평정척도**

**Activity**

제시된 문항을 읽고 숫자평정척도 방법으로 〈Activity 6-3〉에 기록해 보세요.

### 3) 도식평정척도

도식평정척도는 특정 행동의 특성 정도를 수평선상에 제시하는 것으로, 각각의 단계를 동일한 급 간으로 구분하여 특성 정도를 글로 제시하므로 관찰자가 쉽게 평정할 수 있다. 따라서 다른 평정척도에 비해 아동의 다양한 영역 발달 특성 및 수준을 점검할 때 효과적이며 교육 현장에 대해 전반적으로 살펴볼 때 유용하게 사용된다.

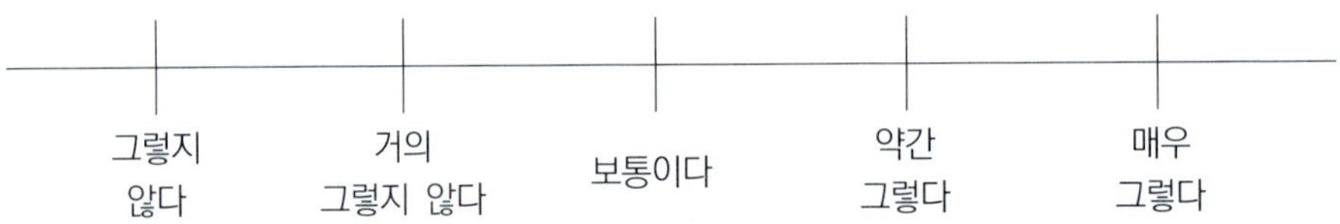


**[그림 6-3] 도식평정척도**

**Activity**

동영상

동영상을 시청한 후 관찰 영상을 〈Activity 6-4〉에 도식평정척도 방법으로 기록해 보세요.

https://www.youtube.com/watch?v=yJZOrcV8OV0

### 4) 표준평정척도

표준평정척도는 관찰대상을 다른 대상과 비교할 때 구체적인 준거나 표준 기준에 따라 범주화하여 제시하는 방법으로 기술평정에서 각 범주를 객관적인 유목으로 기술하며, 기술한 형태는 숫자나 도식평정과 함께 사용된다(성미영 외, 2021).

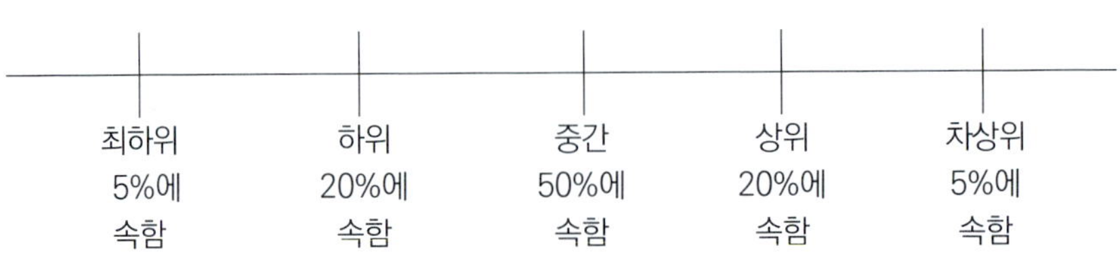


**[그림 6-4] 표준평정척도**

## 4. 평정척도법의 장단점

다음은 평정척도법의 장점과 단점이다(강형경 외, 2021; 성미영 외, 2021; 이인원 외, 2020).

### 1) 평정척도법의 장점

첫째, 기록이 간편하다.

평정척도법은 관찰자(교사)가 관찰대상(아동)의 정보를 얻기 위해 별도의 시간을 내지 않고 일상생활의 경험을 토대로 빠르고 쉽게 기록하므로, 관찰행동에 대해 바로 관찰·기록하는 것이 아니라 관찰자가 편리한 시간에 기록할 수 있다.

둘째, 여러 명의 관찰대상을 평가할 수 있다.

평정척도법은 미리 정해진 목록에 관찰대상의 행동 특성을 평정척도로 기록하는 것으로, 여러 명의 아동을 한 번에 평가하거나, 한 아동의 여러 영역을 한 번에 평가할 수 있다.

셋째, 관찰대상의 행동 특성이나 발달 영역을 평가할 수 있다.

평정척도법은 행동의 출현 유무뿐만 아니라 행동의 빈도, 정도를 평가할 수 있어 시간의 흐름에 따른 관찰대상의 행동 변화에 대한 정보도 수집할 수 있다. 또한 아동의 발달 특성과 행동에 대한 질적 평가를 할 수 있어, 교육현장에서 교사들이 유용하게 사용한다.

넷째, 훈련 없이 기록이 가능하다.

평정척도법은 관찰자가 문항을 읽고 판단 한 후 해당하는 평정척도를 선택하기 때문에 특별한 훈련 없이 쉽게 기록이 가능하다. 또한 관찰행동에 대해 구체적이고 객관적으로 만들어진 문항은 관찰자가 이해하기 쉬워 기록하는 데 어려움이 없다. 따라서 정확한 관찰행동을 살펴보기 위해서는 관찰행동을 구체적으로 나타낼 수 있는 평정척도법을 선택해야 한다.

## 2) 평정척도법의 단점

첫째, 관찰자의 오류와 편견이 개입될 수 있다.

평정척도법은 관찰 장면을 바로 기록하는 것이 아니라 관찰자의 기억에 의존하여 평가하므로 문항 기록 이전에 관찰자의 판단을 먼저 요구한다. 이러한 판단은 교사가 이전에 알고 있던 아동의 정보에 기초하여 아동을 평가하기 쉽기 때문에(Linn & Miller, 2005) 교사의 주관적인 평가가 될 수 있다. 따라서 교사는 객관적이고 일관성 있는 평정으로 오류와 편견의 개입을 최소화해야 한다.

둘째, 행동의 원인에 대한 정보수집이 어렵다.

평정척도법은 출현한 행동에 대해 전반적인 정보를 제공하는 서술식 기록(일화기록법, 표본기록법)과 달리 출현한 행동에 대한 수준과 정도만을 기록하므로 출현한 행동에 대한 원인을 설명하지 못한다.

셋째, 제시된 항목 이외의 정보획득이 어렵다.

평정척도법은 행동목록법과 같이 제시된 항목 이외에 다른 내용에 대해서는 알 수 없다. 따라서 아동에 대한 추가적인 정보획득을 위해서 다른 관찰법과 병행하여 사용하는 것이 좋다.

넷째, 모호한 용어로 인한 관찰자 간의 신뢰도가 다를 수 있다.

평정척도법에서 제시한 문항의 용어가 모호할 경우 관찰자 간의 서로 다른 평가로 이루어질 수 있다. 예를 들어, '자주', '때때로', '드물게', '아주', '더' 등과 같은 용어는 관찰자마다 다른 기준으로 평가할 수 있으므로, 모호한 용어로 이루어진 문항은 관찰자 간 합의 및 수정이 필요하다.

## 5. 평정척도법의 지침

평정척도법의 지침은 다음과 같다(성미영 외 2021; 이인원 외, 2020).

### 1) 평정척도 작성

#### (1) 관찰목적에 맞는 평정척도를 선정한다.

관찰자는 관찰 전 관찰목적과 필요성에 적합한 척도를 선택하기 위해 모든 문항을 읽고 객관적으로 평정할 수 있는지 살펴보고 척도를 선택한다.

#### (2) 기록 방법을 선정한다.

관찰자는 평정 전 기술평정척도, 숫자평정척도, 도식평정척도, 표준평정척도 중 관찰목적과 필요성에 적합한 평정척도를 선택한다. 선정한 척도는 기록 방법과 내용 범주가 중복되지 않도록 살펴본다.

#### (3) 개인적인 편견이 개입되지 않도록 주의한다.

평정하는 과정에서 관찰대상에 대한 타인의 사전 정보가 관찰자에게 편견을 생길 수 있게 할 수 있으므로, 관찰대상에 대한 다른 사람의 의견은 물어보지 않아야 한다.

#### (4) 관찰 결과에 대해 종합적으로 제시한다.

관찰대상에 대해 질적 결과와 양적 결과를 분석한 후 관찰 결과에 대해 종합적으로 제시한다.

# 6. 평정척도법의 실제

## 1) 평정척도법 사례

### (1) 기술평정척도 사례

**표 6-2** 아동의 예절능력 측정

| 관찰아동 | ○○○ | | 관 찰 자 | △△△ |
|---|---|---|---|---|
| 생년월일 | 20○○. ○○. ○○ (만 5세) | | 관찰일시 | 20○○. ○○. ○○ |
| 성 별 | 여 | 관찰행동 | 아동의 예절 | |

다음에서 설명하는 문항을 읽고 해당하는 수준에 ✓ 표시를 하시오.

| 내용 | 평정척도 | | 비고 |
|---|---|---|---|
| 1. 어른께 공손한 태도로 인사한다. | ( ) | 인사를 하지 않는다. | |
| | ( ) | 가르쳐 주면 억지로 인사한다. | |
| | ( ) | 가르려 주면 공손히 인사한다. | |
| | ( ✓ ) | 가끔 공손히 인사한다. | |
| | ( ) | 스스로 공손히 인사한다. | |
| 2. 친구들과 인사를 잘 한다. | ( ) | 친구들과 만났을 때 인사를 하지 않는다. | |
| | ( ) | 인사하도록 하면 억지로 인사한다. | |
| | ( ) | 가르쳐 주면 인사한다. | |
| | ( ✓ ) | 친구들과 가끔 인사한다. | |
| | ( ) | 친구들과 항상 반갑게 인사한다. | |
| 3. 어른께 물건을 두 손으로 받고 드린다. | ( ) | 가르쳐 주어도 하지 않는다. | |
| | ( ) | 가르쳐 주면 할 때도 있지만, 하지 않을 때도 있다. | |
| | ( ) | 가르쳐 주면 그대로 한다. | |
| | ( ) | 가끔은 잘하는 편이다. | |
| | ( ✓ ) | 항상 두 손으로 받고 드린다. | |

| | | |
|---|---|---|
| 4. 자기가 잘못한 일을 사과할 줄 안다. | (　) 전혀 사과하지 않는다.<br>(　) 가르쳐 주면 억지로 사과한다.<br>(　) 가르쳐 주면 사과할 줄 안다.<br>( ✓ ) 가르쳐 주지 않아도 사과한다.<br>(　) 항상 스스로 사과한다. | |
| 5. 입 안에 음식물을 넣고 말하지 않는다. | (　) 가르쳐 주어도 지키지 않는다.<br>(　) 가르쳐 주면 억지로 지킨다.<br>( ✓ ) 가르쳐 주면 그대로 지킨다.<br>(　) 잘 지키는 편이다.<br>(　) 항상 잘 지킨다. | |
| 6. 바르게 앉아서 식사를 한다. | (　) 가르쳐 주어도 지키지 않는다.<br>(　) 가르쳐 주면 억지로 따른다.<br>( ✓ ) 가르쳐 주면 바르게 앉아서 식사한다.<br>(　) 가끔 바르게 앉아서 식사한다.<br>(　) 항상 바른 자세로 식사한다. | |

| 평가 |
|---|
| - ○○이는 어른께 예의 바르게 인사하고 공손한 태도를 유지할 수 있음.<br>- 친구들과 반갑게 인사하고 자신의 잘못으로 갈등이 발생했을 때 사과할 수 있음.<br>- 식사 예절 중 입에 음식을 넣고 말하지 않는 것을 잘 지키는 편이지만, 식사 시 정해진 자리에서 식사하지 못하고 돌아다니는 편임.<br>- 자신의 자리에서 식사해야 하는 이유를 설명하고 바른 자세로 식사하는 습관이 형성될 수 있도록 지속적인 지도가 필요함. |

출처: 서울시교육청(2017)을 이인원 외(2020)가 재구성

### (2) 도식평정척도 사례

다음은 아동의 놀이성을 측정하기 위한 도식평정척도 사례이다.

<표 6-3>과 같이 범주 설명을 함께 제시하면 관찰자가 관찰행동에 대해 정확히 인지하고 기록할 수 있다.

**표 6-3 범주 설명**

놀이성은 아동이 놀이를 효과적으로 발휘할 수 있도록 자극하는 동기가 되며, 놀이 성향에 대한 개인차를 포함하는 심리적 구조이다. 본 척도에서 놀이성은 신체적 자발성, 사회적 자발성, 인지적 자발성, 즐거움의 표현, 유머감각으로 구분한다(Barnett, 1991).

| 유형 | | 정의 |
|---|---|---|
| 신체적 자발성 | 정의 | 전신 또는 신체 부위의 움직임으로 놀이 활동 중 신체 각 부분의 간의 협응 정도와 유연성, 민첩성 등 운동 기능 활동의 정도 |
| | 관찰 | 놀이 활동을 할 때 신체 기관 간의 협응, 적극적인 신체 움직임, 동적인 활동을 선호 등과 같이 놀이할 때의 움직임을 하는지 관찰함 |
| 사회적 자발성 | 정의 | 아동이 놀이를 하는 과정에서 놀이의 대상이 되고 있는 또래들과의 협력 및 친밀한 접촉, 놀이에서 보이는 주도적 역할 등 다른 아동들과 협동하며 놀이하는 정도 |
| | 관찰 | 놀이 활동을 할 때 다른 아동의 접근에 쉽게 반응 정도, 협동 놀이 여부, 놀이에 주도적인 역할 등을 하는지 관찰함 |
| 인지적 자발성 | 정의 | 아동이 놀이하는 과정에 창의적인 방법으로 놀이를 하며, 창의적으로 놀잇감을 사용하는 정도 |
| | 관찰 | 놀이 활동을 할 때 틀에 얽매이지 않고 자기만의 독특한 놀이 방법으로 놀이를 하며, 다양한 역할 등을 하는지 관찰함 |
| 즐거움의 표현 | 정의 | 아동이 놀이를 하는 과정에서 나타나는 감정, 기쁨, 즐거운, 성취감 등의 정도 |
| | 관찰 | 놀이 활동을 할 때 즐거움, 활기참, 열중하는 등의 감정을 자유롭게 표현하는지 관찰함 |
| 유머감각 | 정의 | 아동이 놀이를 하면서 친구들과 농담하는 것을 즐기거나, 혹은 재미있고 우스운 이야기를 하는 것 |
| | 관찰 | 놀이 활동을 할 때 다른 아동과 재미있는 이야기를 하거나 반응을 하는지 관찰함 |

출처: 이경진(2008)

**표 6-4** 아동의 놀이성 측정

| 관찰아동 | ○○○ | | 관 찰 자 | △△△ |
|---|---|---|---|---|
| 생년월일 | 20○○. ○○. ○○(만 5세) | | 관찰일시 | 20○○. ○○. ○○ |
| 성 별 | 남 | 관찰행동 | 아동의 놀이성(놀이시간) | |

1. 1주일간 아동의 놀이 모습을 지속적으로 관찰한다.
2. 각 문항에 대해 해당되는 곳에 ○표기한다.

| 번호 | 문항 | 전혀 그렇지 않다 | 그렇지 않은 편이다 | 보통 이다 | 그런 편이다 | 항상 그렇다 |
|---|---|---|---|---|---|---|
| 1 | 놀이 활동을 할 때 각 신체 기관의 협응이 잘 된다. | 1 | 2 | 3 | ④ | 5 |
| 2 | 놀이하는 동안 적극적으로 신체를 움직인다. | 1 | 2 | 3 | ④ | 5 |
| 3 | 놀이할 때 정적 활동보다 동적 활동을 좋아한다. | 1 | 2 | 3 | 4 | ⑤ |
| 4 | 놀이할 때 많이 움직인다. | 1 | 2 | 3 | 4 | ⑤ |
| 5 | 놀이하는 동안 다른 아이들의 접근에 쉽게 반응한다. | 1 | 2 | ③ | 4 | 5 |
| 6 | 다른 아이들과 협동적으로 놀이한다. | 1 | ② | 3 | 4 | 5 |
| 7 | 다른 아이들과 놀잇감을 나누어 놀이한다. | 1 | ② | 3 | 4 | 5 |
| 8 | 다른 아이들과 어울리려고 노력한다. | 1 | 2 | ③ | 4 | 5 |
| 9 | 친구를 쉽게 사귄다. | 1 | ② | 3 | 4 | 5 |
| 10 | 다른 아이들과 놀이할 때 주도적이다. | 1 | 2 | ③ | 4 | 5 |
| 11 | 다른 아이들과 놀이할 때 리더 역할을 하려 한다. | 1 | ② | 3 | 4 | 5 |
| 12 | 자기의 독특한 놀이 방법을 만들어 낸다. | 1 | 2 | 3 | ④ | 5 |
| 13 | 놀이를 할 때 틀에 얽매이지 않고 자유롭게 물건을 사용한다. | 1 | 2 | 3 | ④ | 5 |
| 14 | 놀이를 할 때 여러 가지 성격의 역할을 하고자 한다. | 1 | 2 | ③ | 4 | 5 |

| | | | | | | |
|---|---|---|---|---|---|---|
| 15 | 놀이하는 동안 한 활동만 고집하지 않고 활동을 바꾸어 가며 한다. | 1 | 2 | 3 | ④ | 5 |
| 16 | 놀이하는 동안 즐거워한다. | 1 | 2 | 3 | 4 | ⑤ |
| 17 | 놀이하는 동안 기운차 보인다. | 1 | 2 | 3 | 4 | ⑤ |
| 18 | 놀이에 열중한다. | 1 | 2 | 3 | 4 | ⑤ |
| 19 | 놀이하는 동안 감정을 자유로이 표현한다. | 1 | 2 | ③ | 4 | 5 |
| 20 | 놀이를 하면서 노래를 부르거나 이야기한다. | 1 | 2 | 3 | 4 | ⑤ |
| 21 | 다른 아이들과 우스운 이야기하기를 좋아한다. | 1 | 2 | ③ | 4 | 5 |
| 22 | 놀이를 할 때 장난기가 많다. | 1 | 2 | ③ | 4 | 5 |
| 23 | 재미있는 이야기를 잘한다. | 1 | 2 | ③ | 4 | 5 |
| 24 | 우스꽝스러운 이야기를 들으면 잘 웃는다. | 1 | 2 | 3 | 4 | ⑤ |
| 25 | 놀이를 할 때 익살부리기를 좋아한다. | 1 | 2 | ③ | 4 | 5 |
| 요약 | • 놀이를 하는 과정에서 대·소근육 협응, 활발한 신체 움직임을 보인다. (신체적 자발성)<br>• 또래와의 놀이에서 주도적이지 못하며 함께 협동하여 놀이하거나 어울려 놀이하는 것을 어려워한다. (사회적 자발성)<br>• 놀이하는 과정에서 자기만의 독특한 방법을 잘 생각해 내며 자유롭게 물건을 활용하며 놀이한다. (인지적 자발성)<br>• 놀이하는 동안 즐거워하며 놀이에 집중한다. (즐거움의 표현)<br>• 놀이하면서 친구들의 재미있는 이야기를 듣고 반응하지만 스스로 재미있는 이야기를 하거나 익살부리기를 즐겨 하지 않는다. (유머감각) | | | | | |
| 추론 및 평가 | • 신체적 움직임이 많은 놀이를 잘하며 신체 발달이 또래에 비해 빠른 편이다.<br>• 또래와의 놀이를 어려워하며 사회관계 형성에 주도적이거나 능숙하지 못한다.<br>• 자신만의 방법으로 놀이를 해 나가는 등 인지적인 발달은 보통이다.<br>• 놀이에 즐겁게 참여하는 편이지만 친구들을 위해 재미있는 이야깃거리 등을 만들어 친구들을 주도하는 것은 힘들어한다. | | | | | |
| 관찰을 통한 지원 | • 또래와의 관계 형성에 어려움을 보이므로, ○○이가 좋아하고 능숙한 신체적 움직임이 많은 놀이를 통해 관계 형성 및 놀이를 주도할 수 있는 기회를 마련해 줄 수 있다.<br>• 놀이 과정에서 자신의 생각과 감정을 표현하는 기회를 더 많이 제공함으로써 놀이를 통해 자연스럽게 또래와의 놀이를 즐길 수 있도록 지원한다. | | | | | |

출처: 이경진(2008)을 강현경 외(2021)가 재구성

## (3) 표준평정척도 사례

**표 6-5** 아동의 인지발달 측정

| 관찰아동 | ○○○ | | 관 찰 자 | △△△ |
|---|---|---|---|---|
| 생년월일 | 20○○. ○○. ○○(6년 3개월) | | 관찰일시 | 20○○. ○○. ○○ |
| 성 별 | 여 | 관찰행동 | 인지발달 | |

1. 아동의 인지발달에 대해 다음과 같이 평가하여 해당란에 ○표시한다.
2. 내용을 종합하여 요약한다.

| 번호 | 문항 | 하위 5%에 속함 | 하위 25%에 속함 | 중간 50%에 속함 | 상위 25%에 속함 | 상위 5%에 속함 |
|---|---|---|---|---|---|---|
| 1 | 1~20 이상의 숫자를 셀 수 있다. | | | | ○ | |
| 2 | 수 세기 단위를 알고 사용할 수 있다. | | | ○ | | |
| 3 | 현재, 과거, 미래의 시제를 알고 알맞게 사용한다. | | | ○ | | |
| 4 | 하루의 일과를 순서대로 말하고 이해할 수 있다. | | | | ○ | |
| 5 | 15조각 정도의 퍼즐을 맞출 수 있다. | | | | ○ | |
| 6 | 방향과 위치에 관한 개념을 이해한다. | | | | ○ | |
| 7 | 기본도형과 입체 도형을 이해한다. | | | | ○ | |
| 8 | 사물의 길이 무게, 둘레, 높이를 측정하고 비교할 수 있다. | | | | ○ | |
| 9 | 사물을 측정하고 비교하여 순서를 지을 수 있다. | | | | ○ | |
| 10 | 사물을 크기별로 1~10순위를 서열화할 수 있다. | | | | ○ | |
| 11 | 사물을 규칙대로 10가지 정도 패턴을 만들 수 있다. | | | | ○ | |
| 12 | 사물의 모양, 크기, 색깔별로 분류하고 재분류를 할 수 있다. | | | | ○ | |
| 13 | 사물의 특성과 공통적인 특성을 벤다이어그램으로 나타낼 수 있다. | | | ○ | | |
| 14 | 그래프를 이용하여 표현할 수 있다. | | | | ○ | |
| 15 | 궁금한 점이 있으면 알아보려고 탐구활동에 참여한다. | | | | | ○ |
| 16 | 사물을 탐색하거나 관찰한다. | | | | | ○ |
| 17 | 관찰한 사물을 토대로 다른 것을 예측해 본다. | | | | ○ | |
| 18 | 예측한 것을 토대로 가설을 만들어 볼 수 있다. | | | | ○ | |
| 19 | 여러 가지 물체와 물질을 변화시켜 볼 수 있다. | | | | | ○ |

| | | | | | | |
|---|---|---|---|---|---|---|
| 20 | 나의 출생과 성장에 관심을 갖고 질문한다. | | | | ○ | |
| 21 | 생태계 변화에 관심이 많다. | | | | ○ | |
| 22 | 자연 친화적인 활동에 관심을 갖고 참여한다. | | | | | ○ |
| 23 | 텃밭 가꾸기, 실물 채집 등 활동에 관심을 갖고 참여한다. | | | | | ○ |
| 24 | 날씨 변화와 기후 변화에 관심을 갖는다. | | | | | ○ |
| 25 | 자연 현상에 관심을 갖고 이해한다. | | | | ○ | |
| 26 | 계절의 변화에 따른 자연의 변화를 이해한다. | | | | ○ | |
| 27 | 계절의 규칙성을 이해한다. | | | | ○ | |
| 28 | 생활 속의 간단한 기계와 도구를 활용한다. | | | | ○ | |
| 요약 | 주변 사물과 자연 세계에 대해 지속적으로 호기심을 갖고 알고자 하며 일상생활의 문제를 해결하는 과정에서 탐색, 관찰, 비교, 예측 등의 탐구 기술을 활용해 본다. | | | | | |

출처: 전남련 외(2018)

## 2) 평정척도법 관찰기록지 예시

### (1) 기술평정척도 예시

**표 6-6** 아동의 쓰기 행동 및 도구 사용

아동의 행동이 가장 잘 나타내는 곳에 ✓표시하시오.

| | 내용 |
|---|---|
| (　) | 쓰기 도구를 바르게 사용하는 것을 어려워한다. |
| (　) | 교사의 도움이 있으면 쓰기 도구를 바르게 사용한다. |
| (　) | 스스로 쓰기 도구를 사용한다. |

출처: 이미화 외(2012)

표 6-7 **아동의 문해능력**

| 관찰대상 | △△△ | 생년월일 | 20○○ 년 ○○월 ○일 |
|---|---|---|---|
| 관 찰 자 | ○○○ | 연 령 | 만 ○세 |
| 관찰일자 | 20○○ 년 ○○월 ○일 | 성 별 | 남 / 여 |

1. 아동의 행동을 가장 잘 진술한 범주에 ✓표시를 해주세요.
2. 문항 내의 진술문 중 어느 하나도 현재 아동의 행동을 설명하지 못하거나 덧붙일 내용이 있으면 기타란에 적어주세요.

| 기록 | 1. 아동의 읽기 능력이 어느 정도 발달 되어 있는가?<br>______아직 글자를 구별할 줄 몰라서 읽기 활동에 관심이 없다.<br>______아동의 주변에서 익숙한 단어를 여러 개 읽을 수 있다.<br>______읽기 활동에 관심을 보이며 쉬운 문장을 읽을 수 있다.<br>______자주 페이지를 넘기면서 책을 읽거나 읽은 내용을 말한다.<br>______다양한 문장 또는 간단한 이야기를 읽는다.<br>______기타(                    )<br><br>2. 아동은 읽기 활동에 어느 정도 관심을 보이고 있는가?<br>______이야기를 읽어 줄 때 흥미와 관심이 없다.<br>______짧은 이야기를 읽어주면 관심을 보이고 읽어 달라고 요구한다.<br>______읽어 준 이야기에 대해 질문, 대답하거나 이야기한 부분을 따라 할 수 있다.<br>______기타(                    )<br><br>3. 책에 관한 지식은 어느 정도 관심을 보이고 있는가?<br>______책을 바르게 놓는 방법을 아직 모르고 있으며 그냥 집어서 들고 있다.<br>______책을 집어 들고 페이지를 차례대로 넘기면서 계속 본다.<br>______책 표지나 책 속의 그림을 보고 이야기를 하거나 느낌, 생각을 말한다.<br>______기타(                    )<br><br>4. 아동의 책에 대한 관심은 어느 정도인가?<br>______책에 전혀 관심이 없고 독서 영역을 찾지 않는다.<br>______가끔씩 독서 영역을 이용하며 책에 대해 약간의 관심을 보인다.<br>______자주 독서 영역을 이용하거나 책에 대해 많은 관심을 보이고 있다.<br>______기타(                    )<br><br>5. 책을 읽는 지식은 어느 정도 발달 되어 있는가?<br>______눈동자가 글자의 방향과 관계없이 그림만 보고 읽는다.<br>______눈동자가 정확한 방향으로 움직이면서 책의 글자를 따라가면 읽는다.<br>______책을 읽는 것처럼 행동을 보이거나, 실제로 책을 읽을 수 있다.<br>______기타(                    ) |
|---|---|

| | |
|---|---|
| 기록 | 6. 쓰기에 대한 관심, 흥미는 어느 정도인가?<br>_____글씨를 쓰는 것에 흥미를 보이지 않는다.<br>_____긁적이기 등 여러 개의 선을 그려놓고 글씨를 안다고 한다.<br>_____자주 글씨를 쓰는 것에 관심, 흥미를 보인다.<br>_____기타(                                        )<br><br>7. 쓰기에 대한 능력은 어느 정도 발달 되어 있는가?<br>_____전혀 쓰기는 방법을 모르고 시도하려 하지 않는다.<br>_____꾸불꾸불한 선을 그리면서 글자처럼 표기한다.<br>_____자기 이름 등 자신에게 의미 있는 글자를 베껴 쓰거나 적는다.<br>_____자기 이름 외에 몇 개의 단어와 짧은 문장을 쓴다.<br>_____기타(                                        ) |
| 요약 | |

출처: 고문숙 외(2013). 유아를 아동으로 수정

### (2) 숫자평정척도 예시

**표 6-8** 2019 개정 누리과정 KICCE 유아관찰척도

문항을 읽고 해당하는 수준에 ✓표시하세요.

| 문항 | | 수준 | | | |
|---|---|---|---|---|---|
| | | 1 | 2 | 3 | 4 |
| 신체운동·건강 | 1. 신체를 인식하고 움직인다. | | | | |
| | 2. 신체 움직임을 조절한다. | | | | |
| | 3. 기초적인 이동운동, 제자리 운동, 도구를 이용한 운동을 한다. | | | | |
| | 4. 실내외 신체활동에 자발적으로 참여한다. | | | | |
| | 5. 자신의 몸과 주변을 깨끗이 한다. | | | | |
| | 6. 몸에 좋은 음식에 관심을 가지고 바른 태도로 즐겁게 먹는다. | | | | |
| | 7. 하루 일과에서 적당한 휴식을 취한다. | | | | |
| | 8. 질병을 예방하는 방법을 알고 있다. | | | | |
| | 9. 일상에서 안전하게 놀이하고 생각한다. | | | | |
| | 10. TV, 컴퓨터, 스마트폰 등을 바르게 사용한다. | | | | |

| | 문항 | 수준 | | | |
|---|---|---|---|---|---|
| | | 1 | 2 | 3 | 4 |
| | 11. 교통안전 규칙을 지킨다. | | | | |
| | 12. 안전사고, 화재, 재난, 학대, 유괴 등에 대처하는 방법을 경험한다. | | | | |
| 의사소통 | 13. 말이나 이야기를 관심 있게 듣는다. | | | | |
| | 14. 자신의 경험, 느낌, 생각을 말한다. | | | | |
| | 15. 상황에 적절한 단어를 사용하여 말한다. | | | | |
| | 16. 상대방이 하는 이야기를 듣고 관련해서 말한다. | | | | |
| | 17. 바른 태도로 듣고 말한다. | | | | |
| | 18. 고운 말을 사용한다. | | | | |
| | 19. 말과 글의 관계에 관심을 가진다. | | | | |
| | 20. 주변의 상징, 글자 등의 읽기에 관심을 가진다. | | | | |
| | 21. 자신의 생각을 글자와 비슷한 형태도 표현한다. | | | | |
| | 22. 책에 관심을 가지고 상상하기를 즐긴다. | | | | |
| | 23. 동화, 동시에서 말의 재미를 느낀다. | | | | |
| | 24. 말놀이와 이야기 짓기를 즐긴다. | | | | |
| 사회관계 | 25. 나를 알고 소중히 여긴다. | | | | |
| | 26. 나의 감정을 알고 상황에 맞게 표현한다. | | | | |
| | 27. 내가 할 수 있는 것을 스스로 한다. | | | | |
| | 28. 가족의 의미를 알고 화목하게 지낸다. | | | | |
| | 29. 친구와 서로 도우며 사이좋게 지낸다. | | | | |
| | 30. 친구와의 갈등을 긍정적인 방법으로 해결한다. | | | | |
| | 31. 서로 다른 감정, 생각, 행동을 존중한다. | | | | |
| | 32. 친구와 어른께 예의 바르게 행동한다. | | | | |
| | 33. 약속과 규칙의 필요성을 알고 지킨다. | | | | |
| | 34. 내가 살고있는 곳에 대해 궁금한 것을 알아본다. | | | | |
| | 35. 우리나라에 대해 자부심을 가진다. | | | | |
| | 36. 다양한 문화에 관심을 가진다. | | | | |

<table>
<tr><th colspan="2" rowspan="2">문항</th><th colspan="4">수준</th></tr>
<tr><th>1</th><th>2</th><th>3</th><th>4</th></tr>
<tr><td rowspan="10">예술경험</td><td>37. 자연과 생활에서 아름다움을 느끼고 즐긴다.</td><td></td><td></td><td></td><td></td></tr>
<tr><td>38. 예술적 요소에 관심을 갖고 찾아본다.</td><td></td><td></td><td></td><td></td></tr>
<tr><td>39. 노래를 즐겨 부른다.</td><td></td><td></td><td></td><td></td></tr>
<tr><td>40. 신체, 사물, 악기로 간단한 소리와 리듬을 만들어 본다.</td><td></td><td></td><td></td><td></td></tr>
<tr><td>41. 신체나 도구를 활용하여 움직임과 춤으로 자유롭게 표현한다.</td><td></td><td></td><td></td><td></td></tr>
<tr><td>42. 다양한 미술재료와 도구로 자신의 생각과 느낌을 표현한다.</td><td></td><td></td><td></td><td></td></tr>
<tr><td>43. 극놀이로 경험이나 이야기를 표현한다.</td><td></td><td></td><td></td><td></td></tr>
<tr><td>44. 다양한 예술을 감상하여 상상하기를 즐긴다.</td><td></td><td></td><td></td><td></td></tr>
<tr><td>45. 서로 다른 예술 표현을 존중한다.</td><td></td><td></td><td></td><td></td></tr>
<tr><td>46. 우리나라 전통 예술에 관심을 갖고 친숙해진다.</td><td></td><td></td><td></td><td></td></tr>
<tr><td rowspan="13">자연탐구</td><td>47. 주변 세계와 자연에 대해 지속적으로 호기심을 가진다.</td><td></td><td></td><td></td><td></td></tr>
<tr><td>48. 궁금한 것을 탐구하는 과정에 즐겁게 참여한다.</td><td></td><td></td><td></td><td></td></tr>
<tr><td>49. 탐구과정에서 서로 다른 생각에 관심을 가진다.</td><td></td><td></td><td></td><td></td></tr>
<tr><td>50. 물체의 특성과 변화를 여러 가지 방법으로 탐색한다.</td><td></td><td></td><td></td><td></td></tr>
<tr><td>51. 물체를 세어 수량을 알아본다.</td><td></td><td></td><td></td><td></td></tr>
<tr><td>52. 물체의 위치와 방향, 모양을 알고 구별한다.</td><td></td><td></td><td></td><td></td></tr>
<tr><td>53. 일상에서 길이, 무게 등의 속성을 비교한다.</td><td></td><td></td><td></td><td></td></tr>
<tr><td>54. 주변에서 반복되는 규칙을 찾는다.</td><td></td><td></td><td></td><td></td></tr>
<tr><td>55. 일상에서 모은 자료를 기준에 따라 분류한다.</td><td></td><td></td><td></td><td></td></tr>
<tr><td>56. 도구와 기계에 대해 관심을 가진다.</td><td></td><td></td><td></td><td></td></tr>
<tr><td>57. 주변의 동식물에 관심을 가진다.</td><td></td><td></td><td></td><td></td></tr>
<tr><td>58. 생명과 자연환경을 소중히 여긴다.</td><td></td><td></td><td></td><td></td></tr>
<tr><td>59. 날씨와 계절의 변화를 생활과 관련짓는다.</td><td></td><td></td><td></td><td></td></tr>
<tr><td>요약 및 해석</td><td colspan="5"></td></tr>
</table>

출처: 교육부·보건복지부(2019)

### (3) 도식평정척도 예시

표 6-9 아동의 언어적 능력

| 관찰대상 | △△△ | 생년월일 | 20○○ 년 ○○월 ○일 |
|---|---|---|---|
| 관 찰 자 | ○○○ | 연령 | 만 ○세 |
| 관찰일자 | 20○○ 년 ○○월 ○일 | 성별 | 남 / 여 |

아동의 행동을 가장 잘 진술한 범주에 ○표시를 해주세요.

| | 문항 | 전혀 그렇지 않다 | 거의 그렇지 않다 | 보통 이다 | 약간 그렇다 | 매우 그렇다 |
|---|---|---|---|---|---|---|
| 1 | 또래에 비해 표현할 수 있는 어휘 수가 많다. | | | | | |
| 2 | 방향, 위치, 시간 등과 관련된 단어들을 적절하게 사용한다.<br>(예: 앞/뒤/옆, 안/밖, 어제/내일과 같은 단어를 적절하게 포함해서 사용된다) | | | | | |
| 3 | '그러나(그런데)', '아니면(또는)','그렇지만', '정말로' 등의 접속사들을 포함하여 적절하게 사용한다. | | | | | |
| 4 | 자신의 생각을 여러 사람 앞에서 적절한 언어로 표현한다. | | | | | |
| 5 | 의성어나 의태어를 사용하여 적절하게 말한다. | | | | | |
| 6 | 자신이 하고 있는 행위를 말로써 설명할 수 있다.<br>(예: 장난감 차를 책상의 모퉁이로 몰고 가면서"나는 지금 숲속을 가고 있어"라고 말할 수 있다. ) | | | | | |
| 7 | 표현하는 이야기의 흐름이 자연스럽다. | | | | | |
| 8 | 다양한 상황에서 사용하는 적절한 표현을 알고 사용한다.<br>(예: 선물을 받았을 때, 도움을 받았을 때, 친구를 만났을 때, 음식을 더 이상 먹고 싶지 않을 때, 미안하거나 고마울 때 등) | | | | | |
| 9 | 간단한 은유 문장을 이해하고 사용한다.<br>(예: '선생님 머리는 라면 같아요.'라는 말을 이해하고 말할 수 있다.) | | | | | |
| 10 | 교사가 하는 말을 잘 못 알아들었을 때 다시 질문한다. | | | | | |
| 요약 | | | | | | |

출처: 임승렬 외(2014)의 의사소통능력 중 언어적 능력 발췌

표 6-10 사회 · 정서능력

| 관찰대상 | △△△ | 생년월일 | 20○○ 년 ○○월 ○일 |
|---|---|---|---|
| 관 찰 자 | ○○○ | 연령 | 만 ○세 |
| 관찰일자 | 20○○ 년 ○○월 ○일 | 성별 | 남 / 여 |

문항을 읽고 해당되는 곳에 ✓표시해주세요.

| 문항 | 전혀 그렇지 않다 | 거의 그렇지 않다 | 보통이다 | 약간 그렇다 | 매우 그렇다 |
|---|---|---|---|---|---|
| 1. 문제 상황에서 대안을 제시한다. | 1 | 2 | 3 | 4 | 5 |
| 2. 또래와의 상호작용에서 부탁하는 말을 효과적으로 한다. | 1 | 2 | 3 | 4 | 5 |
| 3. 또래의 요구를 거절해야 할 때, 거절의 이유를 적절하게 말한다. | 1 | 2 | 3 | 4 | 5 |
| 4. 자신이 한 말을 상대방이 이해하지 못하면 보다 쉬운 말로 다시 말한다. | 1 | 2 | 3 | 4 | 5 |
| 5. 슬프거나 속상한 친구를 위로한다. | 1 | 2 | 3 | 4 | 5 |
| 6. 떠들썩한 상황에서 적절한 방법으로 자신에게 또래들의 주의를 집중시킨다. | 1 | 2 | 3 | 4 | 5 |
| 7. 또래의 성취나 좋은 행동에 격려나 칭찬을 한다. | 1 | 2 | 3 | 4 | 5 |
| 8. 문제를 해결하기 위해 타협할 수 있다. | 1 | 2 | 3 | 4 | 5 |
| 9. 상황에 맞게 재치 있는 표현을 한다. | 1 | 2 | 3 | 4 | 5 |
| 10. 그림책의 등장 인물에게 공감한다. (예, 신데렐라가 불쌍해요) | 1 | 2 | 3 | 4 | 5 |
| 11. 토의 상황에서 자신의 의견을 명확하게 말한다. | 1 | 2 | 3 | 4 | 5 |
| 요약 및 평가 | | | | | |

출처: 임승렬 외(2014)의 의사소통 능력 중 사회 · 정서적 능력 발췌

### (4) 표준평정척도 예시

**표 6-11** 아동의 언어능력

| 관찰대상 | △△△ | 생년월일 | 20○○ 년 ○○월 ○일 |
|---|---|---|---|
| 관 찰 자 | ○○○ | 연령 | 만 ○세 |
| 관찰일자 | 20○○ 년 ○○월 ○일 | 성별 | 남 / 여 |

아동의 보이는 언어능력이 해당되는 곳에 ✓ 표시하시오.

| 문항 | 최하의 5%에 속함 | 하위 20%에 속함 | 중간 50%에 속함 | 상위 20%에 속함 | 최상위 5%에 속함 |
|---|---|---|---|---|---|
| 1. 어휘 구사력 | | | | | |
| 2. 의사소통 능력 | | | | | |
| 3. 문장력 | | | | | |
| 4. 언어 이해력 | | | | | |
| 해석 | | | | | |
| 비고 | | | | | |

출처: 김지은(2008)

## 척도연구

# 초등학교 2학년의 다요인 지능 예측 변인에 대한 탐색적 연구

연구자 : 전은옥(2022)

출처: 육아정책연구. 2022, Vol. 16, No. 1. pp. 27-51.

| 연구내용 | |
|---|---|
| 연구 목적 | 초등학교 2학년 아동의 다요인 지능(어휘적용력, 언어유추력, 도식화능력, 수리력, 공간지각력, 추리력)을 예측하는 변인을 살펴보는 것을 목적으로 함 |
| 연구 대상 | ◦ 한국아동패널 7, 9차 연도 자료의 초등학교 2학년 755명<br>◦ 연구 대상자 선정: 전체 표본 수는 1,770명 중 연구 측정 변인을 모두 응답한자 |
| 연구 방법 | ◦ 아동의 다요인 지능(M-FIT) : 아동이 스스로 검사에 참여하여 측정<br>◦ 취학 전 사회적 유능감 : 아동이 유아교육기관에 있을 때 교사가 측정<br>- '전혀 그렇지 않다(1점)'에서 '매우 자주 그렇다(3점)'로 평정<br>◦ 어머니 교육열과 모-자 상호작용 : 해당 아동의 어머니가 측정<br>- '그렇지 않다(1점)'에서 '매우 그렇다(4점)'로 평정<br>- '전혀 그렇지 않다(1점)'에서 '매일(4점)'로 평정, 4점 리커트형 척도<br>◦ 교사-아동 관계 : 아동의 학급 담임교사가 측정<br>- '전혀 그렇지 않다(1점)'에서 '매우 그렇다(5점)'로 평정 |
| 자료 분석 | ◦ 아동의 다욍인 지능의 경우 T 점수를 활용하여 사용<br>◦ 취학 전 사회적 유능감, 어머니 교육열, 모-자 상호작용, 교사-아동 관계는 점수가 높을수록 해당 변인의 수준이 높다는 것을 의미<br>◦ 통계 프로그램 SPSS 21.0과 AMOS 21.0 사용하여 분석 |

**【표준평정척도 다요인 지능 구성 안내】**

〈표 2〉 다요인 지능의 소검사 구성

| 구분 | 측정내용 | 실시시간 |
|---|---|---|
| 어휘적용력 | 기본적인 어휘력과 문장의 정확한 이해 및 문맥에 맞게 적절한 어휘를 선택하는 능력 | 3분 |
| 언어유추력 | 측정하고자 하는 것은 단어 간의 인과관계와 의미 간의 위계, 범주를 파악하고 분류한 것을 바탕으로 새로운 관계성을 도출해 내는 능력 | 3분 |
| 도식화능력 | 언어적인 내용을 그림으로 전환하고 세부 그림들을 조직하고 통합하여 제시된 내용에 대한 전반적인 이해의 틀을 만들어내는 능력 | 6분 30초 |

| 수리력 | 수와 기초적인 연산개념에 대한 이해와 자동적 처리를 바탕으로 수량을 비교하고, 빠르고 정확하게 계산하는 능력 | 7분 30초 |
|---|---|---|
| 공간지각력 | 공간과 위치를 파악하기 위한 시각적인 사고력과 공간 환경에서의 적응력 | 4분 |
| 추리력 | 문제를 인식하고 자료를 토대로 문제해결력을 위한 규칙을 추론하는 귀납추론 능력 | 4분 30초 |

• 출처: 한국아동패널 9차년(2016) : 다요인 지능

**【도식, 숫자평정척도 다요인 지능 구성 안내】**

| | 전혀 그렇지 않다 | 그렇지 않다 | 보통이다 | 그렇다 | 매우 그렇다 |
|---|---|---|---|---|---|
| 1) 나는 ○○(이)와 다정하고 따뜻한 관계를 맺고 있다. | ① | ② | ③ | ④ | ⑤ |
| 2) ○○(이)와 나는 항상 의견이 부딪히는 것 같다. | ① | ② | ③ | ④ | ⑤ |
| 3) ○○(이)는 속상한 일이 있으면 나에게 위안을 받으려 할 것이다. | ① | ② | ③ | ④ | ⑤ |
| 4) ○○(이)는 내가 하는 가벼운 스킨십(머리 쓰다듬기 등)에 대해 불편해한다. | ① | ② | ③ | ④ | ⑤ |
| 5) ○○(이)는 나와의 관계를 소중하게 생각한다. | ① | ② | ③ | ④ | ⑤ |

* 출처: 한국아동패널 9차년(2016) 설문지 : 교사-아동 관계

| 평정 척도법 | • 표준평정척도(아동의 다요인 지능(M-FIT)<br>- 표준화 검사의 경우 도식 평정으로 체크 후 결과는 T 점수, 백분율, 원점수로 제시함<br>• 도식 평정 및 숫자 평정 (설문지)<br>- 설문지에 도식 평정과 숫자 평정을 함께 사용함 |
|---|---|

## Activity

### Activity 6-1

| 기술평정척도로 작성해 보기 |
| --- |
| 『이 닦기 행동』에 대해 구체적으로 기술해 보세요. |
| • |
| • |
| • |
| • |
| • |

## Activity 6-2

| 기술평정척도로 작성해 보기 |
| --- |

『읽기 활동 관심』에 대해 구체적으로 기술해 보세요.

•

•

•

•

•

## Activity 6-3

### 숫자평정척도 기록하기

아래에 제시된 문항을 읽고 여러분이 어느 정도 이러한 행동을 하는지 생각해 보십시오. 각 각의 행동을 하는 정도를 잘 나타낸다고 생각하는 번호에 ○ 표시를 하십시오.

| 문항 | 매우 드물게 | 드물게 | 보통 | 자주 | 매우 자주 |
|---|---|---|---|---|---|
| 1. 전에는 몰랐던 것을 알게 되어 즐겁고 재미있게 공부한다. | 1 | 2 | 3 | 4 | 5 |
| 2. 누가 시키지 않더라도 내가 스스로 책을 사서 읽는다. | 1 | 2 | 3 | 4 | 5 |
| 3. 내가 잘 모르는 것은 처음부터 배우는 것을 피한다. | 1 | 2 | 3 | 4 | 5 |
| 4. 새로운 것을 배울 때마다 힘들고 피곤하다. | 1 | 2 | 3 | 4 | 5 |
| 5. 배우고자 하는 것이 있으면, 아무리 바빠도 그것을 배울 시간을 내어서 배운다. | 1 | 2 | 3 | 4 | 5 |
| 6. 내 스스로 학습할 수 있는 능력을 갖고 있다고 믿고 노력한다. | 1 | 2 | 3 | 4 | 5 |
| 7. 내가 하고 싶은 공부는 잠을 늦게 자더라도 끝까지 마친다. | 1 | 2 | 3 | 4 | 5 |
| 8. 실패를 하더라도 어려운 과제를 풀려고 도전한다. | 1 | 2 | 3 | 4 | 5 |
| 9. 좋은 직업을 가질 수 있는 기회를 넓히기 위해서 공부한다. | 1 | 2 | 3 | 4 | 5 |
| 10. 모르는 것을 새롭게 알아가는 즐거움 때문에 공부한다. | 1 | 2 | 3 | 4 | 5 |

출처: 이석재(2003). 자기주도적학습능력의 일부 발췌

## Activity 6-4

### 도식평정척도로 관찰장면 기록하기

- 동영상을 시청하면서 행동을 관찰해 보세요.
- 관찰대상의 행동을 도식평정척도 방법으로 기록해 보세요.

동영상

https://www.youtube.com/watch?v=yJZOrcV8OV0

출처: EBS 부모- 집에서만 떼쓰고 화내는 아이

문항을 읽고 관찰 아동에 해당되는 곳에 ✓ 표시하시오.

| 문항 | 전혀 그렇지 않다 | 거의 그렇지 않다 | 보통이다 | 약간 그렇다 | 매우 그렇다 |
|---|---|---|---|---|---|
| 1. 어른이 이끄는 집단놀이에서 규칙을 따른다. | 1 | 2 | 3 | 4 | 5 |
| 2. 자기 차례를 기다린다. | 1 | 2 | 3 | 4 | 5 |
| 3. 놀이 중에 도움이 필요한 친구를 도와주고 달래준다. | 1 | 2 | 3 | 4 | 5 |
| 4. 또래와 함께 이야기의 흐름이 있는 놀이를 한다. | 1 | 2 | 3 | 4 | 5 |
| 5. 다른 사람에게 간단한 놀이의 규칙을 설명한다. | 1 | 2 | 3 | 4 | 5 |
| 6. 다른 아이들과 있을 때, 차례를 지키고 놀잇감을 나누어 논다. | 1 | 2 | 3 | 4 | 5 |
| 7. 다른 아이들의 행동에 대해 이야기한다. | 1 | 2 | 3 | 4 | 5 |
| 8. 소꿉놀이, 학교 놀이, 술래잡기 등 여럿이 함께 어울려 하는 다양한 놀이를 한다. | 1 | 2 | 3 | 4 | 5 |

출처: 정은경 외(2017). K-DST 한국영유아 발달선별검사(36-41개월) 일부

# 참고문헌


## 단행본

- 강현경, 김성숙, 김정희(2021). **아동관찰 및 행동연구**. 서울: 학지사.
- 고문숙, 김수향, 이경하, 이용주, 임영심(2013). **아동관찰 및 행동연구**. 경기: 양서원.
- 교육부 · 보건복지부(2019). **2019 개정 누리과정 해설서**. 세종: 교육부.
- 김지은(2008). **아동관찰 및 행동연구**. 경기: 학현사.
- 서울시교육청(2017). **유치원 교육과정 및 유아평가**. 서울: 서울시교육청.
- 성미영, 전가일, 정현심, 김유미, 정하나(2021). **아동관찰 및 행동연구(2판)**. 서울: 학지사.
- 안선희, 문혁준, 김양은, 김영심, 안효진, 이경옥, 신혜원(2021). **아동관찰 및 행동연구(3판)**. 서울: 창지사.
- 이미화, 이정림, 여종일, 김경미, 김명순, 이경옥, 이완정, 이정욱, 최일선, 최혜영(2012). **「5세 누리과정」 운영에 따른 유아평가 연구 - 평가척도 개발. 연구보고 2012-31**, 서울: 육아정책연구소.
- 이석재(2003). **생애능력 측정도구 개발연구: 의사소통능력, 문제해결능력, 자기주도적 학습능력을 중심으로(연구보고 RR 2003-15-3)**. 서울: 한국교육개발원.
- 이은해, 이미라, 박소연(2006). **아동 연구방법의 이해**. 서울: 학지사.
- 이인원, 윤정임, 이태분, 최윤지, 이현아(2020). **아동관찰 및 행동연구**. 경기: 양성원.
- 전남련, 김인자, 백향기, 황연옥(2018). **아동관찰 및 행동연구(개정판)**. 경기: 양서원.
- 정은경, 양세원(2017). **(개정판) K-DST 한국 영유아 발달선별검사(36~41개월용)**. 질병관리본부 만성질환예방과.

- Linn, R. L., & Miller, M. D. (2005). *Measurement and assessment in teaching(9th)*. Upper Saddle River, NJ: Prentice Hall.

## 논문

- 이경진(2008). 전래동요를 활용한 놀이 경험이 유아의 놀이성 및 음악적 선호에 미치는 영향, 중앙대학교 대학원 석사학위논문.
- 임승렬, 남연정, 김정림(2014). 유아 의사소통 측정도구의 개발 및 타당화 연구. **유아교육논집, 18**(5), 53-77.
- 전은옥(2022). 초등학교 2학년의 다요인 지능 예측 변인에 대한 탐색적 연구. **육아정책연구, 16**(1), 27-51.
- Barnett, L. A. (1991). The playful child: Measurement of a disposition to play. *Play and Culture*, *4*(1), 51-74.

Chapter

# 07

# 시간표집법
## (Time Sampling Method)

## 1. 시간표집법의 정의

시간표집법은 정해진 시간 안에 관찰하고자 하는 아동의 행동이 얼마나 자주 일어나는지에 대한 행동의 출현 빈도를 수집하는 방법으로 빈도표집 및 선택적 관찰법(한국영유아교육학회, 1996)이라고도 한다. 시간표집법은 아동의 행동에 대해 1회성 관찰이 아니라 일정한 시간 간격을 두고 여러 번 반복적으로 실시하는 것으로, 관찰 시간은 관찰하고자 하는 행동의 유형, 기록 시간에 따라 달라질 수 있다.

## 2. 시간표집법의 특징

시간표집법은 정해진 시간 내에 일정한 간격으로 출현하는 아동의 특정 행동을 여러 회 반복적으로 관찰하여 기록하는 것으로, 관찰행동의 출현 빈도, 발생 간격, 지속시간 등의 다양한 정보를 수집할 수 있다. 즉, 시간표집법을 통해 수집된 행동 출현의 증가와 감소 빈도는 아동의 특정 행동에 대한 양적 측정을 할 수 있게 한다. 예를 들어, 아동의 공격성을 관찰하고자 할 때 1분 관찰 30초 기록방식으로 총 15분 10회를 관찰하였을 때 관찰하고자 하는 행동이 총 몇 번 출현하였는지를 확인하고 이것으로 아동의 공격성 수준이 높은지, 낮은지를 알 수 있다. 특히, 언어를 사용하기 이전의 영아 및 장애아 등의 경우 자신의 생각과 감정을 언어로 표현하기 어렵기 때문에 시간표집법으로 아동의 행동에 대한 일반적인 경향을 파악할 수 있다.

시간표집법에서 관찰행동은 시간의 단위와 간격을 근거로 기록 및 해석이 이루어지므로 관찰의 기준은 '시간'이다(황해익 외, 2021). 따라서 교사는 일반적으로 15분 동안 최소 1회 이상 관찰이 가능한 행동이나 사건(전남련 외, 2014)을 관찰할 행동으로 미리 선정하고, 그렇지 않은 경우는 사건표집법에서 관찰하는 것이 적합하다.

시간표집법은 관찰하고자 하는 행동에 대해 조작적 정의를 제시하는 것이 필요하다. 이는 관찰 행동에 대한 조작적 정의를 통해 관찰자가 그 행동을 이해할 수 있고, 이를 기준으로 아동의 행동에 대한 관찰을 명확하게 할 수 있기 때문이다.

## 3. 시간표집법의 장단점

다음은 시간표집법의 장점과 단점이다(성미영 외, 2021; 황해익 외, 2021).

### 1) 시간표집법의 장점

첫째, 아동의 행동을 자연스럽게 관찰할 수 있다.

시간표집법은 아동이 놀이하는 자유선택활동, 대집단활동, 소집단활동, 실외 놀이 활동 등 일상생활에서 아동의 행동을 관찰하고 기록할 수 있다.

둘째, 관찰대상을 여러 명 관찰할 수 있다.

시간표집법은 관찰 시간을 정해 놓고 차례대로 여러 아동을 관찰할 수 있으므로, 교실에서 여러 아동의 행동을 수집할 수 있다. 예를 들어, A 아동을 관찰하고 동일한 방법으로 B 아동, C 아동을 관찰하여 여러 아동의 행동을 수집할 수 있다. 이는 우리 교실의 사회적 놀이 행동을 관찰하기 위해 A 아동을 25초 관찰하고 5초간 기록한 후 30초간 휴식 후 B 아동을 관찰하는 방식으로 연속적으로 관찰할 수 있다.

셋째, 관찰기록이 쉽고 빠르다.

시간표집법은 서술식 관찰법과 다르게 정해진 시간 안에 관찰하려는 행동이 얼마나 많이 관찰되었는지를 표시하는 것으로, 미리 선정한 관찰행동에 대해 쉽고 빠르게 기록할 수 있다. 단, 사전에 관찰할 행동, 시간 등을 미리 선정해 놓아야 하고 관찰자 훈련이 이루어져야 한다.

넷째, 행동 출현 빈도를 수치화하기 때문에 관찰기록이 객관적이다.

시간표집법은 관찰할 행동에 대한 정의, 관찰 시간, 관찰 간격, 관찰 기록지, 관찰 표기 방법을 사전에 정해 놓고 관찰을 실시하며, 아동의 행동 출현 빈도를 수치화하여 행동의 변화를 수집하므로 관찰기록이 객관적이다.

다섯째, 아동의 문제행동을 수정할 때 유용하다.

시간표집법으로 수집된 정보를 통하여 교사는 아동이 보이는 문제행동을 확인할 수 있다. 이를 통해 교사는 아동의 문제행동을 감소시키기 위해 문제행동 수정 목표를 설정하고, 문제행동 감소를 위한 교육 및 지도를 계획할 수 있다. 예를 들어, 아동이 놀이 활동에서 다른 친구를 방해하는 행동이 10회 관찰되었다면, 교사는 다른 친구를 방해하지 않고 놀이에 참여할 수 있도록 교육계획 및 지도를 할 수 있다.

## 2) 시간표집법의 단점

첫째, 단편적인 정보획득만 가능하다.

시간표집법은 관찰행동의 출현 빈도를 기록하기 때문에 서술식 관찰기록법과 같은 자세한 정보가 수집되지 않는다. 즉, 몇 번 행동이 출현하고, 얼마나 자주 일어났는지와 같은 빈도만 알려줄 뿐, 왜 그 행동이 출현했는지에 대한 인과관계가 나타나지 않아 행동의 질적 부분을 알 수 없다. 이를 보완하기 위해 관찰 기록지에 메모란 또는 기타를 만들어 행동의 질적 속성을 함께 기록하는 것도 좋다.

둘째, 준비 시간이 많이 든다.

시간표집법은 자주 일어난 행동을 관찰행동으로 선정하기 때문에 예비관찰이 필요하며, 관찰대상 선정, 대상의 관찰행동 선정, 관찰행동의 조작적 정의, 관찰 시간 및 간격, 관찰 기록지 만들기, 관찰 기록 표시 방법 등과 같이 관찰 지침을 준비해야 하므로 준비 시간이 많이 소요된다.

셋째, 외현적 행동만 기록하고 질적인 기록이 어렵다.

관찰행동을 관찰할 때 아동의 외현적 행동으로만 관찰을 기록할 뿐 비언어적 표현이나 주변의 상황에서 발생하는 행동, 왜 이런 행동을 했는지에 대한 원인은 기록하기 어렵다.

## 4. 시간표집법의 지침

시간표집법의 지침은 다음과 같다(강현경 외, 2021; 성미영 외, 2021; 황해익 외, 2021).

### 1) 시간표집 작성

#### (1) 관찰의 목적을 정확하게 설정한다.

시간표집법은 정해진 시간 안에 선정해 놓은 관찰행동을 관찰·기록하므로 관찰의 목적을 정확하게 설정한 후 실시해야 한다.

#### (2) 관찰대상을 선정한다.

시간표집법은 아동의 연령과 관계없이 관찰대상을 선정하며, 동시에 여러 명을 순차적으로 관찰할 수는 있다. 따라서 한 교실에서 관찰대상 아동이 많은 경우 아동의 순서를 미리 정한 후 관찰 시간 단위로 관찰하고 기록한다.

#### (3) 자주 나타나는 행동을 관찰한다.

시간표집법에서 관찰하려는 아동의 행동은 평소에 자주 나타나는 행동으로 선정하고, 이를 위해 따라서 관찰행동을 선정하기 전에 예비 관찰을 통해 어떤 행동의 빈도가 높은지를 살펴본다. 특히, 자주 출현하지 않은 행동을 선정할 경우 관찰을 실패할 수 있기 때문에 관찰행동 선정은 매우 중요하다.

### (4) 외현적인 관찰행동을 선정한다.

시간표집법에서 관찰할 행동은 외현적 행동이 적합하다. 이는 아동의 행동이 보이는지를 기록하기 때문에 언어 표현, 얼굴 표정, 몸짓, 움직임 등 관찰 가능한 행동으로 선정한다.

### (5) 관찰하고자 하는 행동에 대해 명확히 정의한다.

시간표집법은 정해진 시간 안에 출현하는 행동을 신속하게 기록해야 하므로 관찰하는 행동이 무엇을 정의하는지 명확하게 알아야 한다. 이때 관찰행동에 대한 정의가 명확하지 않으면 관찰자마다 다르게 판단하여 기록할 수 있다.

### (6) 총 관찰 시간과 관찰 간격을 선정한다.

시간표집법을 실시하기 위해서는 총 관찰 시간과 시간 간격을 선정해야 한다. 총 관찰 시간 안에 관찰을 실시하는 시간과 기록하는 시간의 간격을 미리 정해 놓고 총 관찰 시간 내에 관찰하고자 하는 행동의 출현 유무를 기록한다. 관찰 시간은 대부분 5초에서 20분까지로 이루어지며, 아동을 대상으로 하는 연구에서는 5분 이하의 시간 단위를 사용한다. 예를 들어, 10초 관찰과 10초 기록, 30초 관찰과 10초 기록, 30초 관찰과 30초 기록 등 다양하게 시간 간격을 선정한다.

### (7) 관찰기록 부호를 미리 정한다.

시간표집법은 관찰할 행동을 신속하게 기록해야 하므로 미리 관찰기록 부호를 정해 놓는 것이 효율적이다. 관찰 부호는 일반적으로 출현 빈도의 기록은 세기표(/)로 출현 유무 기록은 체크표(✓)로 표시하지만 관찰자가 편한 부호로 정한다.

### (8) 관찰 기록지를 만들어 사용한다.

시간표집법을 실시하기 위해서는 관찰대상, 관찰행동, 총 관찰 시간, 시간 간격, 관찰행동 조작적 정의, 관찰기록에 사용할 부호를 포함한 관찰 기록지를 만들어 사용해야 한다.

### (9) 양식에 메모 및 여백을 둔다.

시간표집법은 관찰 기록지에 행동의 빈도만을 기록하기 때문에 행동의 질적인 측면은 기록할 수 없다. 따라서 기록지에 메모란 및 기타 여백의 공간을 두어 행동의 구체적인 질적 상황을 기록하는 것이 좋다.

# 5. 시간표집법의 실제

## 1) 시간표집법의 예시 I

### (1) 관찰 항목의 범주와 조작적 정의

표 7-1 사회적 행동 관찰 항목의 범주와 조작적 정의 및 예시

| 유형 | 하위범주 | 조작적 정의 및 예시 |
|---|---|---|
| 긍정적 사회적 행동 | 조절력 | 놀림을 받을 때 적절히 반응하고, 화를 조절하면서(Gresham & Elliot, 1990) 친구와 함께 자신의 임무를 적절히 조절하여 수행할 수 있는 사회적 행동 |
| | 사교성 | 친구를 잘 사귀고, 대화를 시도하며, 스스로 놀이에 개입하는 기술(Gresham & Elliot, 1990)과 함께 놀이를 잘 리드하고 유지해 나가는 사회적 행동 |
| | 협력 | 친구와 함께 놀이하면서 서로 돕고, 놀잇감을 양보하거나 나누어 가지며, 미안함과 고마움을 표현할 수 있는 사회적 행동 |
| 부정적 사회적 행동 | 주의산만/과다행동 | 지나치게 많이 움직이는 것과 주의집중력의 문제, 또 이에 따른 행동상의 문제로 나타나는 사회적 문제행동(Achenbach, 1991) |
| | 우울/위축 | 우울하고 지나치게 걱정이 많거나 불안해하며 위축과 철수, 그리고 소극적인 태도가 나타나는 사회적 문제행동(Achenbach, 1991) |
| | 공격성/비행행동 | 공격성, 싸움, 반항행동, 비행행동 등의 사회적 문제행동(Achenbach, 1991) |

출처: 강현경(2009)

### (2) 기록지 지침

① 자유선택활동 시간 동안 쌓기영역에서 놀고 있는 아동의 이름을 관찰 용지에 적는다(1명).

② 30초간 관찰한 후 10초간 기록하는 방식으로 10회 반복한다.

③ 30초간 관찰한 행동이 어느 단계에 속하는지를 판단해서 관련된 칸에 세기표(/)로 표시한다. 만약 30초 동안 사회적 관련 행동을 보이면 나타난 모든 단계에 표시한다.

### (3) 관찰 기록지

**표 7-2 사회적 행동 측정**

| 관찰아동 | ○○○ | 생년월일 | 20○○. ○○. ○○(만 5세) (남) |
|---|---|---|---|
| 관 찰 자 | △△△ | 관찰일시 | 20○○. ○○. ○○ |
| 관찰행동 | 사회적 행동 | 관찰시간 | 자유놀이시간 |

| 놀이유형 / 횟수 | 조절력 | 사교성 | 협력 | 주의산만/ 과다행동 | 우울/위축 | 공격성/ 비행행동 |
|---|---|---|---|---|---|---|
| 1회 | | | | | | |
| 2회 | | | | | | // |
| 3회 | | | | / | / | |
| 4회 | | | | | | |
| 5회 | | / | | | | // |
| 6회 | | | | // | / | // |
| 7회 | | | | | / | |
| 8회 | | | | / | | |
| 9회 | | | | | | / |
| 10회 | | | / | | / | |

| | |
|---|---|
| 요약 | • 또래와 놀이 시간에 공격성 및 비행행동의 부정적 사회적 행동을 가장 빈번하게 표출한다. (공격성/ 비행행동)<br>• 놀이 과정에서 긍정적 사회적 행동보다 부정적 사회적 행동을 훨씬 빈번하게 보인다. (부정적 사회적 행동)<br>• 놀림을 받을 때 적절히 반응하고, 화를 조절하면서 친구와 함께 자신의 임무를 적절히 조절하여 수행하는 조절력의 모습은 보이지 않는다. (조절력) |
| 추론 및 평가 | • 또래와의 놀이에서 자신의 화를 조절하지 못하고 공격성과 싸움 등 부정적 사회적 행동의 모습을 가장 자주 보인다.<br>• 놀이를 하는 과정에서 자신의 생각과 감정을 긍정적인 모습으로 표현하는 방법을 잘 알지 못한다.<br>• 긍정적 사회적 행동보다 부정적 사회적 행동을 더 빈번하게 표출하여 또래 관계에 어려움을 가지는 것으로 보인다. |

| 관찰을 통한 지원 | • 부정적 사회적 행동을 할 경우 놀이에서 친구의 마음이 어떨지 공감해보는 시간을 제공한다.<br>• 자신의 생각과 감정을 긍정적인 방법으로 표현하는 방법을 알려주고, 이를 직접 경험해 볼 수 있도록 지원한다.<br>• 긍정적 사회적 행동을 통해 또래와의 놀이에서의 즐거움을 경험해 볼 수 있는 기회를 제공한다. |
|---|---|

출처: 강현경 외(2021)

**Activity**

동영상

동영상을 시청한 후 관찰 영상을 횟수별로 구분하여 〈Activity 7-1〉에 시간표집법으로 기록해 보세요.

https://www.youtube.com/watch?v=DaLfrfnGaH0

## 2) 시간표집법의 예시 II

### (1) 관찰 항목의 범주와 조작적 정의

**표 7-3** 아동의 놀이 행동 관찰 항목의 범주와 조작적 정의 및 예시

| 유형 | 하위범주 | | 조작적 정의 및 예시 |
|---|---|---|---|
| 사회적 놀이 | 혼자놀이 | | 타인과 사회적 접촉이나 상호작용 없이 놀잇감을 가지고 또는 놀잇감 없이 혼자 하는 놀이 |
| | 병행놀이 | | 타인과 근접한 거리(약 1m 내)에서 함께 놀이하려는 등의 시도 없이 동일하거나 비슷한 종류로 하는 놀이 |
| | 집단놀이 | | 타인과 함께 사회적 상호작용을 하면서 놀잇감을 나누거나 역할을 분담하는 등 공동의 목표를 달성하기 위해 협동하며 정해진 규칙에 따라 함께 참여하는 놀이 |
| 인지적 놀이 | 기능놀이 | 조작놀이 | 소근육을 이용하여 놀잇감을 그 기능대로 움직여보는 놀이<br>예) 종이비행기 날리기, 물·모래를 그릇에 담았다가 붓기 |
| | | 신체놀이 | 단순한 운동 활동에 자발적으로 참여하거나 신체를 놀잇감처럼 활용하여 주로 대근육을 이용하는 놀이<br>예) 미끄럼틀이나 시소, 흔들말 타기, 자전거 타기 |
| | 구성놀이 | | 놀잇감 및 자료를 가지고 특정 결과물을 만드는 놀이<br>예) 모래 영역에서 수로 만들기 |
| | 상징놀이 | | 시간, 공간, 사물 및 역할 등을 실제와는 다른 상황이나 대상으로 표현하는 놀이 예) 소꿉놀이, 괴물 놀이 |
| | 게임놀이 | 규칙 있는 게임 | 미리 정해 놓은 규칙을 포함하는 구조화된 게임<br>예) 축구, 얼음 땡, 술래잡기, 무궁화꽃이 피었습니다 등 |
| | | 거친 신체 놀이 | 몸을 움직이면서 타인과 함께하는 싸우는 듯한 놀이<br>예) 도망가기와 잡기(2인 추적게임), 놀리기, 밀고 당기기, 치기, 찌르기, 발로 차는 척하기, 팔 휘두르는 시늉하기, 넘어지기, 잡기 갑자기 달려들기, 몰래 다가가 놀라게 하기 |
| 비놀이 | 비참여행동 | | 구체적 목적, 관심 없이 활동에 참여하지 않는 행동<br>예) 허공을 응시하기, 배회하기, 멍하니 앉아 있기 |
| | 방광자적 행동 | | 주변 유아를 쳐다보거나 맴도는 행동<br>예) 놀이하는 친구를 쳐다보기 |
| | 전이 | | 한 활동에서 다른 활동으로 옮겨가는 동안의 행동<br>예) 이동하기, 자전거를 타기 위해 꺼내기 |
| | 탐색 | | 감각기관을 이용하여 놀잇감이나 물건, 동식물, 자연물을 살펴보거나 정보를 찾는 행동 예) 개미 관찰하기, 꽃 구경하기 |
| | 기타 | | 잡담, 일상생활(물 마시기, 화장실 다녀오기 등), 다툼, 울음 등 |

출처: 이효진(2019)

### (2) 기록지 지침

① 관찰자는 관찰 시작 전 관찰행동의 정의를 익힘

② 관찰대상 아동의 이름과 정보를 기록함

③ 놀이행동은 한 유아당 1회에 15초 관찰, 15초간 기록(30초)으로 총 15회 기록함

④ 놀이행동의 유무를 확인하여 관찰지에 체크표(✓)로 표시함

⑤ 관찰 아동에 대한 1회 관찰이 다른 날에 2회 관찰을 시작함

⑥ 1회 관찰시간은 총 450초 (30초 × 15회 × 1회)

⑦ 관찰이 끝난 후 기록된 총 빈도수를 산출하여 점수화함

⑧ 점수가 높을수록 해당 행동이 자주 나타난 것을 의미

### (3) 관찰 기록지

**표 7-4** 시간표집법 예 (유아의 놀이 행동)

| 관찰아동 | ○지원 | 생년월일 | 20○○년 ○○월 ○○일(만 5세) (여) |
|---|---|---|---|
| 관 찰 자 | 전○○ | 관찰일시 | 20○○년 ○○월 ○○일 |
| 관찰시간 | 15초(15) | 관찰간격 | 30초 |
| 관찰행동 | 유아의 놀이행동 | 관찰장소 | 실외 놀이 |

| 연번 | 사회적 놀이 | | | 인지적 놀이 | | | | | | 비 놀이 | | | | | | | 메모 |
|---|---|---|---|---|---|---|---|---|---|---|---|---|---|---|---|---|---|
| | | | | 기능 | | | | 개입 | | | | | | | | | |
| | 혼자 | 병행 | 집단 | 조작 | 신체 | 구성 | 상징 | 규칙 | 거친 | 비참여 | 방관자 | 전이 | 탐색 | 잡담 | 일상생활 | 기타 | |
| 1 | ✓ | | | | ✓ | | | | | | | | | | | | |
| 2 | ✓ | | | | ✓ | | | | | | | | | | | | |
| 3 | | ✓ | | | | ✓ | | | | | | | | | | | |
| 4 | | ✓ | | | | ✓ | | | | | | | | | | | |
| 5 | | | ✓ | | | | | ✓ | | | | | | | | | 게임에 참여 |
| 6 | | | ✓ | | | | | ✓ | | | | | | | | | |
| 7 | | | ✓ | | | | ✓ | | | | | | | | | | 모래놀이를 하자고함 |
| 8 | ✓ | | | | | | | | | | | ✓ | | | | | 반응이 없자 혼자 모래 놀이함 |
| 9 | ✓ | | | | | | | | | | | ✓ | | | | | |
| 10 | | | ✓ | | | | | ✓ | | | | | | | | | 아영이가 잡기놀이를 하자고 함 |
| 11 | | | ✓ | | | | | ✓ | | | | | | | | | |
| 12 | | | ✓ | | | | | | ✓ | | | | | | | | |
| 13 | | | ✓ | | | | | | ✓ | | | | | | | | |
| 14 | | | ✓ | | | | | | ✓ | | | | | | | | |
| 15 | | | ✓ | | | | | | ✓ | | | | | | | | |
| 요약 | • 지원이는 사회적 놀이는 집단놀이가 주로 나타났다.<br>• 인지적 놀이는 신체 2회, 구성 2회, 상징 1회, 규칙 4회, 거친 4회로 나타났다.<br>• 지원이는 비놀이 중 전이활동만 나타났다. | | | | | | | | | | | | | | | | |

출처: 이효진(2019)을 재구성

## 3) 시간표집법의 예시 III

### (1) 관찰 항목의 범주와 조작적 정의

**표 7-5** 아동의 사회적 놀이 수준 관찰 항목의 범주와 조작적 정의 및 예시

| 유형 | 사회적 놀이수준 | 조작적 정의 및 예시 |
|---|---|---|
| 놀이 행동 | 혼자놀이 | 또래와 떨어져 친구가 사용하는 놀잇감과는 다른 놀잇감으로 혼자서 놀이함 |
| | 병행놀이 | 주변의 다른 아동들 근처에서 같이 놀이를 하지만 다른 아동들과는 어떤 상호작용이 없이 놀이함 |
| | 연합놀이 | 친구와 비슷한 활동에 참여하지만 특정한 목적이나 생산물에 대한 의도는 없음 |
| | 협동놀이 | 생산물을 만들기 위한 목적을 가지고 그룹을 지어 활동함<br>역할놀이나 규칙을 가지고 있는 형식적 게임도 포함됨 |
| 비놀이 | 비참여 | 또래를 바라보거나 자신의 몸을 만지작거리는 행동을 반복함 |
| | 방관 | 다른 아동의 놀이를 지켜보지만 놀이에 참여하지 않음 |

출처: 양옥승 외(2021)

### (2) 기록지 지침

① 관찰자는 관찰 시작 전에 관찰행동의 조작적 정의에 대해 익힌다.

② 관찰대상 아동 5명을 선정 후 무작위로 대상 아동의 이름을 기술한다.

③ 관찰기록지로 처음 적혀 있는 아동 1을 25초간 관찰한 후 관찰한 행동이 어느 범주에 속하는지를 판단하여 5초 안에 관찰기록지에 세기표(/)로 표시한다.

④ 만일 관찰대상 아동이 1개 이상 범주에 속하는 행동을 보이면 대표행동을 표시한다.

⑤ 아동 1의 관찰과 기록이 끝나면, 아동 2의 놀이 수준을 25초간 관찰하고 5초간 기록한다.

⑥ 아동 이름이 적힌 순서대로 돌아가면 관찰한다.

⑦ 모든 아동에 대한 1회 관찰이 끝나면 2회 관찰을 시작한다.
(1회 = 30 × 5 = 150초)

### (3) 관찰 기록지(여러 명 대상)

**표 7-6** 시간표집법 예 (사회적 놀이수준)

| 관찰아동1 | ○서원 | 생년월일 | 20○○년 ○○월 ○○일(만 3세) | 성별 | 남 |
|---|---|---|---|---|---|
| 관찰아동2 | ○주원 | 생년월일 | 20○○년 ○○월 ○○일(만 3세) | 성별 | 남 |
| 관찰아동3 | ○나영 | 생년월일 | 20○○년 ○○월 ○○일(만 3세) | 성별 | 여 |
| 관찰아동4 | ○아영 | 생년월일 | 20○○년 ○○월 ○○일(만 3세) | 성별 | 여 |
| 관찰아동5 | ○주영 | 생년월일 | 20○○년 ○○월 ○○일(만 3세) | 성별 | 남 |

| 관 찰 자 | 전○○ | 관찰날짜 | 20○○년 ○○월 ○○일 |
|---|---|---|---|
| 관찰장소 | 교실 | 관찰시간 | 25초(5초) |
| 관찰장면 | 오전 자유놀이 | | |

| 이름 | 놀이행동 | | | | 비놀이행동 | |
|---|---|---|---|---|---|---|
| | 혼자놀이 | 병행놀이 | 연합놀이 | 협동놀이 | 비참여 | 방관 |
| ○서원 | / | | | | | |
| ○주원 | | | | | / | |
| ○나영 | | / | | | | |
| ○아영 | / | | | | | |
| ○주영 | | / | | | | |

## 4) 시간표집법의 예시 Ⅳ

### (1) 관찰 항목의 범주와 조작적 정의

표 7-7 적목놀이 발단단계 항목의 범주와 조작적 정의 및 예시

| 하위범주 | 조작적 정의 및 예시 |
|---|---|
| 1단계<br>나르기 | 적목을 그냥 가지고 돌아다니거나 다른 자리에 옮겨놓는 단계 |
| 2단계<br>늘여놓기와 쌓기 | 적목을 쌓기 시작하는 단계로 수직으로 쌓아 올리기, 수평으로 한 줄 늘어놓는 단계<br>예) 탑 쌓기, 기차 만들기 |
| 3단계<br>다리 만들기 | 2개의 적목을 이용하여 옆으로 놓고 세 번째 적목으로 연결시키는 단계로 균형을 고려하는 초보적 구성물 만들기 단계<br>(예) 다리 만들기: 기둥 2개를 양쪽으로 세우고 지붕을 올리는 모양) |
| 4단계<br>울타리 쌓기 | 적목으로 담을 두르는 듯 빙 둘러 쌓는 것으로 폐쇄된 공간을 구성하는 단계<br>(예) 집의 사각 외벽 만들기, 블록을 연결하여 외벽 만들기 |
| 5단계<br>설계하기 | 적목이 많은 경우 장식적인 패턴이 나타나지만, 대부분 양쪽이 대칭, 균형되는 구성을 하는 단계<br>(예) 외벽을 만들어 양쪽 벽을 똑같은 높이로 쌓기) |
| 6단계<br>이름 붙이기 | 만든 구성물에 이름을 붙이는 단계<br>(예) 우리 집, 주차장, 학교, 병원 등) |
| 7단계<br>정교화하기 | 일상생활에서 보았던 건물, 구조물을 3차원적으로 정교하게 구성하는 단계<br>(예) 집안의 의자, 침대, 책상, 등을 만들어 배치) |

출처: 성미영 외(2021)

### (2) 기록지 지침

① 아동들의 이름을 관찰기록 용지 1매에 1인씩 이름을 적는다.

② 이름을 적어놓은 순서대로 1번 아동을 10초 관찰하고 5초간 기록하며 20회 관찰한다.

③ 10초 이내에 관찰한 행동이 어느 단계에 속하는지를 ✓로 표시한다.

④ 만약 관찰 아동이 10초 동안 여러 단계에 속하는 놀이 행동을 보였다면 가장 길게 놀이한 놀이행동에 ✓로 표시한다. 이런 경우 메모란에 관찰된 다른 놀이도 적어준다.

⑤ 1회 관찰이 끝나면 다시 1번부터 시작한다.

⑥ 각 아동당 20회씩 총 5분(15초 × 20회 = 300초)을 관찰한다.

### (3) 관찰 기록지

표 7-8 시간표집법 예 (적목놀이 발달단계)

| 관찰아동 | ○서원 | 생년월일 | 20○○년 ○○월○○일(5년 2개월) (남/여) |
|---|---|---|---|
| 관 찰 자 | △△△ | 관찰일시 | 20○○년 ○○월○○일 |
| 관찰시간 | 10초 | 관찰간격 | 5초 |
| 관찰행동 | 적목놀이 행동 | 관찰장소 | 교실 쌓기영역 |

| 단계<br>시간 | 1단계<br>나르기 | 2단계<br>쌓기 | 3단계<br>다리 | 4단계<br>울타리 | 5단계<br>설계 | 6단계<br>이름 | 7단계<br>정교화 | 메모<br>(Memo) |
|---|---|---|---|---|---|---|---|---|
| 15초 | | ✓ | | | | | | |
| 15초 | | | ✓ | | | | | 주원이가 다리<br>만드는 것을 봄 |
| 15초 | | | ✓ | | | | | |
| 15초<br>(1분) | | | ✓ | | | | | |
| 15초 | | | | | | | | 다리를 무너트림 |
| 15초 | | | | | | | | 다른 친구들을 봄 |
| 15초 | | | | ✓ | | | | |
| 15초<br>(2분) | | | | ✓ | | | | |
| 15초 | | | | ✓ | | | | |
| 15초 | | | | ✓ | | | | |
| 15초 | | | | | | | | 적목을 무너트림 |
| 15초<br>(3분) | | | | | ✓ | | | |
| 15초 | | | | | ✓ | | | |
| 15초 | | | | | ✓ | | | |
| 15초 | | | | | ✓ | | | |
| 15초<br>(4분) | | | | | ✓ | | | |

| | | | | | | | | |
|---|---|---|---|---|---|---|---|---|
| 15초 | | | | | ✓ | | | |
| 15초 | | | | | | ✓ | | |
| 15초 | | | | | | ✓ | | |
| 15초<br>(5분) | | | | | | ✓ | | |
| 합계<br>Total | 0 | 1 | 3 | 4 | 6 | 3 | 0 | 17 |
| **요약** | • 서원이는 전체 관찰 시간 5분간 총 20회 관찰 중 17회 적목놀이 행동이 나타났다.<br>• 적목놀이 행동 중 '설계하기' 행동이 6회로 주로 나타났다. | | | | | | | |

**Activity**

동영상

동영상을 시청한 후 관찰 영상을 시간별로 구분하여 〈Activity 7-2〉에 기록해 보세요.

https://www.youtube.com/watch?v=DaLfrfnGaH0

## 척도연구

### 실외 모래놀이 영역의 놀잇감 복합성 수준 및 놀이 시기에 따른 유아의 사회적 상호작용

**연구자 : 최미숙, 기은옥, 장완수(2012)**

출처: 생태유아교육연구. 2012, Vol. 11, No. 2. pp. 87-109.

| 연구내용 | |
|---|---|
| 연구 목적 | 실외 모래놀이 영역의 놀잇감 복합성 수준 및 놀이 시기에 따라 유아의 사회적 상호작용에 어떤 차이가 있는지 살펴보는 것을 목적으로 함 |
| 연구 대상 | ◦ G시에 소재한 두 곳의 어린이집 만 5세 유아 50명(남아 28명, 여아 22명)<br>◦ 관찰 기관 선정:<br>- 1차: 어린이집의 물리적 조건과 교사의 동질성 같음, 기관에 실외놀이터 있음<br>- 2차 : 실외 놀이 매일 제공(모래놀이 영역 20~30분 주 3회 진행),<br>- 3차 : 교사 경력, 연령, 학력 비슷한 곳<br>◦ 관찰 대상자 선정:<br>- 유아 90% 이상 어린이집 3년 이상 재원 경험, 70% 이상이 종일반 보육하는 유아 |
| 연구 방법 | ◦ 연구 관찰자 3차에 걸쳐 훈련 진행<br>◦ 연구 진행 : 2주에 걸쳐 각 5회 40분간 진행<br>◦ 놀이 활동 시간 : 모래놀이 시작된 시점에서 적어도 1회에 최소 20분 이상 40분 이내 상호작용을 중심으로 측정 총 20회<br>◦ 사회적 상호작용 변화 : 모래놀이가 반복되는 5회 동안 1회를 초기로, 2, 3회 중 3회를 중기로, 4, 5회 중 5회를 후기로 구분 |
| 자료 분석 | ◦ 사회적 상호작용의 하위 내용에 따른 관찰빈도 기록<br>◦ 놀잇감 복합성 수준 및 놀이 시기에 따른 유아 사회적 상호작용 차이 결과도출 |

**【유아의 사회적 상호작용 범주 및 정의 일부】**

<table>
<tr><td rowspan="5">또래와의 상호작용</td><td rowspan="3">긍정적</td><td>1. 돕기, 나누기</td><td>도움이 요구되는 상황에서 스스로 또래에게 도움을 직접 주거나 받고, 스스로 놀잇감 등을 나누어 갖기, 차례를 바꾸는 행동</td></tr>
<tr><td>2. 대화하기</td><td>또래와 서로의 경험, 의견에 대해 이야기하기<br>1회 이상 말을 주고받기</td></tr>
<tr><td>3. 자기 의견 제안하기</td><td>또래에게 자기 의견, 생각을 스스로 제안하는 행동</td></tr>
<tr><td rowspan="2">의존적</td><td>4. 도움요구</td><td>도움이 요구되는 상황에서 또래에게 도움을 요구하는 행동</td></tr>
<tr><td>5. 승인·인</td><td>또래의 주의를 끌기 위해서 하는 말이나 행동<br>(이름 부르기, 잡아당기기 등)</td></tr>
</table>

【시간표집법 예시】

| 연번 | 또래와의 상호작용 | | | | | | | | 교사와의 상호작용 | | | | | | |
|---|---|---|---|---|---|---|---|---|---|---|---|---|---|---|---|
| | 긍정적 | | | 의존적 | | 부정적 | | | 긍정적 | | | 의존적 | | 부정적 | |
| | 돕기 | 대화 | 제안 | 도움 | 승인 | 거절 | 공격 | 방해 | 돕기 | 제안 | 애정 | 승인 | 도움 | 제안 | 주의 |
| 1 | | | | | | | | | | | | | | | |
| 2 | | | | | | | | | | | | | | | |
| ⋮ | | | | | | | | | | | | | | | |
| 20 | | | | | | | | | | | | | | | |

논문을 바탕으로 시간표집목록을 작성하였음

| 시간<br>표집법 | • 시간표집법 (유아 1인당 15초 관찰 5초 기록 진행)<br>• 사회적 상호작용 범주화 기록 |
|---|---|

## Activity

### Activity 7-1

**시간표집법으로 관찰장면 횟수 기록하기**

- 동영상을 시청하면서 아동을 관찰해 보세요.
- 관찰행동을 시간표집법으로 기록해 보세요.

동영상

https://www.youtube.com/watch?v=DaLfrfnGaH0

출처: 금쪽같은 내새끼 91회

【공격성 유형 범주와 조작적 정의】

| 유형 | 하위범주 | 조작적 정의 및 예시 |
|---|---|---|
| 공격성 | 우연적 | 의도하지 않게 타인에게 피해를 준 경우<br>예) 이동하다가 친구의 손을 밟는 것 |
| | 표현적 | 누군가에게 의도하지 않은 불행을 주는 것에 비롯된 재미있고 탐색적인 신체적 행동<br>예) 태권도로 친구가 쌓은 탑을 무너뜨리고 즐거워함 |
| | 도구적 | 자신이 원하는 것을 얻고 어떤 것을 지키기 위해 의도치 않게 타인에게 피해를 준 경우<br>예) 장난감을 서로 가지려고 밀고 당기는 과정에서 친구를 때림 |
| | 적대적 | 다른 사람에게 상처를 주거나 협박해서 힘을 얻고자 하는 고의적 행동<br>예) 소문이나 거짓말 |

출처: Marjorie J et al. (2017)

【기록지 지침】

① 아동의 이름을 관찰기록 용지에 이름을 적는다.
② 아동을 관찰하면서 행동이 출현한 곳에 '/' 표시를 하고 시간을 적는다.
③ 예) 1회 우연적 10초를 관찰한 경우 → 「우연적 /$^{10}$」이라고 적는다.
④ 행동이 출현을 1회씩으로 작성한다.
⑤ 메모란에 관찰된 행동을 적는다.

## Activity 7-1

| 관찰아동 | | 생년월일 | 년 월 일 (남/여) |
|---|---|---|---|
| 관 찰 자 | | 관찰날짜 | 년 월 일 |
| 관찰장소 | | 현재연령 | 년 개월 |
| 관찰시간 | | 관찰간격 | |
| 관찰장면 | | | |

| 구분 | | 1회 | 2회 | 3회 | ..... |
|---|---|---|---|---|---|
| 공격성 | 우연적 | | | | |
| | 표현적 | | | | |
| | 도구적 | | | | |
| | 적대적 | | | | |
| 합계 | | | | | |
| 메모 | | | | | |
| 요약 | | | | | |

## Activity 7-2

### 시간표집법으로 관찰장면 시간별 기록하기

- 동영상을 시청하면서 아동을 관찰해 보세요.
- 관찰대상을 시간표집법으로 기록해 보세요.

**동영상**

https://www.youtube.com/watch?v=DaLfrfnGaH0

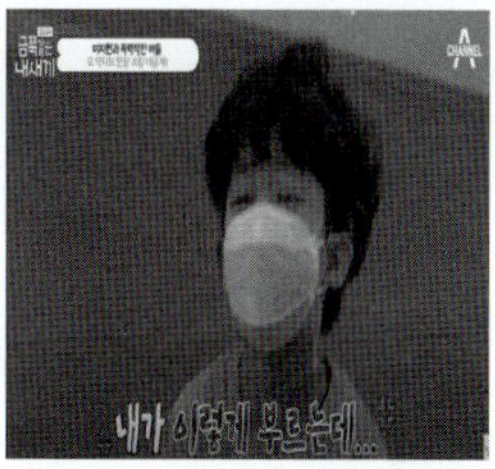


출처: 금쪽같은 내새끼 91회

**【기록지 지침】**

① 이름 적은 관찰지에 10초 관찰하고 5초간 기록하며 20회 관찰한다.
③ 10초 내에 관찰한 행동이 어느 단계에 속하는지를 ✓로 표시한다.
④ 만약 관찰 아동이 10초 동안 여러 단계에 속한다면 가장 길게 나타난 공격성에 ✓로 표시한다. 이런 경우 메모란에 관찰된 다른 공격성도 적어준다.
⑤ 20회씩 총 5분(15초 x 20회 = 300초)을 관찰한다.

| 관찰아동 | | 생년월일 | 년 월 일 (만 세)(남/여) |
|---|---|---|---|
| 관 찰 자 | | 관찰날짜 | 년 월 일 |
| 관찰장소 | | 관찰장면 | |
| 관찰시간 | | 관찰간격 | |

| 유형<br>시간 | 우연적 | 표현적 | 도구적 | 적대적 | 메모<br>(Memo) |
|---|---|---|---|---|---|
| 15초 | | | | | |
| 15초 | | | | | |
| 15초 | | | | | |
| 15초<br>(1분) | | | | | |
| 15초 | | | | | |
| 15초 | | | | | |
| 15초 | | | | | |
| 15초<br>(1분) | | | | | |
| 15초 | | | | | |
| 15초 | | | | | |
| 15초 | | | | | |
| 15초<br>(1분) | | | | | |

| 유형<br>시간 | 우연적 | 표현적 | 도구적 | 적대적 | 메모<br>(Memo) |
|---|---|---|---|---|---|
| 15초 | | | | | |
| 15초 | | | | | |
| 15초 | | | | | |
| 15초<br>(1분) | | | | | |
| 15초 | | | | | |
| 15초 | | | | | |
| 15초 | | | | | |
| 15초<br>(1분) | | | | | |
| Total | | | | | |
| 요약 | | | | | |

# 참고문헌


## 단행본

- 강현경, 김성숙, 김정희(2021). **아동관찰 및 행동연구**. 서울: 학지사.
- 성미영, 전가일, 정현심, 김유미, 정하나(2021). **아동관찰 및 행동연구(2판)**. 서울: 학지사.
- 양옥승, 김승옥, 류은미, 윤지영(2021). **영유아관찰 및 실습(제2판)**. 서울: 신정.
- 전남련, 김기선, 이은임, 성은숙, 남궁기순, 이효수, 한혜선, 이은기, 신미성, 박은희, 엄은옥, 김연옥(2014). **아동관찰 및 행동연구**. 서울: 태영출판사.
- 한국유아교육학회(1996). **영유아교육사전**. 서울: 한국사전연구사.
- 황해익, 최혜진, 권유선(2021). **아동관찰 및 행동연구(3판)**. 경기: 공동체.

- Achenbach, T. M. (1991). *Manual for the Child Behavior Checklist/4-18 and 1991 profile*. University of Vermont, Department of Psychiatry.
- Gresham, F. M., & Elliott, S. N. (1990). *Social Skills Rating System. Circle Pines*, MA: American Guidance Services

## 논문

- 강현경(2009). 유아 사회적 행동 척도 개발 및 타당화, 중앙대학교 대학원 박사학위논문.
- 이효진(2019). 유아교육기관 실외놀이터에서 만 5세 남녀 유아의 놀이 행동과 신체활동수준 및 유아의 기본운동 기술 간 관계. 연세대학교 석사학위논문.
- 최미숙, 기은옥, 장완수(2012). 실외 모래놀이 영역의 놀잇감 복합성 수준 및 놀이 시기에 따른 유아의 사회적 상호작용. **생태유아교육연구**, 11(2), 87-109.

Chapter

# 08

# 사건표집법
## (Event Sampling Method)

## 1. 사건표집법의 정의

사건표집법은 관찰연구에서 사용하는 표본 추출식 방법의 하나로 특정 행동의 출현을 확인하고 행동이 일어나는 순서를 기술하는 방법이다. 사건표집법은 Mary Cover Jones(1925)가 최초로 아동의 정서를 살펴보는 것에 사용하였으며, 사건 발생의 유무에 결과를 두지 않고, 사건의 발생 전과 후까지의 과정을 일정한 형식에 따라 기술하는 것으로, 관찰자는 관찰대상의 사건 범위, 시간 등의 제한 없이 행동과 사건에 초점을 두고 관찰한다. 즉, 사건표집법으로 관찰을 하고자 할 때는 관찰하고자 하는 행동이나 사건에 대해 충분히 이해하고 있어야 한다. 또한 사건표집법은 관찰 내용의 기록 방법에 따라 서술로 기록하는 서술식 사건표집법과 발생빈도로 기록하는 빈도 사건표집법으로 구분할 수 있다.

## 2. 사건표집법의 특징

사건표집법은 하나의 특정한 행동이나 사건이 생길 때에만 관찰하는 관찰법으로(김희진 외, 2012), 특정한 하나의 '사건'을 관찰 단위로 살펴보며, 사건의 원인과 결과가 드러나도록 발생맥락을 시간적 순서대로 기록한다(Wortham, 2001). 이렇듯 사건표집법은 사건 발생에 대한 사건 전과 사건 후의 상황을 예측할 수 있게 단서를 제공해주고, 특별한 환경의 제약 없이 어떤 사건이라도 관찰대상이 되므로 모든 행동이 관찰에 적용될 수 있다. 또한 아동이 특정한 행동을 보일 때만 관찰을 기록하고 자연스러운 상황에서 관찰하므로 비계획적이여서 시간적 제약이 없다. 한편 사건표집법은 사건 발생 행동에 대한 원인을 파악하기 위한 관찰기록 방법으로 일화기록법과 시간표집법의 단점을 보완하여 개발된 관찰기록법 중 하나이다.

## 3. 사건표집법의 유형

사건표집법의 유형은 ABC 서술식 사건표집법과 빈도 사건표집법이 있다. 사건표집법의 유형은 특수한 사건 및 행동을 관찰하는 것으로 행동이나 사건의 특징을 탐색하는 데 초점을 둔다. 또한 행동의 순서, 및 전후 관계를 관찰하여 질적, 양적 정보를 제공하는 데 목적이 있다. 따라서 교육현장에서 가장 많이 사용하는 관찰법으로 사건표집법 유형에 대하여 살펴보고자 한다.

### 1) ABC 서술식 사건표집법

#### (1) ABC 서술식 사건표집법

자연스러운 상황에서 발생되는 행동의 원인과 결과를 알 수 있도록 하는 방법으로 관찰하고자 하는 행동이나 사건이 일어나기 전의 상황(Antecedent event A)과 사건이나 행동의 그 자체(Behavior event B) 그리고 행동이나 사건이 일어난 후의 결과(Consequence event C)를 순서대로 기록하는 방법을 ABC 서술식 사건표집법이라고 한다(Bell & Low, 1977).

서술식 사건표집법은 아동 행동 결과의 원인을 알고자 할 때 유용한 방법으로 아동을 관찰하고 행동을 분석하기 위해 사용된다. 이렇듯 아동의 개인적 행동의 원인, 과정, 결과 등을 서술식으로 기록하므로 질적 연구에 활용된다.

○Antecedent event A - 행동이나 사건이 일어나기 전의 상황
→ 예 : 거친행동을 하기 전에 일어났던 반응은 무엇이었나?
○Behavior event B - 사건 발생 행동
→ 예 : 거친행동이 어떻게 보였는가?
○Consequence event C - 사건 후 행동
→ 예 : 거친행동을 받은 아동과 자극을 받은 아동의 반응은 어떠했는가?

| | | | |
|---|---|---|---|
| A | 행동/사건 전 상황 | 거친행동 발생 이전의 행동 및 상황 | ○○이가 블록놀이를 하는데 □□가 와서 부딪쳐 블록이 무너졌다. |
| B | 행동/사건 발생 | 친구에게 거친행동을 함 | ○○이는 소리를 지르면서 □□를 밀었다. |
| C | 행동/사건 후 | 거친행동을 받은 아동의 반응 | □□가 울면서 교사에게 왔다. |

### (2) ABC 서술식 사건표집법의 장단점

표 8-1 ABC 사건표집법의 장단점

| 장점 | 단점 |
|---|---|
| ◦ 관찰된 행동의 전, 현재, 후의 맥락을 기록하여 행동의 배경 상황을 예측 발견할 수 있음.<br>◦ 아동의 개인적 행동의 원인과 변화에 대한 결과를 서술식으로 기록하여 결과를 질적으로 도출할 수 있음<br>◦ 사건의 장소, 시간 등에 제약을 받지 않기 때문에 일시적인 사건, 사각지대의 사건 등을 발견할 수 있음<br>◦ 문제 행동에 대한 개별적 맞춤 지도 교육이 가능 | ◦ 사건과 행동에 대한 주관적인 관찰자의 개입이 발생되기 쉬움으로 객관성이 결여됨<br>◦ 기간, 시간 등이 불확실하여 많은 시간과 노력이 소요됨<br>◦ 표본식 기록과정과는 매우 달라 연속성을 예측할 수 없고, 연속성의 결과로 신뢰도를 측정하기가 어려움<br>◦ 관찰자가 발생한 사건에 대해 사건표집법으로 관찰・기록하므로 한 번에 다수의 아동을 관찰하기 어려움<br>◦ 사건 중심으로 관찰되기 때문에 관찰 결과를 수치로 표기하기 어려움 |

## 2) 빈도 사건표집법

### (1) 빈도 사건표집법

서술식 사건표집법은 사건 발생을 중심으로 관찰하고 기록하는 방법이지만 빈도 사건표집법은 사건의 행동이나 상황이 일어날 때마다 그 사건 발생 횟수 및 빈도를 기록하는 것이다. 즉, 사건 중심의 갈등 또는 문제 행동이 얼마나 자주 일어나는가를 알아보고자 할 때 사용되는 것으로 특정 행동이나 사건의 빈도를 기록하는 방법이다. 빈도 사건표집법은 임의로 정해둔 시간적 제약 없이 서술식 사건표집과 동일하게 한 번에 한 명의 아동을 관찰한다. 특히 특정된 행동의 빈도를 기록하여 수치로 표기할 수 있다는 점에서 양적인 데이터를 얻고자 할 때 정보를 수집할 수 있으며, 이를 통해 사각지대에 놓인 행동들을 발견할 수 있다. 그러므로 빈도 사건표집법은 교육현장에서 접근성이 용이한 방법으로 자주 사용된다.

#### (2) 빈도 사건표집법의 장단점

**표 8-2 빈도 사건표집법의 장단점**

| 장점 | 단점 |
|---|---|
| ◦ 사건 표집의 기록을 빈도로 기록하므로 기록방식이 쉬움<br>◦ 특정 행동과 사건에 대한 수치화 기록가능<br>◦ 기록이 용이하여 시간 절약됨<br>◦ 수량화, 통계로 빠른 결과 도출 가능<br>◦ 대단위 및 집단도 관찰 가능함.<br>◦ 다양한 영역을 관찰할 수 있음. | ◦ 양적 연구는 가능하나 개인의 질적 연구의 한계점이 있음<br>◦ 사건발생 시 기록하기 때문에 행동과 사건의 전·후 상황에 대한 과정 및 예측이 어려움<br>→ 객관적인 행동이나 사건은 파악 가능하나 특정 행동과 사건에 대한 판단과 해석은 어려움<br>◦ 주관적인 관찰자의 의견 개입이 어려움 |

## 4. 사건표집법의 지침

### 1) 사건표집법을 위한 관찰 지침

사건표집법은 다음과 같은 사항을 유의하여 실시하여야 한다.

① 관찰하고자 하는 행동이나 사건을 정확하게 규정짓고, 관찰 항목의 조작적 정의를 명확하게 표집한다.

○ 관찰행동 - 자조기술
○ 관찰항목 - 급·간식 시 행동, 용변보기, 옷 입고 벗기, 신발 신고 벗기 등
○ 관찰기록 - 서술식(사건 전, 사건, 사건 후), 빈도식( = 약호식)

② 관찰하려는 행동과 사건을 규정지은 후 어디서, 언제, 사건의 장면을 관찰할 것인지 결정한다.

○ 관찰시간 - 하루 일과 중 관찰하고자 하는 내용이 적합한 활동 시간을 고려
○ 관찰장소 - 교실, 실외, 실습시간 등을 고려

③ 관찰하고자 하는 목적을 정확하게 인지하고 어떠한 관련 정보를 기록할 것인지를 사전 결정한다.

○ 관찰기록 - 관찰대상의 이름, 연령, 일시, 관찰자, 관찰 행동, 사건, 시간별 상황에 대한 객관적 상황을 기록

④ 관찰 기록지 양식은 관찰자가 사용하기 편리하도록 구성해야 한다. 사건표집법의 유형(서술식 사건표집, 빈도식 사건표집)에 따라 관찰 기록지에 관찰대상의 행동과 사건을 충분히 기록할 수 있는 공간의 여백을 둔다.

⑤ 사건의 구체적 사항 등에 대한 기록을 위해 관찰할 수 있는 보조 매체를 활용하는 것도 필요하다. 동영상, 사진, 녹음기 등을 사용하여 특정 행동을 자세하게 기록할 수 있다.

## 2) 사건표집법의 작성 요령

김이영 외(2015)는 사건표집법의 작성요령 및 절차를 관찰 전, 관찰 상황, 관찰 후로 구분하여 다음과 같이 제시하였다.

**표 8-3** 사건표집법의 작성 요령 및 절차

| 단계 | 작성 요령 및 절차 |
|---|---|
| 관찰 전 | ◦ 관찰하려는 사건을 명확하게 하고 조작적 정의를 내림<br>◦ 해당 사건의 보편적 특성들에 대한 조사를 기초로 관찰장소와 관찰시간에 대한 사전 계획을 수립<br>◦ 관찰목적에 따라 서술식 사건표집법과 빈도 사건표집법을 선택<br>◦ 선택한 사건표집법에 따른 기록지 작성 |
| 관찰상황 | ◦ 관찰시간 : 특정 행동 및 사건의 시작부터 종료까지<br>◦ 관찰기록화법 : 직접화법<br>◦ 관찰관점 : 객관적, 사실적 관점<br>◦ 관찰기록대상<br>1) 서술식 사건표집법<br>: 관찰 아동의 이름, 생년월일, 성별, 관찰자, 관찰날짜, 관찰사건<br>→ 관찰기록범위 : 관찰사건의 전, 후 맥락을 사건 전-사건 상황-사건 후로 나누어서 객관적 묘사<br>2) 빈도 사건표집법<br>: 관찰 아동의 이름, 생년월일, 성별, 관찰자, 관찰날짜, 관찰사건<br>→ 관찰기록범위 : 관찰사건의 발생 횟수, 계, 총계, 평균 등 |
| 관찰 후 | ◦ 관찰행동 요약 및 교육과정 운영에서의 피드백 관련 내용 |

출처: 김이영 외(2015)

## 5. 사건표집법의 실제

### 1) ABC 서술식 사건표집법 사례

**표 8-4** ABC 서술식 사건표집법의 사례

<table>
<tr><th>관찰일시</th><td colspan="5">2022. ○○. ○○.</td></tr>
<tr><th>대상아동</th><td>고 ○○</td><th>생년월일</th><td>2020.○○.○○</td><th rowspan="2">관찰자</th><td rowspan="2">손 ○○<br>(담임교사)</td></tr>
<tr><th>성 별</th><td>여</td><th>연 령</th><td>만 2세</td></tr>
<tr><th>관찰장소</th><td>실내<br>(○○교실)</td><th>관찰행동</th><td colspan="3">■ 거친 행동(몸을 흔들며 부딪힘)<br>■ 공격적 행동(발로 차는 행동) 유아-유아 갈등 유형</td></tr>
<tr><th>시간</th><th colspan="2">사건 전</th><th colspan="2">사건(갈등상황)</th><th>사건 후</th></tr>
<tr><td>9: 30~</td><td colspan="2">자유 놀이시간에 고○○가 친구들의 놀이영역에 관심을 보인다. 함께 놀고 싶은지 블록영역을 바라보며 몸을 흔들기 시작한다. 블록영역에 함께 놀자고 제안하지 않은 채 계속 영역 앞을 왔다 갔다 하면서 다른 아동과 부딪힌다.</td><td colspan="2">잠시 후 김□□ "저리비켜!" 하고 말하자. 고○○가 잠시 쳐다보다가 고○○는 다시 흔들흔들 하다가 발로 블록을 발로 차고 몸을 흔들흔들 하였다. 김□□는 왜 발로 차냐며 고○○를 밀쳤다.</td><td>김□□는 블록영역에서 선생님께로 가 고○○ 가 방해한 행동에 대해 상황 설명을 한다.</td></tr>
<tr><th>요 약<br>&<br>해 석</th><td colspan="5">◦교실과 각 영역에서는 아동들이 지켜야 할 규칙들이 있는 것 같다.<br>◦고○○는 친구들과 함께 놀이하기 위해 요청하는 상호작용에 대해 미숙한 것 같다.<br>◦자기가 원하는 대로 되지 않으면 감정에 대한 표현이 방해, 공격적 성향으로 바뀌는 고○○의 행동에 친구들과 함께 놀이하는 방안이 필요하겠다.</td></tr>
</table>

출처: 김희진 외(2012) 양식을 재구성

**Activity**

동영상을 시청한 후 관찰 영상에서 보이는 아동의 특정 행동 및 사건에 대한 사건 전, 사건 상황, 사건 후를 관찰하고 〈Activity 8-1〉에 기록해 보세요.

## 2) 빈도 사건표집법 사례

**표 8-5** 빈도 사건표집법의 사례

<table>
<tr><th colspan="6">공격적 행동 빈도 사건표집법</th></tr>
<tr><td>관찰일시</td><td colspan="5">2022. ○○. ○○.</td></tr>
<tr><td>대상아동</td><td>전○○</td><td>생년월일</td><td>2017.○○.○○</td><td rowspan="2">관찰자</td><td rowspan="2">손 ○○<br>(담임교사)</td></tr>
<tr><td>성 별</td><td>여</td><td>연 령</td><td>만 4세</td></tr>
<tr><td>관찰장소</td><td>교실(실내)</td><td>관찰행동</td><td colspan="3">■ 공격적 행동</td></tr>
</table>

| 범주 \ 횟수 | 1회 | 2회 | 3회 | 4회 |
|---|---|---|---|---|
| 물건 던지기 | ✓<br>동그란 블록을 서로 부딪치다가 던짐 | | | |
| 밀치기 | | | | |
| 때리기 | | | | |
| 욕하기 | | | | |
| 말로 위협하기 | | ✓<br>"저리 가!", "아니야", "비켜" | ✓<br>"혼날래!", "내 거야!", "안돼" | |
| 행동으로 위협하기 | | | ✓<br>친구들이 하고 있는 블록놀이를 몸을 사용하여 훼손함 | ✓<br>친구들이 협동그림을 그릴 때 그림 위에 낙서함 |
| 해 석 | ◦친구들과 사이좋게 놀이하고 있지만 놀이할 활동이 없고, 같이 놀이할 친구가 없으면, 공격적인 행동이 나오기도 하는 것 같다. | | | |

출처: 김신옥 외(2012) 양식을 재구성

### Activity

공격적인 행동을 보이는 아동을 관찰대상으로 선정하고 아동의 특정 행동을 4회 관찰하여 〈Activity 8-2〉에 기록해 보세요.

* 공격적 행동에 대한 조작적 정의를 내려보세요.
* 빈도 사건표집법과 행동목록법을 비교하여 살펴보세요.

## 척도연구

# 영아 또래 상호작용과 교사 지원의 양상

**연구자 : 한영미, 김희진(2021)**

출처: 유아교육학회. 2021, Vol. 25, No. 5. pp. 167-192.

| 연구내용 | |
|---|---|
| 연구 목적 | 놀이와 일상생활 맥락 중에 나타나는 영아의 또래 상호작용과 교사 지원의 양상을 알아보는 것을 목적으로 함 |
| 연구 대상 | ◦ 서울, 경기, 인천에 소재한 어린이집<br>◦ 만 1세 - 9학급/ 만 2세 - 9학급 - 총 18학급 |
| 연구 방법 | ① 영아들의 오전 일과를 촬영<br>: 연구 참여 기관에 사전 협의, 카메라 설치 및 촬영<br>② 영아의 또래를 향한 사회적 행동과 교사의 지원 행동을 포함한 영아 또래 상호작용 사건을 표집<br>: 1시간 이상씩 비슷한 비율로 촬영, 학급당 120분씩만 분석에 포함 시킴<br>③ Redder(2014)의 연구 - 맥락유형, 시작유형, 교사지원 유무, 교사지원 이후 상호작용 지속 여부로 구분 |
| 자료 분석 | ◦ 영아 또래 상호작용 사건을 Redder(2014)의 연구에 따라 맥락유형, 시작유형, 교사지원 유무, 교사지원 이후 상호작용 지속 여부로 구분하여 사건 유형별 빈도 및 지속시간을 분석 |

【영아 또래 상호작용의 유형】

| 유형 | | 정의 |
|---|---|---|
| 맥락 유형 | 놀이 | 자유로운 놀이 시간 |
| | 일상생활 | 놀이 시간을 제외한 등원, 정리정돈, 간식, 점심, 배변의 시간 |
| 시작 유형 | 영아가 또래에게 상호작용 시작 | 관찰 대상 영아가 또래에게 사회적 행동을 하며 사건이 시작된 경우 (예: 영아가 또래 영아의 공을 뺏으려 함) |
| | 교사가 또래 상호작용 촉진을 위한 지원 시작 | 교사가 관찰 대상 영아를 대상으로 또래 상호작용 촉진을 위한 지원 전략을 사용하며 사건이 시작된 경우<br>(예: 교사가 혼자 노는 영아에게 다가가 (다른 영아를 가리키며) ○○도 너와 같은 공 가졌네~ 가볼까? 라고 말함) |

<table>
<tr><th colspan="2">유형</th><th>정의</th></tr>
<tr><td rowspan="2">교사 지원 유형</td><td>교사의 지원이 있던 상호작용</td><td>영아 또래 상호작용 사건에 교사의 지원 행동이 있었던 경우</td></tr>
<tr><td>교사 지원이 없었던 상호작용</td><td>영아 또래 상호작용 사건에 교사의 지원 행동이 없었던 경우</td></tr>
<tr><td rowspan="2">교사 지원 이후 지속 유형</td><td>지속된 상호작용</td><td>교사 지원 이후 영아 또래 상호작용이 지속되어 관찰 대상 영아 또는 상대 영아로 사건이 종결된 경우</td></tr>
<tr><td>제한된 상호작용</td><td>교사 지원 이후 영아 또래 상호작용이 멈춰져 교사의 지원으로 사건이 종결된 경우</td></tr>
</table>

| **사건 표집법** | • 오전 일과를 촬영함<br>• 영아의 또래를 향한 사회적 행동과 교사의 지원 행동을 포함한 영아 또래 상호작용 사건을 표집함<br>• 상호작용 사건을 맥락 유형으로 구분함(놀이 vs 일상생활), 시작유형(유아 vs 교사), 교사 지원 여부 유형(유 vs 무), 교사 지원 이후 지속 유형(지속 vs 중단)으로 나누어 사건 유형별 빈도 및 지속시간 분석 |
|---|---|

## Activity

### Activity 8-1

**사건표집법으로 관찰장면 기록하기**

- 동영상을 시청하면서 아동을 관찰해 보세요.
- 관찰대상을 서술식 사건표집법으로 기록해 보세요.

동영상

https://www.youtube.com/watch?v=DaLfrfnGaH0

출처: 금쪽같은 내새끼 91회

### Activity 8-1

<table>
<tr><th>관찰일시</th><td colspan="5"></td></tr>
<tr><th>대상아동</th><td></td><th>생년월일</th><td></td><th rowspan="2">관찰자</th><td rowspan="2"></td></tr>
<tr><th>성 별</th><td></td><th>연 령</th><td></td></tr>
<tr><th>관찰장소</th><td></td><th>관찰행동</th><td colspan="3"></td></tr>
<tr><th>시간</th><th>사건 전</th><th colspan="2">사건(문제상황)</th><th colspan="2">사건 후</th></tr>
<tr><td></td><td></td><td colspan="2"></td><td colspan="2"></td></tr>
<tr><td>해 석</td><td colspan="5"></td></tr>
</table>

## Activity 8-2

<table>
<tr><th colspan="6">(　　　　　　　　)행동 빈도 사건표집법</th></tr>
<tr><td>관찰일시</td><td colspan="5"></td></tr>
<tr><td>대상아동</td><td></td><td>생년월일</td><td></td><td rowspan="2">관찰자</td><td rowspan="2"></td></tr>
<tr><td>성 별</td><td></td><td>연 령</td><td></td></tr>
<tr><td>관찰장소</td><td></td><td>관찰행동</td><td colspan="3">■</td></tr>
</table>

<table>
<tr><th>횟수<br>범주</th><th>1회</th><th>2회</th><th>3회</th><th>4회</th></tr>
<tr><td></td><td></td><td></td><td></td><td></td></tr>
<tr><td></td><td></td><td></td><td></td><td></td></tr>
<tr><td></td><td></td><td></td><td></td><td></td></tr>
<tr><td></td><td></td><td></td><td></td><td></td></tr>
<tr><td></td><td></td><td></td><td></td><td></td></tr>
<tr><td>메모</td><td></td><td></td><td></td><td></td></tr>
<tr><td>해 석</td><td colspan="4"></td></tr>
</table>

## 참고문헌

### 단행본


- 김신옥, 민혜영(2012). **아동연구 및 관찰**. 경기: 공동체.
- 김이영, 김태인, 김현정, 송명숙, 이지민, 한석실(2015). **아동관찰 및 행동연구**. 서울: 정민사.
- 김희진, 박은혜, 이지현(2012). **영유아기관에서의 관찰**. 서울: 창지사.

- Bell, D, R., & Low, R, M.(1977). *Observing and recording children's behavior*. Richland, WA : Performance Associate.
- Wortham, S. C. (2001). Assessment in early childhoood education. Upper Saddle Rive, NJ:Merrill/ Prentrice Hall.


### 논문


- 한영미, 김희진(2021), 영아 또래 상호작용과 교사 지원의 양상, **유아교육학회**, 25(5), 167-192.

Chapter

# 09

# 질문지법

## (Questionnaire Method)

## 1. 질문지법의 정의

질문지법(Questionnaire Method)은 구두질문(oral question)에서 발전한 방법으로 질문지에 제시된 문항에 응답자가 자신의 응답을 기록하게 하여 응답자의 정보를 수집하는 방법이다. 이 방법은 교육심리학자 그랜빌 스텐리 홀(Granville Stanley Hall)이 1891년 초등학교에 입학할 당시 아동의 심리적 내용을 살펴본 연구에서 사용한 이후 사회문제나 사건에 대한 개인의 의견 및 태도를 알아보기 위해 사용되었다(성미영 외, 2021).

질문지법은 조사하고자 하는 주제의 목적과 조직 등을 고려하여 질문의 내용을 일련의 문항으로 구성하는 것으로 주로 객관적인 사실이나 주관적인 의견을 파악하여 정보를 수집하는 데 사용된다. 이러한 관찰 방법은 현재의 현상을 알아보기 위한 목적으로 사용되며, 사회과학, 교육심리, 사회조사 전반에서도 널리 사용된다.

## 2. 질문지법의 특징

질문지법은 조사연구에서 가장 빈번하게 사용되는 방법으로 질문지를 통하여 의견, 태도, 특성, 이전의 경험들에 대한 정보를 질문, 면접, 검사 등의 수단을 통해 수집하는 방법으로 응답자가 질문지에 응답하는 것이다(황해익 외, 2017). 질문지법은 아동, 청소년, 성인(교사, 부모 등) 모두 사용 가능하나 특히 아동을 대상으로 할 때 아동의 일시적 또는 연속성이 있는 행동을 관찰하고 결과를 도출하기에 매우 유용한 관찰방법 중 하나이다. 이때 사용되는 아동에 관한 질문으로는 개인적 배경, 경험, 연령, 가족 특성 등 아동의 개인적 환경에 대한 정보를 수집하거나 아동 개인의 의견, 태도, 판단, 감정 등 아동의 주관적 생각을 확인하는 질문으로 구분하여 활용된다. 그러나 아직 글을 잘 모르는 아동의 경우 스스로 응답하기 어려움으로 교사나 관찰자를 통하여 응답하는 것으로 질문지법을 사용하는 경우가 많다. 따라서 질문지법은 관찰 전과 관찰 후의 상황에 대한 결과를 요약하거나 상황이나 행동을 수량화할 수 있으므로 상담 및 연구 등에 사용할 수 있다.

질문지법에서 질문지를 구성할 때는 응답자의 태도나 신념에 관한 것을 신중하게 고려하여 질문에 사용된 어휘나 배열, 순서에 민감하게 반응하며, 올바른 검사를 위해서 질문 자체에 간단명료한 단어를 사용하는 것이 효과적이다. 또한 질문에서 알고자 하는 질문의 요지를 쉽게 이해할 수 있도록 구성해야 한다. 질문의 내용이 지나치게 복잡하거나 어려운 경우 응답자는 거부감이 생기기 때문에 이러한 질문은 가장 나중에 배치하는 것이 올바른 방법이라 할 수 있다. 이처럼 응답에 대한 결과 오류를 예방하고 최소화하거나 필요 정보를 포괄적으로 획득하기 위해서 [그림 9-1]과 같은 구성요소로 질문지를 구성한다.

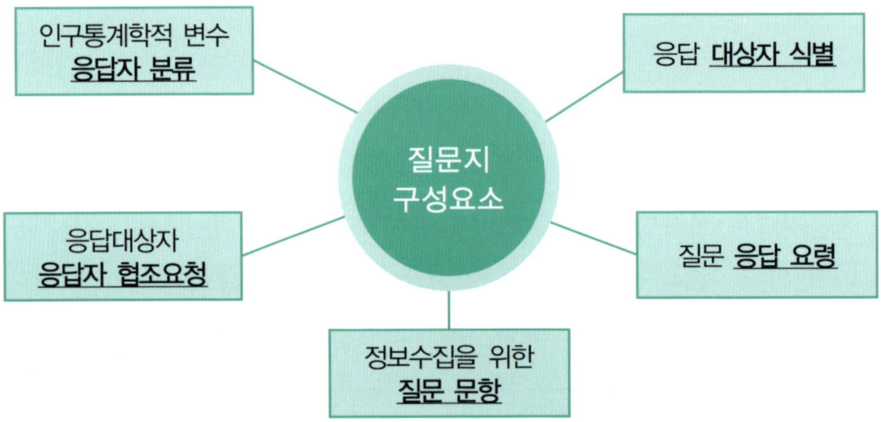


[그림 9-1] 질문지 구성요소

## 3. 질문지법의 유형

질문지법의 종류는 구조화된 질문지와 비구조화된 질문지, 직접 질문지법, 간접 질문지법로 구분된다. 먼저, 구조화된 질문지는 유목형 질문지, 폐쇄형 질문지라고 불리며, 미리 반응이 나올 것 같은 예상의 응답을 여러 유목 등을 선택하게 하는 것이다. 그러나 구조화된 질문지는 응답자가 질문에 대한 답을 완성형으로 응답하지 않거나 중첩이 되면 그만큼 효용성도 낮아지는 단점이 있다. 반면, 비구조화된 질문지는 자유 기술형의 유형으로 응답자가 질문지의 응답에 자유롭게 작성할 수 있으며, 응답자의 흥미, 태도, 질문에 숨은 의도 등과 같은 정보를 알아볼 수 있다. 그러나 구조화된 질문지보다는 시간, 노력 등이 요구되어 자칫 응답자가 무성의하게 응답할 수 있다. 따라서 해석의 주관성을 배제하기 어려우므로 결과의 질적 자료 분석 처리 또한 쉽지 않다. 직접 질문지법은 사실에 관한 응답자의 태도나 의견 등을 직접적으로 질문하는 방법이다. 마지막으로, 간접 질문지법은 질문에 대해 응답자가 반감을 일으켜 정확한 응답을 회피할 경우, 전혀 다른 질문으로 질문에 대한 반응에 필요한 정보를 얻는 방법 중 하나이다.

다음은 질문에 대한 정확한 응답을 수집하기 위해 질문지에 따른 <표 9-1>의 응답 유형과 <표 9-2>의 응답 예시를 살펴보고자 한다. 질문지법의 유형은 응답 형식에 따라 자유반응형(Open or Respond), 선택형(choicing method), 선별형, 체크리스트형(checking method), 분류형(classification method), 등위형(ranking method), 평정척도형(rating scale method), 상호비교형(method of paired comparison) 등으로 구분할 수 있다.

**표 9-1** 질문지법의 유형

| 유형 | 정의 |
|---|---|
| 자유반응형<br>(Open or Respond) | ◦ 어떤 제한을 두지 않고 문제에 대해 자유롭게 기술함<br>◦ 소규모 조사연구에 사용됨<br>◦ 연구의 초기단계에 기본조사의 목적으로 사용됨<br>◦ 객관화조사가 될 수 없음<br>◦ 분석결과에서 해석의 어려움이 있음<br>◦ 응답지로 사용하기 어려운 경우가 있음 |
| 선택형<br>(choicing method) | ◦ 두 개 이상의 선택지 중 적절한 선택지를 택하게 함<br>◦ 분석이 용이함<br>◦ 질문지를 제작하는 시간과 노력이 많이 소요됨<br>◦ 한 문항에 두 개 이상의 답 중 선택하는 것 |
| 선별형 | ◦ 응답자에게 해당되지 않은 질문을 피하도록 고안됨<br>◦ 질문이 너무 많은 경우 신뢰성에 문제발생할 수 있음 |
| 체크리스트형<br>(checking method) | ◦ 같은 유목에 속하는 항목에 긍정, 부정으로 대답하는 것<br>◦ 수량화가 용이하고 사용이 간편<br>◦ 질적인 특성 정보를 얻기 힘듦 |
| 분류형<br>(classification method) | ◦ 같은 종류의 여러 문항을 일정한 준거에 따라 분류하는 것<br>◦ 몇 개의 유목으로 분류함<br>◦ 응답자의 가치, 태도, 선호도 등을 파악할 수 있음 |
| 등위형<br>(ranking method) | ◦ 같은 성질의 항목을 중요성, 서열, 기호, 가치 등에 따라 순위를 정하는 것<br>◦ 순위형이라고 일컫기도 함<br>◦ 단위의 기준은 최상위, 최하위 순위가 정해짐 |
| 평정척도형<br>(rating scale method) | ◦ 3, 5, 7, 9단계 척도에 따라 주어진 항목 평정하도록 하는 것<br>◦ 다른 방법으로 평가하기 힘든 행동특성의 파악이 용이함<br>◦ 수량화하여 연구 가능 |
| 상호비교형<br>(method of paired comparison) | ◦ 짝 지워진 두, 세 개 항목을 비교하여 한쪽을 선택하게 하는 것 |

**표 9-2** 질문지법의 유형의 예시

| 자유반응형 예 |
|---|
| 예시) 상호작용에서 친사회적 행동을 기대할 수 있는 교사의 발문이 있다면 어떤 것이 있겠습니까?<br>____________________<br>____________________<br>____________________<br>____________________ |
| **선택형 예** |
| 예) 부모가 아동이 울고 있을 때 어떻게 대처하는 것이 적절하다고 생각하십니까?<br>① 그냥 무시한다.<br>② 왜 우는지 말(대화)로 한다.<br>③ 울음을 그칠 때 까지 않도록 유도한다.<br>④ 울지 못하게 더 심하게 혼을 낸다.<br>⑤ 기타(                                        ) |
| **선별형 예** |
| 예) 1. 현재 자녀의 식사 예절교육을 실시하고 있습니까?<br>① 실시하고 있다(1-1문항으로)   ② 실시하지 않고 있다(2문항으로)<br><br>1-1. 자녀의 식사 예절교육은 누가 하고 있습니까?<br>① 어머니   ② 아버지   ③ 조부모   ④ 기타(        ) |
| **체크리스트형 예** |
| 예) 우리 자녀의 자기주도학습 능력을 알아보기 위한 체크리스트입니다. 해당하는 문장에 ✓표 하십시오.<br>① 인지발달은 머리보다 노력에 의해 좌우된다고 생각한다. (    )<br>② 일단 책상에 앉으면 장시간 집중력을 유지한다(30분 이상). (    )<br>③ 어떠한 학습에도 자기만의 방식이 1개 이상 존재한다. (    )<br>④ 어려운 갈등 상황에서 끝까지 해결하려는 태도를 보인다. (    )<br>⑤ 수업내용을 따라가는 데 어려움이 있다. (    ) |

### 분류형의 예

예) 다음에 여러 종류의 직업이 있습니다. 이 직업 중에서 남자에게 적합하다고 생각하면 '남', 여자에게 적합하다면 '여' 남녀 모두에게 적합하면 '공(공통)'이라고 표시해 주십시오.

| | | | | | |
|---|---|---|---|---|---|
| 유아교사 | (　　) | 초등교사 | (　　) | 중등교사 | (　　) |
| 대학교수 | (　　) | 약　　사 | (　　) | 국회의원 | (　　) |
| 의　　사 | (　　) | 영화감독 | (　　) | 군　　인 | (　　) |
| 제 작 자 | (　　) | 간 호 사 | (　　) | 요 리 사 | (　　) |
| 시　　인 | (　　) | 아나운서 | (　　) | 건축기사 | (　　) |

### 등위형 예

예) 아동의 신체발달(이동, 비이동 운동)의 도구(공) 사용에 대한 것입니다. 아동의 발달 특성이 해당되는 곳에 ✓표시를 하십시오.

| 영 역 | 내용 | 상 | 중 | 하 |
|---|---|---|---|---|
| 신체발달 | 공을 던질 수 있다 | | | |
| | 공을 받을 수 있다. | | | |
| | 공을 굴릴 수 있다. | | | |
| | 공을 통통 튀게 할 수 있다. | | | |

### 평정척도형 예

| 관찰대상 | | 연령 | | 성별 | |
|---|---|---|---|---|---|
| 관찰일시 | | | 관찰자 | | |

| | 문 항 | 매우 못함 | 못함 | 보통 | 잘함 | 매우 잘함 |
|---|---|---|---|---|---|---|
| 1 | 나는 아이에게 평소 칭찬을 잘한다. | | | | | |
| 2 | 나는 아이와 대화할 때 목소리가 온화하고 밝다. | | | | | |
| 3 | 나는 아이와 대화를 많이 한다. | | | | | |
| 4 | 나는 아이의 질문에 바로 대답한다. | | | | | |
| 5 | 나는 아이와 신체활동을 한다. | | | | | |
| 6 | 나는 아이에게 규칙적인 스케줄을 제공한다. | | | | | |
| 7 | 나는 아이의 발달 수준을 알고 있다. | | | | | |

## 4. 질문지법의 장단점

다음은 질문지법의 장점과 단점이다.

### 1) 질문지법의 장점

첫째, 관찰하기 어려운 정보나 대량 조사를 할 수 있다.

질문지법은 관찰하기 힘든 사람들의 선호도, 개인의 특성, 태도, 믿음, 행동 또는 사실에 근거한 정보와 같은 아주 광범위한 자료를 대량으로 조사하기 위한 훌륭한 수단이다.

둘째, 짧은 시간과 비용으로 많은 정보획득할 수 있다.

질문지법은 관찰자 입장에서 짧은 시간과 비용을 통해 많은 자료의 정보를 획득할 수 있으며, 다른 관찰에 비해 손쉽게 사용할 수 있다.

셋째, 병행조사를 할 수 있다.

질문지법은 관찰자가 응답하는 대상을 관찰하거나 질문지 문항에 응답하는 내용을 통하여 대상을 병행조사 할 수 있다.

넷째, 편파성을 최소화할 수 있다.

질문지법은 목적에 적합한 문항을 사용하고 모든 응답자에게 동일한 형태의 정형화된 문항으로 질문함으로써 대상에 따른 응답에 오류를 최소화할 수 있다.

### 2) 질문지법의 단점

첫째, 응답 내용에 대한 사실 여부를 판단하기 어렵다.

질문지법은 응답자가 문항에 대해 자기 보고식으로 응답하므로, 응답자가 문항에 대해 솔직하게 응답하였는지를 확인하기 어렵다.

둘째, 질문지법을 선택하기 위해서 사전 검토가 필요하다.

질문지법으로 수집하고자 하는 정보의 목적과 대상에 따라 사용할 질문지가 달라지므로 목적에 적합한 문항과 관찰대상이 적절하게 응답할 수 있는지를 확인하기 위해 사전 검토 및 예비조사를 실시해야 한다. 예를 들어, 글을 읽는 아동과 글을 읽지 못하는 아동의 경우 질문지법으로 응답을 확인할 수 있는지와 아동의 읽기능력을 살펴보기 위해 읽기와 관련된 문항을 제시하였는지에 대해 사전검토 및 예비조사가 필요하다.

셋째, 응답 내용의 의미를 반복해서 질문하거나 확인하기 어렵다.

질문지법은 정형화된 문항에 응답한 것을 정보 수집하므로 응답한 내용에 대해 의미 파악이 안 되거나, 회피적인 답변을 한 것에 대해 반복적으로 질문하거나 추가적인 질문을 하기 어렵다.

넷째, 질문범위 안에 수집된 내용만 사용할 수 있다.

질문지법은 정형화된 문항으로 구성하므로 질문범위의 안에서 수집된 내용만 사용할 수 있으며, 수집되지 않은 자료는 사용할 수 없다.

## 5. 질문지법의 지침

질문지법의 지침은 다음과 같다.

### 1) 질문지 작성 지침

질문지법은 질문지 표지에 조사의 목적, 조사기관, 조사자의 배경에 대한 설명이 간략하게 기술되어야 하며, 구체적으로는 질문지를 작성한 목적은 무엇인지, 어떤 형식의 질문지를 사용하는지, 질문지에 관련하여 조사자에게 문의할 수 있는 연락처는 어떠한지, 응답자의 비밀보장과 관련된 내용 등이 명시되어야 한다. 두 번째로 질문지를 구성할 때는 연구자, 조사자가 질문 문항을 통해 수집하고자 하는 정보를 얻는 것이 중요하므로 응답자가 성실하게 답변할 수 있도록 구성해야 한다. 이때, 문항의 수가 너무 많거나 적지 않고, 알고자 하는 내용의 목적이 질문 문항에 정확하게 포함되어야 하며, 응답에 대한 간격은 3단계~5단계로 구성하는 것이 보편적이다. 마지막으로 연구자나 조사자는 질문지를 통한 응답이 응답자 개인에게 불리한 영향을 미치지 않으리라는 것을 충분히 인식시켜야 한다.

위 내용이 적절하게 포함되기 위해서는 질문지 문항의 형식을 알고 적용해야 한다. 질문지 문항 구성은 개방형 질문(Structure question)과 폐쇄형 질문(Unstructure question)으로 구분할 수 있다. 개방형 질문은 질문에 대한 응답자의 자유로운 생각과 의견을 응답할 수 있는 형식으로 탐색적 조사와 예비조사에 효과적이며, 문항의 제작 시간이 비교적 짧은 것에 비해 응답은 어려워 많은 시간을 소요할 수 있다. 그러나 응답자는 주관적인 생각을 응답하기 때문에 응답의 새로운 문제 상황에 대한 제기가 가능하다. 반면, 폐쇄형 질문은 질문에 대한 응답을 다중으로 답할 수 있으며, 응답의 일치도가 높은 순서대로 서열화하는 질문의 유형으로 문항 제작 시간이 오래 걸리는 것에 비해 응답은 빠르고 쉽게 응답할 수 있다. 즉, 응답을 점수 및 간격으로 할 때 코딩에 용이하며 결과 도출을 쉽게 할 수 있다.

다음은 질문지를 작성할 때 어휘 선택에 주의할 점이다.

① 중립적 단어를 사용하여 작성한다. 전문용어 사용은 응답자에게 거부감이나 이해가 되지 않는 질문이 될 수 있다.

② 간단명료한 어휘를 사용한다. 응답자가 질문에 대해 정확하게 이해할 수 있다.

③ 특정한 응답을 요구하는 질문의 어휘를 사용한다. 연구자가 알고자 하는 것에 대해 정확하게 질문한다.

④ 응답자의 수준과 능력을 고려한 질문지를 작성한다. 아동이 질문지에 응답할 때 아동의 수준에 맞추어 질문지를 작성한다.

마지막으로 질문지를 완성배포 후 최종 분석에서 질문지를 제외해야 하는 경우가 있다. 먼저, 질문의 응답에 응하지 않은 무응답이 많거나, 응답자가 같은 답으로 전체의 질문을 표기했을 경우, 질문지 일부가 분실되어 완성도가 낮은 경우, 조사원이 임의로 답하여 의도성이 있는 경우, 응답자가 면접의 절차를 무시하고 마음대로 작성한 경우, 질문지로서의 분석의 가치가 없는 것으로 판단하여 분석에서 제외시킨다.

## 2) 질문지 작성 시 유의점

① 질문지를 고안할 때 조사하고자 하는 목적이 무엇인지 그 목적이 분명히 드러나도록 질문지를 작성해야 한다.

② 질문지의 유형을 무엇으로 할 것인가에 대한 내용이 명료해야 한다.

③ 질문지의 질문은 간단하고 명확하게 응답자가 파악할 수 있도록 구성해야 한다.

④ 질문지의 질문이 응답자에게 심리적 자극을 줄 수 있는 어휘는 사용하지 않아야 한다.

⑤ 질문지의 질문 순서 절차는 응답자의 심리적 순서를 고려하여 구성해야 한다.

⑥ 질문지는 응답자의 개인 신분이 노출되지 않도록 무기명으로 해야 한다.

## 3) 질문지 만드는 순서

| 연구의 목적 및 조사 가능성 확인 | ▪ 연구목적에 적합한 주제 체계화<br>▪ 조사 가능성 여부 확인<br>▪ 척도의 수준 고려 |
|---|---|

⬇

| 설문조사 진행방법 선택 | ▪ 대면면접 : 질문에 대한 구체적인 내용 파악 가능<br>▪ 전화조사 : 상대적으로 저비용으로 조사 가능<br>전화조사로도 질문의 내용 파악이 가능해야 함<br>▪ 우편조사 : 광범위한 조사가능<br>구체적인 질문에 대한 궁금증, 설명 불가능 |
|---|---|

⬇

| 문항의 내용 선정 | 〈설문지에 들어갈 질문을 만들 때 유의사항〉<br>▪ 조사대상과 관련이 있는 정보의 질문인가? |
|---|---|

| | |
|---|---|
| | ▪ 응답자가 쉽게 이해하고 응답할 수 있는가?<br>▪ 여러 질문이 한 문장에 포함되어 있지는 않은가? |
| 질문형식의 결정 | ▪ 개방형 질문(주관식) : 질 높은 응답 수집 가능<br>▪ 폐쇄형 질문(객관식) : 답변 분류가능, 응답의 객관성 확보<br>▪ 양자 택일형 질문 : 응답이 단순함, 분류의 범주 낮음<br>▪ 다지선다형 질문 : 응답 범위가 상호배타적 구성을 요함<br>▪ 서열식 질문 : 순서대로 응답 선택<br>▪ 행렬식 질문 : 평정척도 형태(만족-보통-불만족)<br>▪ 누적식 질문 : 단일 차원의 여러 문항을 척도로 구성 |
| 개별 항목의 완성 | ▪ 쉬운 질문은 앞에 배치, 어려운 질문은 뒤에 배치<br>▪ 논리적 순서로 일관성 있게 구성<br>▪ 이중적 의미 지양<br>▪ 특정 답변을 유도하는 질문은 지양<br>▪ 전문적인 용어 사용으로 질문자/응답자 의사소통 지양 |
| 질문의 수와 순서 결정 | ▪ 인적사항 정보가 꼭 필요한 경우 문항의 뒤쪽에 배치<br>▪ 핵심 질문은 중간에 배치 |
| 설문지의 사전 검사(pretest) 및 예비 조사(pilot) | ▪ 사전 검사 : 본 조사에 들어가기 전 질문지 점검<br>▪ 예비 조사 : 가설을 명확히 하는 목적<br>ex. 문헌 조사, 전문가 인터뷰, 사례 분석 |
| 질문지 완성 | |

**[그림 9-2] 질문지 만드는 순서**

## Activity

그림책 주인공을 대상으로 질문지를 구성할 때 필요한 요인을 살펴보고, 이를 〈Activity 9-1〉에 기록해 보세요

## Activity

관찰 행동을 살펴보기 위해 어떤 질문으로 구성하면 좋을지 〈Activity 9-2〉에 기록해 보세요

### 4) 질문지 배포와 자료수집 방법

질문지의 문항을 제작한 후 조사 대상자들에게 배포와 이후 자료수집을 위한 방법은 개별 면접조사, 집단조사, 전화조사, 우편조사, 인터넷조사로 이루어졌으며 내용은 다음과 같다.

#### (1) 개별 면접조사

개별 면접조사는 조사자와 대상자 사이의 언어적 상호작용 즉, 의사소통을 통해 자료를 수집하는 방법이다. 개별 면접조사는 다양한 조사의 내용을 구체적으로 조사할 수 있다는 장점이 있으며, 직접 면접한 한 경우 회수율이 가장 높은 조사 중 하나이다. 또한 조사자가 직접 면접하여 응답을 받기 때문에 응답의 허위 여부를 즉시 확인할 수 있다. 반면, 문항을 제작하는 시간, 개별면접 실시시간, 자료분석 시간 등을 포함하면 개별 면접조사는 시간과 비용의 소요가 높은 편에 속한다. 또한, 조사자가 직접 면접을 실시하다 보니 조사자의 개인적 판단에 의한 오류가 발생할 때가 있다. 이러한 부분을 고려하여 설계한다면 다양한 결과를 얻을 수 있는 효과적 질문지법이다.

#### (2) 집단조사

집단조사는 연구자나 조사자가 집단으로 모여 있는 대상자를 찾아가 연구목적, 응답 방법 등을 직접 설명하고 집단으로 조사를 실시하는 방법이다. 집단조사는 대상자들이 서로 영향을 받아 응답의 유도가 가능하다는 점이 있는 반면, 익명성에 있어서는 보장되지 않는다는 점이 있다. 무엇보다도 집단조사는 전문가 집단의 조사에서 높은 회수율과 직종 관련 내용의 응답에 대한 기술성과 전문성 의도가 매우 높은 질문지법이다.

#### (3) 전화조사

전화조사는 표집, 표본이 되는 대상자에게 직접 전화로 질문하는 방법이다. 전화조사는 전국단위, 지자체 등의 표본이 요구될 때 타당한 자료수집 방법으로 볼 수 있다. 보통 대선, 선거를 앞두고 전화조사가 많이 실시되기도 하지만, 지역의 정책, 또는 집단의 중요한 사항은 짧은 시간 내 결과를 필요로 할 때 사용되는 방법 중 하나이다. 전화조사는 짧은 시간 내 실시해야 하므로 간단한 질문으로 구조화된 설문조사가 사용되어야 한다. 또한 다른 질문지법에 비해 재조사 가능성이 높으나, 사진, 그림, 도표 등의 시각화 자료의 관찰 조사는 실시할 수 없다.

### (4) 우편조사

우편조사는 우편을 통해 미리 인쇄된 질문지를 배포 수집하는 방법이다. 우편조사는 조사 실시에 드는 비용, 시간, 수고 등이 절약이 되며, 지역과 상관없이 조사할 수 있는 특징이 있다. 또한 익명성이 보장되어 응답자가 충분하게 생각 후 응답할 수 있다. 반면, 질문지를 우편으로 받기 때문에 응답자 간의 상호 영향을 막을 수 없다. 따라서 조사자는 연구의 목적과 응답 방법을 명확하게 소개하고, 대상자가 스스로 동기부여 하여 질문지에 성의껏 응답하도록 한다. 우편조사는 다른 조사와 달리 우편으로 배포하기 때문에 회수율을 높이기 위해서 배포는 우편으로 하되 수집은 직접 회수하는 방법과 반송용 봉투를 동봉하여 보내는 방법도 있다.

### (5) 인터넷조사

인터넷조사는 인터넷을 통해 질문지를 배포하는 방법이다. 인터넷조사는 온라인상에서 실시하는 것으로 비용이 적게 들고 시간, 장소에 대한 제약이 없으며, 분석의 시간이 짧고, 단시간 내 결과를 얻을 수 있으므로 많은 수를 대상자로 표집할 수 있다. 다만 인터넷 조사가 가능한 연령대만 조사에 참여할 수 있으므로 다양한 연령층을 조사대상으로 하기에는 어려움이 있다. 또한 한국에서는 인터넷조사의 환경적인 제약이 적은 방면 외국인을 대상으로 하거나, 교포들을 대상으로 하는 조사연구에서는 짧은 기간 내 조사가 어려우므로 적정한 기간을 두고 조사하는 것이 효과적이다.

## 6. 질문지법의 실제

### 1) 폐쇄형 질문지 예시

**표 9-3 영유아언어발달검사**
(SELSI: SequencedLanguageScaleforInfants, 김영태, 2003)

| 영역 | 표현언어 | | |
|---|---|---|---|
| 개월 수 | 내용 | 예 | 아니오 |
| 24~27 개월 | 1. 선택을 요하는 질문(예: "딸기 줄까. 과자 줄까?" 등)에 대한 대답을 스스로 할 수 있다. | | |
| | 2. 주로 두 낱말 또는 세 낱말로 된 문장을 사용한다. (예: "아빠 코 자", "아가 옷 입어", "차 여기 있다" 등) | | |
| | 3. 사물을 말할 때 대명사(예: "이거")보다는 그 이름을 사용한다. | | |
| | 4. 조사를 적절하게 사용한다. (예: "나도 줘", "엄마가 해") | | |
| | 5. "못해", "안 먹어", "싫어" 등 부정이 포함된 문장을 말한다. | | |
| | 6. 반복을 나타내는 이어문(유아어를 포함)을 말한다. (예: 우유 많이, 과자 또, 또 가자, 엄마랑 나랑 등) | | |
| | 7. 의문사가 있는 문장(유아어를 포함)을 사용한다. (예: "어디가?", "아빠 까까?", "이거 뭐야?" 등) | | |
| | 8. 간단한 단어나 구절로 된 짧은 노래를 부른다. | | |
| | 9. 자기 자신의 이름을 사용하여 자신을 표현한다. | | |
| | 10. 일상적인 동작이 표현되는 그림에 대해 질문하면 적절하게 대답한다. (동사표현 가능) (예: "아기가 뭐해요?"라는 질문에 "울어요"라고 대답한다.) | | |
| | 11. 습관적으로 사용하는 "이거 뭐야?" 이외의 의문사를 사용한 질문을 한다. (예: "뭐 먹어?", "누구야?", "어디 가?" 등을 많이 한다) | | |
| | 12. 전화로 다른 사람과 이야기를 한다. | | |
| 28~31 개월 | 1. 자장가나 노래를 끝까지 부른다. | | |
| | 2. 시간을 나타내는 초보적인 낱말을 표현한다. (예: "이따가", "아까" 등) | | |
| | 3. "엄마"/"아빠" 외에 "언니/누나", "형/오빠", "동생", "할머니"/ "할아버지"라는 호칭을 사용한다. | | |

| | | | |
|---|---|---|---|
| | 4. 삼어문 이상의 문장(유아어를 포함)을 말한다.<br>(예: "아빠 빠방 간다", "언니가 밥 먹어", "장난감 저리 치워" 등) | | |
| | 5. 삼어문 이상의 부정문(유아어를 포함)을 말한다.<br>(예: "코 안 닦어", "밥 먹기 싫어", "미미 여기 없어" 등) | | |
| | 6. 삼어문 이상의 의문문(유아어를 포함)을 말한다.<br>(예: "엄마 어디 갔어?", "애기 맘마 먹어?" 등) | | |
| | 7. 책을 다시 읽어 달라는 요청을 한다. | | |
| | 8. 전화 놀이를 시작하며 교사가 응답해 주기를 요구한다. | | |
| | 9. "바지, 모자, 포도, 뽀뽀" 등의 낱말을 스스로 말할 때 첫 소리를 정확하게 발음한다. | | |
| | 10. 그림책을 보고 여러 단어를 말하거나 소리를 모방한다. | | |
| | 11. 또래 아동과 이야기를 한다. | | |
| 32~35 개월 | 1. 자신이 그린 그림에 대해 물었을 때 그것에 대해 간단히 설명할 수 있다. | | |
| | 2. 부사를 세 낱말 문장에서 사용한다.<br>(예: "아빠 천천히 가", "아가 크게 울어" 등) | | |
| | 3. "나", "우리" 등의 대명사를 사용할 수 있다. | | |
| | 4. 명확하지 않더라도 자기가 경험했던 일에 대해 간단하게 말할 수 있다. | | |
| | 5. "왜"를 사용한 질문을 많이 한다. | | |
| | 6. 간단한 복문을 사용한다. (예: "넘어져서 아야 하니까 약 발라야 돼") | | |
| | 7. 형용사가 포함된 문장을 사용한다.<br>(예: "큰 기차 가", "빨간 공 이뻐" 등) | | |
| | 8. 그림책을 읽어주면 주인공의 이름, 주요한 사건 결과를 모두 말한다. | | |
| | 9. 현재, 과거, 미래를 구별하여 표현한다.<br>(예: 했어, 해, 할 거야 등) | | |
| | 10. 색깔 이름을 4가지 이상 알고 말한다. | | |
| | 11. 놀이 시 부당함을 떼를 쓰거나 울지 않고 적절한 말로 항의한다. | | |
| | 12. 삼어문 이상의 문장을 두 문장 이상 사용하여 연결된 상황을 설명한다.<br>(예: "수박 화채를 만들었어요. 그래서 간식 시간에 먹었어요" 등) | | |

| 영역 | 수용언어 | | |
|---|---|---|---|
| 개월 수 | 내용 | 예 | 아니오 |
| 24~27 개월 | 1. 지시에 따라 사물의 일부분을 지적할 수 있다. (예: 자동차 바퀴, 신발 끈, 바지 주머니 등) | | |
| | 2. 그림책을 보며 의문사를 사용한 질문을 할 때 그 뜻을 이해한다. (예: "누가 울어", "어디 앉아 있어?" 들으며 질문에 적절하게 반응한다. | | |
| | 3. 5개 낱말 이상으로 된 긴 문장을 이해한다. (예: "친구랑 선생님이랑 같이 가서 먹자") | | |
| | 4. 수량을 표현하는 낱말(예: 한 개, 조금, 많이…)을 이해할 수 있다. | | |
| | 5. 영아의 이름을 부르며 "○○ 어디 있어?"하고 물으면 자기 자신을 지적한다. | | |
| | 6. 물체의 이름을 말하면 20가지 정도의 실체 물체를 지적한다. | | |
| | 7. 물체의 이름을 말하면 낯익은 그림책에서 10가지 정도의 물체를 지적한다. | | |
| | 8. 대부분의 일상적인 동사를 이해한다. (30개 이상) | | |
| 28~31 개월 | 1. "-(으)면", "-(으)니(까)", "-(어/아)서" 등의 연결어미가 들어간 복문을 이해한다. (예: "울면 혼난다", "우니까 미워", "넘어져서 피 났어" 등) | | |
| | 2. 같은 말이라도 억양에 따라 말의 뜻을 다르게 이해할 수 있다. (예: 의사를 물어보는 "가져갈래?"와 가져간다는 의미의 "가져갈래"를 구별할 수 있다) | | |
| | 3. 지시에 따라 다른 곳에 가서 한 번에 두 개의 사물을 가지고 올 수 있다. (예: "식탁에 가서 숟가락하고 컵 가져오세요"라는 지시를 듣고 수행한다) | | |
| | 4. 물체의 이름을 말하면 낯익은 그림책에서 20가지 정도의 물체를 지적한다. | | |
| | 5. 두 가지 행동을 연속적으로 하도록 지시하면 수행한다. (예: "저 블록을 이상자에 넣어"라는 말을 알아듣고 수행한다) | | |
| | 6. 크기를 나타내는 낱말("크다", "작다")을 이해한다. (예: 크기가 다른 두 개의 사물 중에서 큰 것 또는 작은 것을 고를 수 있다) | | |
| | 7. 간단한 비유표현을 이해한다. | | |

| | | | |
|---|---|---|---|
| | (예: "○○는 형아 같다", "○○는 공주 같다" 등) | | |
| | 8. 도구에 대한 질문에 적절한 반응할 수 있다.<br>(예: "뭐로 글씨 쓰지?"라는 질문에 "연필"을 "뭐로 밥 먹지?"라는 질문에 "숟가락"을 지적하거나 말할 수 있다) | | |
| 32~35 개월 | 1. 몇 가지 반대말을 이해하기 시작한다.<br>(예: 큰 것/ 작은 것, 많은 것/적은 것, 긴 것/ 짧은 것 등) | | |
| | 2. 여러 가지 동작 언어를 이해하고 지시대로 따라 한다.<br>(예: 위, 아래로 점프한다) | | |
| | 3. 사물의 "위, 아래, 앞, 뒤" 등의 상대적 위치에 대해 2개 이상 이해한다. | | |
| | 4. 비교의 개념이 생겨서 '더 큰 것"과 더 작은 것"을 지적할 수 있다. (예: "이거보다 더 큰 거 가져와"라는 지시를 적절히 수행할 수 있다) | | |
| | 5. 한 사람이 여러 가지로 불릴 수 있다는 것을 이해한다.<br>(예: "아줌마", "이모(고모)" 등으로 불릴 수 있다는 것을 이해한다) | | |
| | 6. 여러 가지 색의 이름(예: 빨강, 노랑, 파랑…)을 5개 이상 이해할 수 있다. | | |
| | 7. 물체의 이름을 말하면 새로운 그림책에서 20가지 정도의 물체를 지적한다. | | |

## 2) 개방형 질문지 예시

**표 9-4 문장완성검사**

(SCT : Sentence Completion Test, 최정윤, 2013 재인용)

| 이름 | | 성별 | 남/여 | 연령 | 세 |
|---|---|---|---|---|---|
| 실시일 | 년 월 일 ( )요일 | | | | |

다음 기술된 문장은 뒷부분이 빠져 있습니다. 각 문장을 읽으면서 맨 먼저 떠오르는 생각을 뒷부분에 기록하여 문장이 완성되도록 해주십시오. 시간제한은 없으나 될 수 있는 대로 빨리 해 주십시오. 만약 문장을 완성할 수 없으면 표시를 해두었다가 나중에 완성하도록 하십시오.

1. 나에게 이상한 일이 생겼을 때
2. 내 생각에 가끔 아버지는
3. 우리 윗사람들은
4. 나의 장래는
5. 어리석게도 내가 두려워하는 것은
6. 내 생각에 참다운 친구는
7. 내가 어렸을 때는
8. 남자에 대해서 무엇보다 좋지 않게 생각하는 것은
9. 내가 바라는 여인상은
10. 남녀가 같이 있는 것을 볼 때

⋮

※ CST 일부 내용만 제시하였습니다.

## 3) 혼합형 질문지 예시

**표 9-5** **발달 정밀 평가 - 보호자용** (정희정 외, 2016)

**체크리스트 사용을 위한 지침**

본 설문지는 전문 의료진이 아동의 성장발달 수준을 파악하는 데 도움을 주기 위해 개발된 설문지입니다. 이 설문지를 완료하는 데는 약 10분 정도가 소요됩니다. 만일 [예]라고 답한 항목에 대해서는, 추후 평가나 치료에 대한 의사결정을 돕기 위해 의료진이 상기 문제를 보다 자세하게 질문할 것입니다.
**모든 항목에 가능한 한 자세하게 응답해 주시기 바랍니다.**

면접 정보 　　　　　　　　　　　　　　　　　　면접일자: 20__년 __월 __일

| **아동** | **이름: _________ 생년월일: _______년 __월 __일 나이: __세** |
|---|---|
| 설문 응답자 | 이름: ________ (본인 / 부모 / 보호자 / 기타) (○표 하세요) |

| **01** | **임신 및 출생력** |
|---|---|

a. 임신 시 문제가 있었습니까?
□ 예 (출혈/당뇨/감염/기타 의학적 문제: 　　　　　　　　　　　)
□ 아니오

b. 임신 중 태아의 문제가 있었습니까?
□ 예(문제: 　　　　　　　　　　)
□ 아니오

c. 임신 중 약물 복용력이 있습니까?
□ 예 (처방약/담배/술/기타 약물: 　　　　　　)
□ 아니오

d. 분만 방법은 무엇입니까?
□ 자연 분만
□ 제왕 절개 (계획된 수술/ 태아 심박 모니터상 문제 / 기타: 　　　　　　)

e. 분만 과정의 문제가 있었습니까?
□ 예 (조산/태아심박 모니터상 문제/ 급속분만/ 난산/ 겸자(혹은 suction)분만 /기타: 　　)
□ 아니오

f. 출생 주수와 출생 시 체중을 적어주세요. (출생 주수: 주 / 출생 시 체중: kg)

g. 출생 직후 아이의 건강에 문제가 있었습니까?
□ 예 (황달 / 감염/경련/ 기타: 　　　　　　　　)
□ 아니오

| **02** | **질병력** |
|---|---|

a. 아이가 입원한 적이 있습니까?
□ 예 (이유: 　　　　　　　　　　)
□ 아니오

b. 아이가 수술을 받은 적이 있습니까?
□ 예 (이유: 　　　　　　　　　　)
□ 아니오

C. 추가적인 질병력이 있습니까?
□ 예 (이유: 　　　　　　　　　　)
□ 아니오

d. 아이가 현재 복용 중인 약물이 있습니까?
□ 예 (약물 이름: 　　　　　　　　)
□ 아니오

## 척도연구

# 유아교사의 수학적 상호작용 척도 타당화 연구

**연구자 : 김지연, 권기남(2022)**

출처: 유아교육복지학회. 2022, Vol. 26, No. 1. pp. 7-31.

| 연구내용 | |
|---|---|
| 연구 목적 | 유아교사의 수학적 상호작용을 측정하는 척도를 타당화하는 것을 목적으로 함. |
| 연구 대상 | ◦ 유아반을 맡고 있는 서울, 인천, 경기 지역 교사<br>◦ 교사 - 302명 |
| 연구 방법 | ① 유아교사의 수학적 상호작용-설문의 점수가 높을수록 수학적 상호작용을 빈번하게 함을 의미<br>② 유아교사의 수학지도 적극성-설문의 점수가 높을수록 수학지도 적극적인 의도를 가지고 있음을 의미<br>③ 설문지는 지역 기관의 자료조사 참여 동의여부를 구한 후 온라인 질문지 조사 실시 |
| 자료 분석 | ◦ 척도의 타당화 과정에서의 문항 변별도<br>◦ 탐색적 및 확인적 요인분석<br>◦ 적률상관관계 분석<br>◦ 신뢰도 분석 |

**【부모의 수학적 상호작용 척도 문항의 예】**

| 내용타당도 확인 후 상호작용 척도 변경 질문의 예 | 응답 | ① 1점- 전혀 하지 않는다.<br>② 2점- 보통이다.<br>③ 3점- 자주 한다.<br>④ 4점- 매우 자주 한다. | | |
|---|---|---|---|---|
| 나(교사)는 유아들과 윷놀이에 쓰이는 윷의 무늬와 같이 일정하게 반복되는 패턴에 대해 알아보거나 이야기 나눈다. | ① | ② | ③ | ④ |
| 나(교사)는 유아들과 블록, 자석 교구 등을 가지고 구성하고 싶은 모양을 만들면서 필요한 블록의 모양이나 쌓는 방법 등에 대해 이야기 나눈다. | ① | ② | ③ | ④ |
| 나(교사)는 유아들과 블록이나 모래놀이 도구 등이 무거운지 가벼운지 이야기 나눈다. | ① | ② | ③ | ④ |
| 나(교사)는 유아들과 블록이나 모래놀이 도구 등이 무거운지 가벼운지 이야기 나눈다. | ① | ② | ③ | ④ |
| 나(교사)는 유아들과 비즈팔찌나 구슬꿰기 등의 놀이를 하며 규칙적인 패턴을 만들어 본다. | ① | ② | ③ | ④ |

** 연구논문의 질문항목을 사용하여 질문지를 구성함 **

| 질문 지법 | • 수학적 상호작용 척도의 타당화 연구를 위한 적합도를 구하는 과정이 포함된 질문지 구성 확인.<br>• 302명의 교사를 대상으로 하였고, 지역의 거리와 코로나19로 인한 대면 설문이 아닌 온라인으로 질문지를 구성하여 실시 |
|---|---|

## Activity

### Activity 9-1

다음은 그림책을 활용하여 질문지 구성에 필요한 관찰대상의 특성을 살펴보고자 합니다. 그림책「지각대장 존」을 읽고 관찰대상으로 존의 특성을 살펴보기 위한 요인별 특성에 대해 기록해 보세요.

* 도서 정보 : 지각대장 존(비룡소)/ 존버닝햄

■ 기질요인

∘

∘

∘

∘

■ 발달요인

∘

∘

∘

∘

■ 환경요인

∘

∘

∘

∘

■ 신체적 요인

∘

∘

∘

∘

## Activity 9-2

**다음은 걸음마기 영아의 떼쓰는 행동을 살펴보기 위해 질문지를 구성하고자 합니다. 관찰 행동을 살펴보기 위한 요인별 질문을 구성하여 기록해 보세요.**

■ 기질요인

◦

◦

◦

◦

■ 발달요인

◦

◦

◦

◦

■ 환경요인

◦

◦

◦

◦

■ 신체적 요인

◦

◦

◦

◦

# 참고문헌


## 단행본

- 김영태, 성태제, 이윤경(2003). **취학전 아동의 수용언어 및 표현언어 발달척도**. 서울: 서울장애인종합복지관.
- 성미영, 전가일, 정현심, 김유미, 정하나(2021). **아동관찰 및 행동연구(2판)**. 서울: 학지사.
- 정희정, 은백린, 김성우, 유희정, 엄소용, 김준식, 이영목, 임병찬, 고성은, 권정이, 나동욱, 이지선, 박수빈, 유한익, 노동현, 홍민하(2016). **발달 정밀 평가 안내**. 질병관리청 만성질환예방과.
- 최정윤(2013). **제2판 심리검사의 이해**. 서울: 시그마프레스.
- 황해익, 최혜진, 정혜영, 권유선(2017). **아동관찰 및 행동연구**. 서울: 공동체.

## 논문

- 김지연, 권기남(2022). 유아교사의 수학적 상호작용 척도 타당화 연구. **유아교육복지학회, 26**(1), 7-31.

Chapter

# 10

# 면접법
## (Interview Method)

## 1. 면접법의 정의

면접법은 교사와 부모, 의사소통이 가능한 아동, 그 외 필요한 대상과 대면으로 대화를 통해 알고자 하는 정보를 수집하는 것이다. 이는 라보브(Labov)가 제보자로부터 다량의 자연 발화 성격을 가진 언어 자료를 수집하기 위해서 개발한 것으로, 직접 특정한 상대와의 면담을 통해 결과를 얻는 자료수집 방법이다. 대상자와의 면접은 사회적 상호작용으로 신뢰감과 친밀성을 기본으로 해야 조사의 목표에 도달하여 결과를 얻을 수 있다. 효과적인 면접을 위해 적극적 조사를 하는 것은 좋은 인상을 줄 수 있으나 너무 적극적일 경우 자료수집의 목적 수단으로만 보일 수 있으므로 주의해야 한다.

이처럼 효과적인 면접으로 성공하기 위해서 라보브는 성공적인 면접의 성공요건을 다음과 같이 제시하였다. 첫째, 제보자가 면담 상황이라는 것을 인식하지 않고 답변에 몰두할 수 있는 주제를 질문한다. 둘째, 면접자와 피면접자 간의 권력 불균형을 해소하려는 노력과 함께 면접자가 제보자의 언어 변종, 언어 공동체, 지역 문화를 배우려는 학습자적 자세를 갖는 것이 중요하다. 셋째, 제보자가 편안하게 느낄 수 있게 되도록 이해하기 쉬운 표현을 쓰는 것이 필요하고, 때론 제보자의 언어에 가까운 말씨와 말투를 쓰려는 노력이 필요하다. 면접법에서 사용되는 정형화된 언어가 따로 있지는 않지만 라보브는 고전적 면담 방법에서 5가지의 말투로 편한 말투, 주의하는 말투, 지문 읽기 말투, 단어 목록 읽기 말투, 최소 대립쌍 읽기 말투를 제안하였다.

## 2. 면접법의 특징

면접법은 훈련받은 면접자와 면접 대상자가 직접적이고 자연스러운 일상적인 말투로 상호관계를 형성하고 면접을 통해 대상자에 대해 얻고자 하는 정보를 수집하는 방법이다. 주로 임상적 진단이나 상담 및 치료에서 사용하였으나, 최근에는 피면접자의 감정, 가치관을 파악하는 데 유용하게 사용된다(안선희 외, 2015). 면접자는 면접 대상자가 쉽게 이해할 수 있도록 질문하고 필요에 따라 추가적인 질문도 할 수 있는 융통성을 발휘해야 하며, 응답뿐 아니라 비언어적 행동이나 주변환경과 같은 정보도 함께 관찰해야 하므로(황해익 외, 2021), 고도의 기술과 훈련이 필요하다. 즉, 면접법은 질문지법에서 예비조사, 다른 관찰 보고서, 질문지 자료를 보충할 때 활용할 수 있으므로 다양한 목적을 가지고 사용된다.

## 3. 면접법의 유형

면접법의 유형은 크게 4가지의 유형으로 구분할 수 있다. 먼저, 구조화된 정도에 따른 분류유형으로는 구조화된 면접법, 비구조화된 면접법, 반구조화된 면접법이다. 둘째, 면접의 분류 지시 정도에 따른 분류유형으로는 지시적 면접, 비지시적 면접이다. 셋째, 면접자가 면접 대상자를 대하는 정도에 따른 분류유형으로는 직접 면접법과 간접 면접법이다. 마지막으로 면접 대상자의 수에 따른 분류유형으로는 개별면접과 집단 면접으로 구분된다.

### 1) 구조화된 정도에 따른 분류

구조화된 정도에 따른 분류유형으로는 구조화된 면접법, 비구조화된 면접법, 반 구조화된 면접법으로 구분된다. 먼저, 구조화된 면접법은 미리 선정된 동일한 질문 내용을 대상자에게 질문하는 것으로 표준화 면접이라고 한다. 구조화된 면접법은 사전에 치밀한 계획을 세워 내용의 순서를 정해 면접을 진행하는 방법으로 신뢰도가 매우 높으며, 자료의 처리가 쉬워 비구조화된 면접법보다 다량의 정보와 객관적인 자료를 수집할 때 매우 유용하다. 따라서 구조화된 면접법은 미숙한 면접자도 면접자 훈련을 받으면 면접의 오류를 최소화하여 진행할 수 있는 장점이 있다. 그러나 면접자가 추가적인 상황에 대해 융통성을 발휘할 수 없으므로 면접의 계획 이외의 내용을 파악하기 어렵다는 단점이 있다.

비구조화된 면접법은 사전에 면접의 목적만 명시되고 결정된 질문의 주제 없이 자유롭게 응답자의 반응과 면접 상황이 중심이 되어 면접 방향을 조절하는 것으로 비표준화 면접이라고 한다. 비구조화된 면접법은 구체적인 면접을 계획하지 않고 핵심 질문과 대략적인 면접으로만 계획하기 때문에 면접자가 전적으로 진행하게 된다. 따라서 면접자와 응답자(피면접자) 간에 공감대가 형성되어 목적에 대한 깊이 있는 내용과 새로운 사실을 얻을 수 있다는 장점이 있다. 반면, 면접자의 자질과 훈련의 정도에 따라 응답의 결과에 영향을 줄 수 있어 정보를 표준화하거나 부호화하기는 어렵다는 단점이 있다.

마지막으로 반 구조화된 면접법은 일정한 수는 구조화된 질문을 하고 그 외의 질문은 비구조화하는 방법으로 면접자가 융통성 있게 질문과 면접을 계획하여 진행하는 방법이다. 즉, 구조화된 면접법과 비구조화된 면접법의 장단점을 보완한 형태로 면접자가 융통성 있게 진행하는 면접 방법으로 가장 많이 사용된다.

## 2) 면접의 지시 정도에 따른 분류

면접의 지시 정도에 따른 분류유형은 지시적 면접법과 비 지시적 면접법으로 구분된다. 지시적 면접법은 면접자가 전 과정을 진행함으로써 면접 전체를 통제하는 방식으로 응답자의 반응을 이미 설정된 응답의 선택지 안에서 선택하도록 통제하는 방식이다. 이는 응답자가 예상 밖의 응답을 하는 상황을 줄이고, 주제에서 벗어나지 않게 하며, 면접의 속도를 면접자가 조절할 수 있다는 장점이 있다. 반면, 아동이나 면접을 어려워하는 대상에게는 사용하기 어렵고, 면접 주제의 폭이 좁다는 것이 단점이다.

비 지시적인 면접법은 면접 상황을 면접자가 주도하여 통제기능 없이 자유롭게 진행하는 면접 형태로 면접 상황에서 응답자가 자유롭게 하고 싶은 이야기를 하도록 하는 방법이다. 이는 아동이나 면접을 어려워하는 대상에게 사용하기 유리하다는 장점이 있다. 반면, 예상하지 못한 응답으로 인하여 주제가 어긋나는 상황이 발생하여 면접 자체가 무의미해질 수 있다는 단점이 있다.

### 3) 면접자가 면접 대상자를 대하는 방법에 따른 분류

면접자가 면접 대상자를 대하는 방법에 따른 분류유형은 직접 면접법과 간접 면접법으로 구분된다. 직접 면접법은 면접자와 응답자의 대면 상황에서 대화로 필요한 정보를 수집하는 방법으로 가장 일반적인 면접법이다. 이는 응답자의 비언어적 반응과 추가적인 환경 정보를 수집할 수 있으므로 다양한 자료를 수집할 수 있다는 장점이 있다. 반면, 직접적으로 면접을 실시하기 때문에 비용과 시간이 많이 소요되고, 장소가 제한적일 수 있으며, 응답자의 비언어적 응답을 면접자가 왜곡하여 면접자의 개인적 의견으로 치중되는 경향이 있을 수 있고, 익명성이 보장될 수 없다는 단점이 있다.

간접 면접법은 직접적으로 만나는 상황이 아닌 전화, 화상 면접 등과 같이 간접적으로 면접을 실시하는 방법을 말한다. 이는 직접 면접법에 비해 저비용, 장소와 거리 등의 무제한, 익명성 보장으로 면접자의 주관적인 의견이 줄어든다는 장점이 있다. 반면, 통제되지 않는 상황에서의 발생할 수 있는 응답률과 신뢰성 결여, 비언어적 응답에 대한 정보수집 불가, 대리응답 등으로 인하여 자료를 사용하지 못할 수 있다는 단점이 있다.

### 4) 면접 대상자의 수에 따른 분류

면접 대상자의 수에 따른 분류유형은 개별면접과 집단 면접으로 구분된다. 개별면접은 1:1로 면접하는 형식으로 면접자와 응답자 간의 신뢰와 민음을 바탕으로 한 진솔한 대화를 통해 다양한 정보를 얻을 수 있다는 장점이 있는 반면, 시간과 비용이 많이 드는 단점도 있다.

집단 면접은 2명 이상의 면접자와 대상자들이 면접하는 방법으로 다양한 정보를 짧은 시간에 얻을 수 있다는 장점이 있는 반면, 면접자의 융통성과 능숙한 면접의 기술로 집단 면접을 진행할 수 있어야 한다. 따라서 집단 면접은 면접을 진행하기 전 참여 대상자의 일정 취합 및 동질적인 집단을 모집해야 하므로 다른 면접법에 비해 사전 준비가 필요한 면접법이다.

## 4. 면접법의 장단점

면접법은 질문지법과 달리 응답자에게 서면으로 주어지는 것이 아니라 직접 질문을 하여 응답을 받아 기록하는 것으로 사회과학연구에 가장 많이 활용되는 연구 방법 중 하나이다. 다음은 면접법의 장점과 단점에 대한 설명이다.

### 1) 면접법의 장점

첫째, 대상자의 상세한 정보획득과 정확한 응답을 얻을 수 있다.

면접법은 면접자와 응답자가 개별적 상황에서 질문과 응답을 주고받으면서 정보를 수집하므로, 대상자의 비언어적 행동, 주변 환경, 준비하지 못한 내용 이외에 추가적인 질문으로 대상자의 상세한 정보획득이 가능하다. 또한 면대면으로 진행하므로 응답 확률이 높아 표준화할 수 있다.

둘째, 주변 환경의 통제가 가능하므로 다른 평가 방법과 병행가능 하다.

면접을 실시 하기 전 주변 환경에 대한 통제가 가능하므로 면접법 이외의 질문지법이나 다른 평가도 함께 병행할 수 있다. 이때 병행하는 평가 방법에 면접법이 보충적인 역할을 할 수 있다.

셋째, 면접법은 적용대상의 범위가 넓다.

면접법은 면접 적용 대상자가 제한적이 아니라 모두 해당한다는 것이 가장 큰 장점이며, 교육 수준이 낮아도, 연령이 낮아도 무관하다. 따라서 글을 읽고 쓰지 못하는 아동의 생각을 알아보기 위해 좋다.

다섯째, 응답에 대한 제3자의 개입을 막을 수 있다.

면접자와 응답자가 1:1로 면접을 진행하므로 다른 사람의 의견이 응답자에게 영향을 미칠 수 없다.

### 2) 면접법의 단점

첫째, 면접을 위한 절차가 복잡하고 정보가 포괄적이지 못하다.

면접을 준비하기 위하여 대상자 선정, 일정 잡기, 주제에 따른 면접 내용 선정, 면접 장소 선정 등의 절차가 복잡하고, 개인적 주제에 대해서는 응답자 간 동일한 응답을 받기 어려워 정보가 포괄적이지 못할 수 있다.

둘째, 면접자는 면접 당일 대상자의 컨디션을 고려해야 한다.

면접 당일에 참여하는 대상자가 피로하거나 면접 상황이 불편한 경우 응답에 부정적`인 영향을 초래할 수 있다. 따라서 면접자는 응답자의 예측하기 어려운 상황도 고려해야 한다. 특히 아동의 경우 면접 상황에 따라 응답의 질이 달라지므로 아동의 컨디션을 먼저 챙기는 것이 중요하다.

셋째, 응답 결과에 대한 표준화가 없고 편견이 개입될 가능성이 높다.

면접자와 대상자가 정형화된 질문으로 면접을 하지 않을 경우나 지역 차이, 분포 대상의 특성을 생각하지 않고 분석할 때 응답 결과에 대해 일반화 및 표준화할 수 없으며, 면접자의 주관적인 반응으로 편견이 개입되어 응답자의 응답에 영향을 미칠 수 있다.

넷째, 시간과 노력, 비용 소요가 많다.

지역, 거리 등 분포지역과 거리가 넓을수록 시간과 노력, 비용이 많이 소요된다.

다섯째, 면접자의 특별한 훈련이 필요하다.

면접법은 대상자를 1:1로 만나 진행하는 방법으로 면접자의 준비 정도, 숙련에 따라 결과가 달라질 수 있으므로, 면접자는 면접 방법 및 의사소통 방법 등에 대한 특별한 훈련이 필요하다. 특히 예외적인 대상을 면접할 때 미리 대상자에 대한 정보를 알고 사전에 준비해야 한다.

## 5. 면접법의 지침

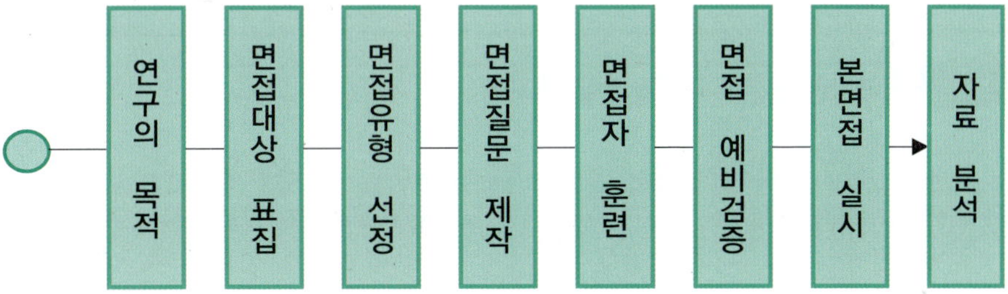


**[그림 10-1] 면접법의 절차**

면접법을 실시하려면 일정한 면접법 실시계획이 수립되어야 한다.

첫 번째 단계로 면접법은 연구의 목적에 따라 그 사용이 달라지므로 명확한 목적에 대한 정의가 필요하다. 이때, 면접자와 응답자의 수준, 환경, 면접과 질문의 유형 등은 목적에 따라 선별되어야 한다. 두 번째 단계로는 면접 대상의 표집이다. 면접 대상은 연구의 목적이 양적인지 질적인지에 따라 면접 대상을 표집해야 한다. 세 번째 단계로는 면접유형의 선정이다. 어떠한 질문의 유형을 선별할 것인지에 따라 구체적인 질문의 구조, 내용, 순서 등을 결정할 수 있다. 네 번째 단계로 면접 질문 제작이다. 면접에 대한 질문 문항의 제작은 구조화의 정도에 따라 기준을 고려하여 개방형, 폐쇄형 질문을 준비하고 사전에 전체적인 내용에 따라 정하는 것이 바람직하다. 다섯 번째 단계로는 면접자의 훈련 및 면접 예비 검증이다. 면접자에게 면접의 취지와 목적을 설명하고 유의점을 설명해야 한다. 연구자는 면접 시범을 보여 면접자가 숙지하도록 하고, 면접 질문지를 숙달되도록 한 뒤 예비 검증을 위해 00명을 선정하여 예비 면접을 실시해야 한다. 여섯 번째 단계로는 본 면접을 실시한다. 본 면접을 실시할 때 면접자는 응답자(피면접자)가 진솔한 응답을 할 수 있도록 분위기를 조성하고, 응답자의 응답을 기록한다. 마지막으로 면접자는 응답자의 기록물을 수집하여 자료를 분석한다. 폐쇄형 질문에 대한 자료 분석일 경우 각 질문에 대한 자료를 양적으로 분석하여 응답에 대한 빈도, 횟수, 경향을 결과로 제시한다. 개방형 질문일 경우 결과 내용을 질적으로 분석하여 응답에 대한 범주화 및 서술식 결과로 제시한다.

**표 10-1 개방형 질문과 폐쇄형 질문 비교**

| 개방형 질문 | 폐쇄형 질문 |
|---|---|
| • 특징적인 반응을 얻을 수 있음<br>• 자유로운 응답으로 추가적 질문을 필요로 함<br>• 새로운 정보수집 가능 | • 피면접자의 개인적 반응을 통제<br>• 일탈행위(아동학대, 범죄 등)에 관한 질문에 유용<br>• 피면접자에 대한 통찰이 없는 경우 유용 |

**Activity**

다음에 제시한 내용에 따라 면접을 실시한 후 〈Activity 10-1〉에 작성해 보세요

## 6. 면접법의 실제

### 1) 면접법의 예시 I – 유아의 친사회적 행동 검사

McGinnis와 Goldstein(1990)이 제작한 기술상황척도(Skill Situations Measure)를 이원영, 박찬옥, 노영희(1993)가 번안·발췌·수정하여 '유아의 친사회적 행동 검사도구'로 제작한 도구이다.

#### (1) 친사회적 행동 반응 검사지

표 10-2 친사회적 행동 반응 검사

| 아동 이름 | | 나이(월령) | 세 | 성별 | 남, 여 | |
|---|---|---|---|---|---|---|
| 요인 | 내용 | | | 유아의 언어적 반응 | 점수 | |
| | | | | | 사전 | 사후 |
| 개인 조절 능력 | 1. 친구로부터 소외당할 때 | | | | | |
| | 2. 무조건 화가 날 때 | | | | | |
| | 3. 친구가 놀릴 때 | | | | | |
| | 4. 친구가 공평하지 않을 때 | | | | | |
| | 5. 잘못된 행동을 한 후 벌을 받을 때 | | | | | |
| 대인 관계 형성 능력 | 6. 친구들 놀이에 새로 참여하려 할 때 | | | | | |
| | 7. 자기 차례를 기다려야 할 때 | | | | | |
| | 8. 친구의 슬픈 마음을 위로해야 할 때 | | | | | |
| | 9. 친구와 놀잇감을 나누어 가지고 놀아야 할 때 | | | | | |
| | 10. 친구를 도와주어야 할 때 | | | | | |
| 유치원 적응 능력 | 11. 생각이나 느낌을 용기 있게 말해야 할 때 | | | | | |
| | 12. 양해를 구해야 할 때 | | | | | |
| | 13. 지시에 따라야 할 때 | | | | | |
| | 14. 힘들어도 열심히 해야 할 때 | | | | | |
| | 15. 상황에 알맞게 부탁해야 할 때 | | | | | |
| 계 | | | | | | |

### (2) 친사회적 행동 도구 그림 검사지

**표 10-3** 친사회적 행동 도구 그림 검사지

| 1) 개인정서조절능력 | |
|---|---|
| (1) 너와 영희는 매우 친한 친구야.<br>그런데 영희가 너랑 놀아주지 않고<br>다른 친구와 놀고 있어.<br>그래서 너는 기분이 좋지 않아 졌어.<br>이럴 때 너는 어떻게 하겠니? |  |
| (2) 너는 지금 화가 너무 많이 났어.<br>이럴 때 어떻게 하면 좋겠니? |  |
| (3) 너가 놀고 있는데 친구가 와서<br>"돼지야"라고 놀렸어.<br>이럴 때 너는 어떻게 하겠니? |  |
| (4) 유치원에서 다 같이 쓰고 있는<br>크레파스를 친구가 혼자 쓰고 있어.<br>그런데 너도 그림을 그리고 싶은데<br>친구는 주지 않고 자기 것이라고 하고<br>있어. 어떻게 해야겠니? |  |
| (5) 너가 화가 많이 나서 친구를 때렸어.<br>맞은 친구가 울자 선생님께서 오셔서<br>"친구가 왜 울고 있니?"라고 물었어.<br>이때 너는 어떻게 하겠니? |  |

| 2) 대인관계형성능력 | |
|---|---|
| (6) 친구들이 재미있게 놀고 있어.<br>너도 같이 놀고 싶어.<br>어떻게 하면 좋겠니? |  |
| (7) 친구가 그네를 타고 있어.<br>아직 너 차례가 되지 않았는데<br>너는 그네를 타고 싶어.<br>너는 어떻게 하면 좋겠니? |  |
| (8) 친구가 슬퍼하고 있어.<br>그럼 너는 어떻게 하겠니? |  |
| (9) 많은 장난감이 너 앞에만 있어.<br>그런데 친구도 그 장난감을<br>가지고 놀고 싶어 해.<br>이럴 때 너는 어떻게 하겠니? |  |
| (10) 친구가 물건을 많이 가지고 가는데<br>문을 열 수가 없어.<br>이럴 때 너는 어떻게 하겠니? |  |

<table>
<tr><th colspan="2">3) 유치원적응능력</th></tr>
<tr><td>(11) 너는 놀잇감을 가지고 놀다가<br>친구에게 빼앗겼어.<br>이때 친구에게 어떤 말을 해야 하겠니?</td><td></td></tr>
<tr><td>(12) 너가 동화를 듣고 싶은데<br>앞 친구 때문에 동화책이 보이지 않을<br>때는 어떻게 해야겠니?</td><td></td></tr>
<tr><td>(13) 자유놀이 시간에 재미있게 놀고 있는데<br>선생님이 모이는 시간이라고 하시는 거야.<br>너는 어떻게 하겠니?</td><td></td></tr>
<tr><td>(14) 선생님이 색종이 접기를 하라고<br>주셨어. 그런데 너는 색종이 접는 것이<br>어려워. 이럴 때 어떻게 해야 하겠니?</td><td></td></tr>
<tr><td>(15) 너는 가위가 필요한데 어디에 있는지<br>몰라서 선생님께 물어보려고 하는데<br>선생님은 다른 친구하고 책을 읽고 계셔.<br>어떻게 하면 좋겠니?</td><td></td></tr>
</table>

### (3) 친사회적 행동 도구 채점방법

친사회적 행동 검사는 자유선택 활동 시간에 면접자와 아동이 1:1 개인 면접 방식으로 진행된다. 검사를 위해 아동과 충분한 라포를 형성한 후 아동에게 15개 문항의 그림 자료를 하나씩 제시하며 이야기를 들려준다. 이후 각 이야기 내용에 따른 아동의 언어적 반응을 기록한다. 이때, 면접자는 아동이 반응을 보이지 않아도 재촉하거나 다시 질문하여 응답을 유도하지 않고 기다린다. 단, 30초 시간이 지나도 반응이 없는 경우 무반응으로 처리한다.

채점 방법은 아동의 반응을 '친사회적 반응', '반사회적 반응', '무관련 반응', '무반응' 4가지로 구분한다. 점수는 친사회적 반응에 만 1점을 주고 나머지 반응은 0점으로 채점하며, 각 영역의 총점은 5점이다. 따라서 개인조절 능력 5점, 대인관계 형성 능력 5점, 유치원 적응 능력 5점으로 총 15점이다.

**표 10-4 친사회적 행동 검사 그림 검사지 채점방법**

| | 영역 | 반응 | 구체적 내용 | 점수 |
|---|---|---|---|---|
| 채점 대상 반응 범주 | 친구로부터 소외당할 때 | 친사회적 행동 | · 새로운 친구를 사귀어 같이 논다.<br>· 나도 친구잖아 다 같이 놀자.<br>· ○○에게 소개시켜 달라고 한다. | 1점 |
| | | 반사회적 행동 | · 왜 나랑 안 노니? 나랑 놀자.<br>· 놀이를 방해한다.<br>· 넌 왜 내 친구랑 노니? | 0점 |
| | | 무관련, 무반응 | · 친사회적 반응이더라도 언어로 대답을 하지 않을 경우 무관련 반응 | 0점 |

출처: 장철순(2020)

### 2) 면접법의 예시 II – 유아 도형 창의성 검사(K-FCTES)

유아 도형 창의성 검사(K-FCTES : Korean Figural Creativity Test for Young Children)(전경원, 2001)는 도형 그리기를 통해 유아의 창의성을 측정하는 도구로 만 4-6세까지 측정한다([그림 10-2], <표 10-5> 참조).

이 검사는 영역별로 유창성, 독창성, 민감성, 개방성을 측정하며 유아의 창의적인 능력과 성향을 동시에 파악할 수 있다. 또한 검사 결과에 따라 개인의 수준에 적절한 지도방안 및 활동의 예시를 제시해 주어 교육기관과 가정에서 유아의 창의성 발달을 위한 구체적인 역할을 제공할 수 있다.

하위 검사는 소검사 1과 2로 구성되어 있으며, 소검사 1은 '으뜸 도형으로 그리기'로 갓의 일부분을 제시하고, 이를 이용하여 연상되는 모양으로 완성하는 것으로 총 18개의 같은 도형이 제시되며, 유창성과 독창성을 측정한다. 소검사 2는 '모듬 도형으로 그리기'로 제시된 5개의 도형(갓의 일부분, 之의 변형, 수막새 일부분, 태극무늬의 일부분, 점)을 이용하여 자유롭게 표현하는 것으로 개방성과 민감성을 측정한다(<표 10-6> 참조).

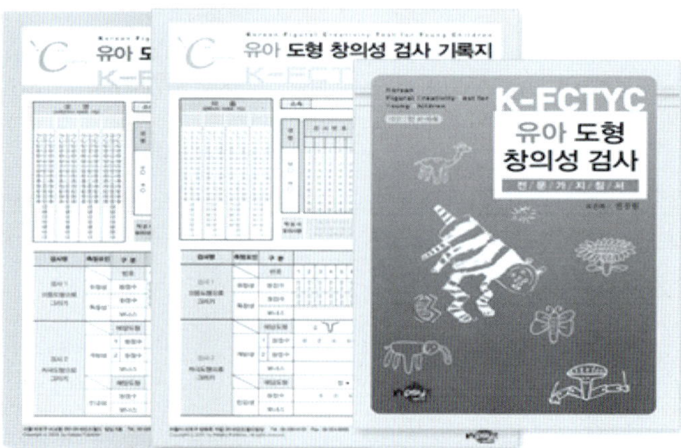


[그림 10-2] 유아 도형 창의성 검사

**표 10-5 유아 도형 창의성 검사**

<table>
<tr><td>시간</td><td>약 35분 소요 (별도의 검사지에 창의성 검사 실시)</td></tr>
<tr><td>조사원<br>주의 사항</td><td>• 준비물 제시 : 검사지, 연필, 지우개,<br>타이머(타이머 활용 불가능 시 핸드폰 타이머 사용)<br>• 그림 제목 붙이기 작성 시, 글씨를 쓸 수 없는 아동의 경우 조사원의 도움 받아 기재 후 특이사항으로 보고</td></tr>
<tr><td>검사<br>시나리오</td><td>• "지금부터 2종류의 창의력 검사를 할 거야. 한 검사마다 5분 동안 그림을 완성하고, 5분 동안 제목을 쓰면 된단다."<br><br>• (면접자가 검사지를 한 장 넘긴다)<br>"어떤 친구가 그려져 있는 도형을 이용해서 아래와 같이 갓을 그렸어."<br>"○○(이)도 이 도형을 이용해서 그림을 그려보자."<br>"단, 보기와 다른 모양으로 그려야 해."<br><br>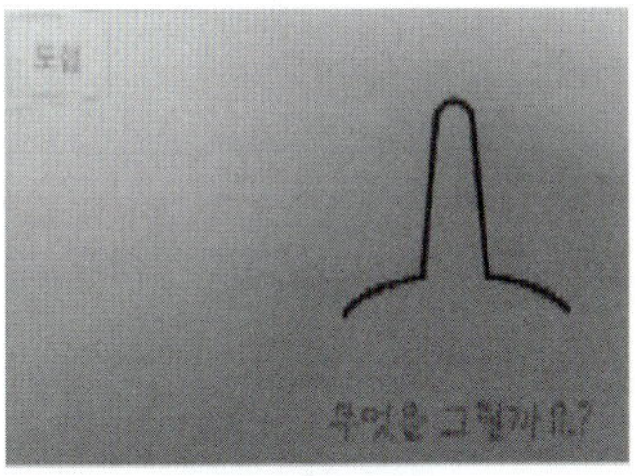<br>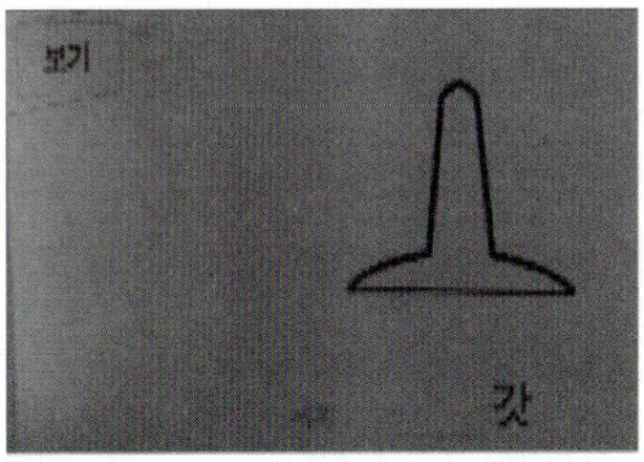<br><br><br>• (면접자가 검사지를 한 장 넘긴다)<br>"이제 시작해 보도록 하자."<br>"5분 안에 다양한 그림을 그려보자."<br>"시작(타이머를 누른다)"<br><br>• (5분 후 타이머가 울리면)<br>"그만."<br>"이제 그린 그림 아래에 5분 동안 제목을 붙여보도록 하자."<br>"시작(다시 타이머를 누른다)."<br><br>• (5분 후) "그만."<br><br>• (면접자가 검사지 11쪽을 펼친다)<br>"다양한 도형들이 그려져 있지?"<br>"이 도형들을 이용해서 5분 동안 그림을 그려주면 돼."<br>"시작."</td></tr>
</table>

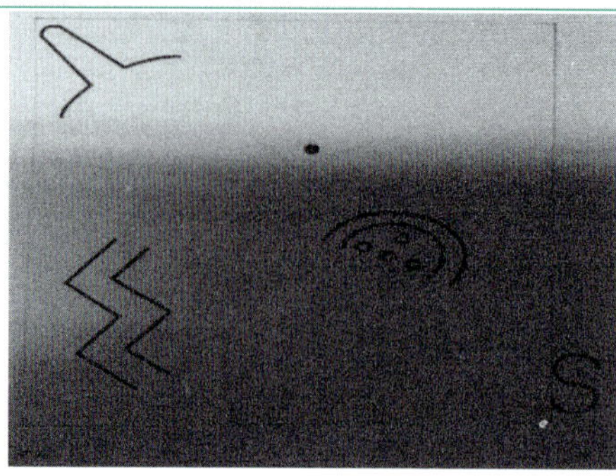

· (5분 후)
"그만."
"이제 그린 그림 아래에 5분 동안 제목을 붙여보자."
"시작."

· (5분 후)
"그만."
"이제 모든 조사가 끝났어."

출처: 한국아동패널 10차(2017년) 아동대상 (CAPI) 질문지

**표 10-6 유아 도형 창의성 하위영역 및 채점 기준**

| 검사명 | 측정요소 | 구분 | 채점기준 | 점수 |
|---|---|---|---|---|
| 검사1 으뜸 도형으로 그리기 | 유창성 | 유창성 | 적절한 사용 유무에 따라 | 0, 2 |
| | 독창성 | 독창성 | 전체 피험자의 5% 이하 반응 | 0, 2 |
| | | 보너스 | 도형들 간의 연합 사용 유무에 따라 | 0, 5 |
| 검사2 모듬 도형으로 그리기 | 개방성 | 개방성1 | 으뜸 도형, 버금 도형의 개방 정도에 따라 | 0, 2, 4, 6 |
| | | 개방성2 | 으뜸 도형, 버금 도형, 딸림 도형의 연결 정도에 따라 | 0, 2, 4, 6 |
| | | 보너스 | 으뜸 도형, 버금 도형의 방향 전환에 따라 | 0, 3, 5 |
| | 민감성 | 민감성 | 딸림 도형의 사용 정도에 따라 | 0, 2, 4, 6 |
| | | 보너스 | 딸림 도형의 완성 정도에 따라 | 0, 3, 5 |

출처: 전경원(2001)

## 척도연구

# 유아교육기관의 물리적, 학습적 교실환경과 유아의 일과활동 선호도 간의 관계

**연구자 : 전은옥, 최나야(2016)**

출처: 유아교육복지학회. 2016, Vol. 20, No. 4. pp. 9-34.

| 연구내용 | |
|---|---|
| 연구 목적 | 연구는 유아교육기관의 물리적, 학습적 교실환경과 유아의 기관 일과활동 선호도 간의 관계를 살펴보는 것을 목적으로 함 |
| 연구 대상 | ◦ 서울, 인천, 경기도, 충청도, 경상도 어린이집 6기관과 유치원 15기관 총 21개 기관<br>◦ 만 5세 유아 255명<br>◦ 학급 교사 21명을 대상 |
| 연구 방법 | ① 일과활동 선호도- 최나야 '유아용 기관 일과활동 선호도검사'<br>② 유아교육기관 교실의 물리적 환경-심우경, 김민경(2013)의 유치원의 물리적 환경 척도를 수정・보완<br>③ 유아교육기관 교실의 학습적 환경- Smith & Dickinson(2002)이 개발한 'Early Language & Literacy Classroom Observation(ELLCO)'을 번안・수정<br>◦ 이를 위해 예비조사 실시<br>◦ 어린이집과 유치원을 방문하여 유아들에게 일대일 면접조사를 실시 |
| 자료 분석 | ◦ 교실 환경의 집단 간 차이<br>: 일과활동선호도, 교실 물리적, 학습적 환경을 100점으로 환산하여 t검정 실시<br>◦ 유아의 일과활동 선호도와 교실환경의 상관 : Pearson 상관분석을 실시<br>◦ 일과활동 선호도의 종류별, 교실환경 영향력<br>: 단계적 회귀분석(Stepwise)을 실시 |

**【면접방법】**

◦ 장소 선정
: 유아들이 활동하지 않는 강당
: 책상 1개와 의자 2개를 놓고 유아와 마주보고 앉음

◦ 검사 지침 안내

: "○○(이)가 유치원(어린이집)에 다니면서 읽기, 수학, 미술, 놀기와 같은 많은 활동을 했을 거야. 어떤 활동은 네가 좋아하는 것일 수도 있고, 어떤 활동은 보통이고, 어떤 활동은 별로 좋아하지 않을 수 있어. ○○(이)가 어떤 활동을 좋아하고, 어떤 활동을 싫어하는지 골라주면 돼. 이 카드에 있는 네 가지 표정을 볼래? 선생님이 ○○(이)가 유치원(어린이집)에서 하는 활동 한 가지를 말하면서 그림을 보여줄 거야. 좋아하지 않는 활동이면 이 표정(찡그린 표정을 가리킨다), 그럭저럭 보통이라고 생각하는 활동이면 이 표정(중립적인 표정을 가리킨다), 좋아하는 활동이면(미소 짓는 표정을 가리킨다), 정말 많이 좋아하는 활동이면 이 표정(활짝 웃는 표정을 가리킨다)을 고르면 돼. 틀린 답은 없어."하고 설명

◦ 검사 진행

: 검사자가 각 문항을 읽어주며 그림 카드를 보여주면 유아는 해당 활동을 싫어하거나 좋아하는 정도를 네 가지의 표정 그림을 활용해 선택하도록 함

◦ 검사 시간

: 유아 당 검사 시간은 약 10분이 소요.

| 면접법 | • 1:1 면접 조사(연구자들 참여 및 진행)<br>• 어린이집과 유치원을 방문하여 유아들에게 일대일 면접조사를 실시<br>(개인 정적/동적 활동, 집단 정적/동적 활동에 대한 선호도 수준을 조사) |
|---|---|

## Activity

### Activity 10-1

**예비교사에 관련한 질문입니다. 2인 1조가 되어 면접자는 질문을 잘 읽고 대상자에게 자연스럽게 질문하신 후 기록하시기 바랍니다. (* 면접자를 변경하여 진행)**

- 예비교사에게 가장 중요한 교사의 신념은 무엇이라고 생각하나요?

◦

- 예비교사로서 현장(참여, 참관 관찰)에서 어려운 점이 있다면 무엇이며, 이유도 간단히 말씀해 주시기 바랍니다.

◦

- 예비교사들에게 좋은 유아 교사란 어떤 교사일까요?

## 참고문헌


### 단행본

- 안선희, 문혁준, 김양은, 김영심, 안효진, 이경옥, 신혜원(2021). **아동관찰 및 행동연구(3판)**. 서울: 창지사.
- 이순형(2014). **아동 관찰 및 행동연구**. 서울: 학지사.
- 이원영, 박찬옥, 노영희(1993). **유아의 사회성 발달을 위한 프로그램계발 연구**. 서울: 한국어린이육성회.
- 전경원(2001). **유아 도형 창의성 검사 전문가 지침서**. 서울: 학지사 심리검사연구소.
- 황해익, 최혜진, 권유선(2021). **아동관찰 및 행동연구(3판)**. 경기: 공동체.
- 한국아동패널 10차 (2017년) 아동대상(CAPI) 질문지

### 논문

- 전은옥, 최나야(2016). 유아교육기관의 물리적, 학습적 교실환경과 유아의 일과활동 선호도 간의 관계. **유아교육복지학회, 20**(4), 9-34.
- 장철순(2020). 유아의 친사회적 행동, 생명존중인식, 자아효능감 향상을 위한 산림치유 프로그램 개발 및 효과검증. 충북대학교 박사학위논문.
- McGinnis, E, & Goldstein, A. P.(1990). *Skill streaming in early childhood : Teaching prosocial Skills to the preschool and kindergarten child*. Campaign, IL: Research Press.

Chapter

# 11

# 포트폴리오

## (Portfolio)

## 1. 포트폴리오의 정의

포트폴리오(portfolio)는 port의 "움직이다"라는 의미와 folio의 종이철(papers) 혹은 "가공물(artifacts)"이라는 두 단어가 합쳐져서 만들어진 용어로 "가지고 다닐 수 있는 자료철"을 말한다(이제경, 2009). 포트폴리오(portfolio)는 개인별 작품집을 이용한 평가 방법으로 수행 평가지나 만든 작품을 지속해서 분류하여 수집한 것으로 아동이 학습한 수행결과에 대한 진보, 수정, 자기분석, 반성의 작업이 포함된다. 따라서 포트폴리오는 아동을 이해하기 위해 한가지 또는 그 이상의 영역에서 아동이 성취한 것 혹은 노력한 것을 의도적으로 수집한 아동의 작품집으로, 아동이 무엇을 배우고, 질문하고, 사고하고 분석하고, 종합 생산하는지 그리고 타인과 지적, 정서적, 사회적으로, 상호작용하는지 기록한 것이다(정부용 외, 1998; 황해익 외, 2009 재인용). 즉 포트폴리오는 아동이 교육현장에서 활동한 그림이나 끼적이기 종이, 교사와 아동의 발화 기록문, 아동의 종이접기, 아동의 관찰일지 등 아동의 활동에서 만들어 낸 다양한 결과물을 모은 작품집이다([그림 11-1] 참조). 따라서 포트폴리오는 아동의 활동 결과물뿐만 아니라 발달 과정에 따른 변화도 가늠해 볼 수 있게 한다.

최근 유아교육현장에서는 아동에 대한 관찰 및 평가를 검사 도구를 통한 평가보다 비형식적이고 대안적인 평가 방식인 포트폴리오를 살펴보고 있다(황해익 외, 2009; Gullo, 2005). 이는 포트폴리오가 아동을 평가하는 도구로 이용된다면 아동을 장기간 걸쳐 살펴볼 수 있으므로 아동을 이해하고 평가할 수 있기 때문이다.

[그림 11-1] 포트폴리오의 예

## 2. 포트폴리오의 특징

포트폴리오는 다양한 학습 목표에서 아동의 개별화된 수업, 아동 교사의 전문성 개발, 유아교육 프로그램에 많은 가족 참여 등을 지원하고 있으며, 구성하는 과정에서 교사 개인의 속도에 따라 진행할 수 있다는 점과 더 효율적인 방법을 제시해 준다는 점, 아동이 얼마나 똑같은가를 찾기보다 어떻게 다른가를 찾아내는 데 초점을 맞춘다는 이점을 지니고 있다(Shores & Grace, 1998, 김윤주 외, 2019 재인용). 따라서 아동의 발달적 능력과 성취 수준을 고려하여 교육과정을 반영하기 위해서 지속적인 관찰을 통한 수행평가의 자료로 얻어진 포트폴리오는 객관적인 자료로 사용될 가치가 충분하다.

포트폴리오의 특징을 정리하면 다음과 같다(Mcafee & Leong, 2004).

첫째, 포트폴리오는 유동적이고 적응성이 있다.

포트폴리오에 포함되는 내용, 조직 방법, 활용 등은 아동의 연령과 발달적 수준 현재 교사가 고려하고 있는 중요한 문제나 발달 영역, 기관의 목적, 그 밖의 다른 요소들에 따라 다양하게 바뀔 수 있다.

둘째, 포트폴리오는 아동의 발달과 학습에 대한 자료를 제공한다.

포트폴리오는 아동의 독특한 관심, 지식, 기술, 기질 발달과 학습 양식들 찾아내고 기록하는 기회를 제공한다. 또한 각 아동의 독특한 자료뿐만 아니라 집단에서 수집되는 정보도 포함될 수 있다.

셋째, 포트폴리오는 아동의 능력에 촛점을 맞춘다.

포트폴리오는 다양한 방법을 이용하여 장기간 동안 아동이 할 수 있는 것에 초점을 맞추어 자료를 수집하므로 아동의 다양한 능력을 측정할 수 있다.

넷째, 포트폴리오는 아동에게 활동 선정의 기회를 제공한다.

아동은 교사와 함께 포트폴리오에 포함시킬 항목을 선정하고 반영하는데 참여할 수 있다. 따라서 포트폴리오는 교사와 아동의 의사소통 공간이 될 수 있다.

유아교육기관에서 교육 활동에서 활용하는 포트폴리오는 <표 11-1>과 같다. 다음은 교육기관에서 활용하는 포트폴리오에 대해 정의하였다.

첫째, 유아교육기관의 포트폴리오는 양육자의 참여가 필요하다.

영유아기는 발달 단계상 양육자에게 크게 의존하는 시기이며, 영유아교육 특성상 교육기관에서의 교육뿐만 아니라 가정에서의 교육이 큰 비중을 차지하기 때문에 포트폴리오는 가정으로부터 자료를 수집해야 하고, 양육자가 포트폴리오를 이용할 수 있어야 한다.

둘째, 유아교육기관의 포트폴리오 자료수집은 통합적으로 이루어진다.

아동의 신체, 언어, 사회성 등 한 특정 영역에 초점을 맞추어 포트폴리오 자료를 수집할 수도 있지만, 아동의 발달과 교육은 통합적으로 이루어지므로, 유아교육기관에서 포트폴리오 자료수집 시 아동에 대한 이해를 도울 수 있는 모든 자료를 전 발달 영역에 걸쳐 수집해야 한다. 자료를 통해 아동이 어느 쪽의 발달이 많이 이루어졌는지, 어떤 활동에 관심이 많은지, 발달을 촉진하기 위해 어떤 교육 활동을 준비해야 하는지에 대한 정보를 얻을 수 있다.

셋째, 유아교육기관의 포트폴리오는 유통성 있게 수집된다.

유아교육기관의 교육과정은 현재 국가 수준으로 표준 보육과정과 누리과정의 내용이 명시되어 있지만 그것을 어떤 활동으로 달성할 것인지는 각 유아교육기관이나 교사에 따라 융통성 있게 진행된다. 교사는 아동이 관심을 보이는 활동이나 분야에 대해 개별적 혹은 전체적 활동을 통하여 준비할 수 있다. 따라서 유아교육과정과 포트폴리오는 별개의 것이 아니라 하나의 연속된 순환 고리이다.

넷째, 유아교육기관의 포트폴리오는 새로운 교육계획에 도움을 준다.

교사는 아동의 발달과정 및 아동이 활동 중에 보이는 여러 가지 행동에 관심을 가지고 아동의 변화 과정을 관찰해야 하며, 이에 맞는 적절한 피드백을 제공해야 한다. 따라서 교사는 아동의 결과물에 초점을 두는 것이 아니라 아동이 참여하는 과정에 초점을 두고 새로운 교육계획을 수립하도록 한다.

**표 11-1 포트폴리오 자료수집을 위한 영역별 작업표본의 예**

| 구분 | 내용 |
|---|---|
| 신체 및 표현 | ◦율동, 실외놀이, 게임 등의 시간에 유아의 움직임을 체계적으로 관찰한 기록<br>◦유아들이 제일 좋아하는 게임, 운동 등의 실외활동에 대한 자기보고<br>◦노래나 영상들을 보면서 율동이나 손유희 등을 따라 하는 것을 기록한 것<br>◦손유희, 점토, 조작놀이, 쓰기도구 등을 사용할 때 체계적으로 관찰한 기록<br>◦유아가 가위질한 여러 가지 샘플<br>◦끼적이기, 글자나 숫자나 숫자를 쓴 것의 예<br>◦실 끼우기 바느질한 것의 샘플<br>◦학기 초와 학기 말에 각각 자기를 그린 자화상<br>◦신발 끈, 단추나 지퍼 잠그기 등을 관찰한 것<br>◦책상 위에서 만든 레고, 패턴 블록 등의 작품의 예를 사진이나 비디오로 녹화 |

| 구분 | 내용 |
|---|---|
| | 한 자료<br>◦평소와 다르거나 독특하게 만든 쌓기 활동물이나 프로젝트 기록물<br>◦신체를 이용하여 다양한 모양의 창의적 동작으로 표현한 것 |
| 탐 구 | ◦도표나 그림으로 정보를 표현할 수 있는 유아의 능력을 보여주는 작품의 예<br>◦유아가 활동한 여러 가지의 퍼즐, 해결된 문제들, 그리고 어떻게 해결했는가를 보여주는 예나 체계적인 관찰기록<br>◦분류, 패턴, 서열, 상징부호의 사용, 순서, 수 개념 등의 기본적인 사고과정을 수행하는 유아들이 능력을 보여주는 예들<br>◦프로젝트 접근법으로 얻어진 보고서, 전시한 것, 그림, 모델 등의 결과물들<br>◦유아가 가장 좋아하는 게임이나 퍼즐 등의 예<br>◦유아가 문제를 해결할 때 조언을 해준 힌트들의 예<br>◦유아가 요리 활동을 할 때 요리재료를 재거나 세기 활동한 사진<br>◦사물의 변화 혹은 일이 진행된 순서에 대한 이해를 나타내는 자기보고나 유도된 반응<br>◦유아들이 교실이나 놀이터에서 기록해 놓은 차트(물주기, 햇빛의 길이 등)<br>◦수학적 탐구, 적용 활동에 대한 보고서나 공동 혹은 개인 프로젝트 등에 대한 글쓰기<br>◦과학이나 수 영역의 참여 정도 등에 대한 기록<br>◦이야기 나누기나 관련 활동에서 모방이나 생각을 제시한 기록들 |
| 언 어 | ◦유아의 의사소통 능력을 보여주는 증거에 대한 교사의 체계적인 관찰기록<br>◦유아의 이해력, 개념, 어휘력에 대한 증거<br>◦유아가 책을 읽거나 보는 데 보내는 시간<br>◦집이나 학교에서 유아가 읽는 동화책의 목록<br>◦유아가 선호하는 도서의 목록<br>◦인쇄물의 기능에 대한 유아들의 이해(지도, 글자, 신문, 목록, 책 등)<br>◦유아의 책 읽기, 동극, 이야기 나누기, 주말지낸 이야기 발표 등의 사진이나 영상으로 남겨 놓은 것<br>◦유아들이 자기 자신의 일이나 활동에 대하여 쓴 글이나 코멘트<br>◦동화나 음악을 듣고 그린 그림이나 묘사들, 다양한 언어활동을 한 것<br>◦유아들이 쓰거나 혹은 받아쓰기를 한 동화를 읽은 것을 녹음한 영상물<br>◦역할 놀이(병원놀이, 우체국놀이)에서 유아들의 문자 언어활동 샘플 |
| 사회성 | ◦또래와 상호작용하는 것에 대한 체계적인 관찰기록<br>◦유아의 긍정적 또는 부정적 친구 관계에 대한 교사의 관찰과 기록<br>◦소집단 프로젝트를 할 때 협동을 잘하는지 여부<br>◦중요한 사회적 활동이나 놀이에 참여하고 있는 유아의 사진<br>◦또래와 다양한 활동참여에서 요구되는 기여도와 참여도에 대한 견본<br>◦유아의 독특함, 개별적 스타일 성격, 흉내, 성향에 대한 견본<br>◦사회적 문제를 해결하는 능력 |

| 구분 | 내용 |
|---|---|
| | ◦다른 사람과의 관계에서 주도권을 쥐는지 혹은 주로 추종자의 역할을 하는지의 여부<br>◦다양한 형태의 활동을 하는 동안 나타나는 유아의 동기 단계에 대한 자기보고와 조직적인 관찰<br>◦부모 면담을 통해 얻은 자료<br>◦사회성의 특정한 발달과 사회생활 주제영역에 대한 지식과 기술 |

출처 : 황해익(2009)

이렇듯 포트폴리오는 목적, 조직 형태, 이용의 주체에 따라 개인 포트폴리오, 학습 포트폴리오, 인수 포트폴리오 3가지로 분류되며 포트폴리오 유형에 대한 설명은 <표 11-2>와 같다(강현경 외, 2021; Shores & Grace, 1998).

**표 11-2 포트폴리오의 유형**

| 유형 | 내용 |
|---|---|
| 개인 포트 폴리오 | 아동의 개인정보를 주요 내용으로 하는 포트폴리오로 교사가 아동에 대한 기록 관찰일지나 부모 면담 기록, 가정환경조사서 등이 포함된다. 이와 같은 개인 포트폴리오는 교사가 자료의 수집 주체이며 비밀이 보장되어야 하므로 수집과 보관에 유의해야 한다. |
| 학습 포트 폴리오 | 교사와 아동이 가장 빈번하게 사용하는 포트폴리오로 수집 주체가 아동과 교사 모두 포함된다. 이것은 장기간 걸쳐 아동의 작품을 의도적으로 수집한 것으로 교육 활동 과정에서 아동이 생산한 다양한 작품, 쓰기 자료, 자기반성 기록물과 교사가 기록한 아동에 대한 기록, 교사와 교사와의 의견 교환기록, 부모와 교사와의 의견 교환기록 등이 포함될 수 있다. |
| 인수 포트 폴리오 | 아동의 1년 활동을 정리하고 새로운 학년으로 진급할 때 새로운 교사가 아동에 대해 참고할 수 있도록 자료를 정리한 포트폴리오이다. 이때 교사, 아동, 부모가 함께 협의하여 아동의 대표 작품을 선택하거나 아동의 전반적인 발달 수준에 대한 교사의 기록 등이 포함될 수 있다. |

## 3. 포트폴리오 평가

### 1) 포트폴리오 평가

포트폴리오 평가는 학자에 따라 참 평가, 대안 평가, 수행평가라고 한다. 참 평가(authentic assessment)는 실제 생활에서 의미 있고, 중요하고, 유용한 과제와 관련지어 실시하는 것, 대안 평가(alternative assessment)는 아동의 성취를 평가하기 위해 아동 또는 교사가 선택한 아동의 작업이나 작품수집에 의존하는 것, 수행평가(performance assessment)는 학습과제를 수행하는 과정이나 결과를 통하여 아동의 기술을 판단하는 것으로 정의한다(김경철 외, 2007; Elkind, 1989). 아동을 교육하는 유아교육현장에서 포트폴리오 혹은 수행평가로 불리며 아동의 성장과 성취를 평가할 수 있는 자료로 사용된다. 따라서 포트폴리오 평가는 부모나 교사가 아동의 작업 활동에 간접적으로 의사소통할 수 있게 도와주는 역할을 한다.

유아교육현장에 활용되는 포트폴리오 평가의 목적은 첫째 변화, 둘째 개별화, 셋째 교육과정, 넷째 반영, 다섯째 정보 공유에 초점을 두고 있다(Bergen, 1997). 포트폴리오의 평가 목적을 정리해 보면 첫째, 아동의 진보 및 발전을 확인하기 위한 목적이다. 포트폴리오 평가는 아동의 능력이 변화되어가는 과정을 볼 수 있으며, 일 년 동안 아동이 경험한 것에 대한 풍성한 정보를 제공해준다. 둘째, 교수 계획의 도구로 사용하기 위한 목적이다. 포트폴리오 평가는 교수 활동과 바로 연결되어 교사가 개별 아동에게 적절한 교수 계획을 수립하였는지 확인할 수 있으며, 교사의 교수-학습 과정에 대한 문제점을 인식하도록 돕는다(강숙현, 2000). 셋째, 가족 및 행정가와 의사소통을 하기 위한 목적이다. 포트폴리오 평가를 통하여 교사는 아동이 무슨 활동을 하고 있고, 어떻게 배우며, 아동의 발달과정이 어떻게 진행되고 있는지, 그리고 그 과정에서 교사가 어떤 노력을 하고 있는지에 대한 정보를 보여준다. 따라서 포트폴리오 평가는 아동의 성장과 발달을 촉진하는 교육 활동을 알고자 하는 부모 면담에서 사용되며, 기관 평가 및 동료 교사의 교육활동 평가에 활용할 수 있다.

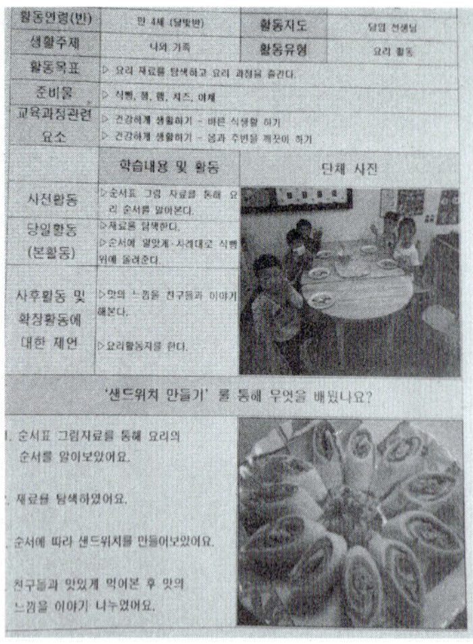

요리활동 '샌드위치 만들기'

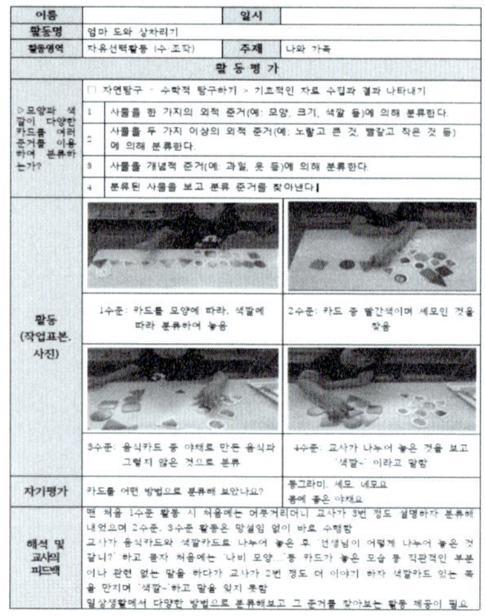

자유선택활동 '상 차리기'

**[그림 11-2] 포트폴리오의 평가의 예**

## 2) 포트폴리오 평가와 전통적 평가의 차이

포트폴리오 평가와 전통적인 평가의 차이점을 살펴보면(<표 11-3> 참조), 첫째, 포트폴리오 평가는 소요되는 기간이 길다. 정해진 시간에 같은 장소에서 일제히 실시하는 전통적인 평가와는 달리 포트폴리오 평가는 적어도 한 학기 이상 지속적으로 진행된다. 둘째, 포트폴리오 평가는 결과뿐만 아니라 과정도 중요시한다. 지필검사의 결과로 아동의 능력을 평가하는 전통적인 평가에 비해, 포트폴리오 평가는 결과물이 만들어지는 과정과 그에 대한 아동의 반성적 사고와 자기 평가를 중요시한다. 셋째, 전통적인 평가에서 교사는 평가자로, 아동은 평가를 받는 자로 역할이 정해져 있는데, 포트폴리오 평가에서는 아동과 교사가 협력하여 평가목표와 평가 준거를 설정하며, 자기 평가나 동료평가를 통해 평가를 할 수 있다(김지은, 2014).

표 11-3 전통적 검사와 포트폴리오의 비교

| 전통적 표준화 검사 | 포트폴리오 평가<br>(통합교육에서 대안적 평가) |
|---|---|
| ◦교수, 학습, 평가의 분리 | ◦교수, 학습, 평가의 결합 |
| ◦단편적 지식과 단답형을 요구하며 학습에 대한 사전지식의 영향을 평가할 수 없음 | ◦참 평가를 이용함으로써 학습에 영향을 주는 아동들의 사전지식을 중요하게 여김 |
| ◦문자 정보 자료에 주로 의존함 | ◦의미를 구성하는 데 핵심적인 추론적, 비판적 사고를 보여줄 기회를 제공함 |
| ◦평가과정 중 교사와 아동의 협동 활동이 희박함 | ◦아동과 교사가 함께 참여하면서 평가에 협동적으로 접근함 |
| ◦성적표에 성취 결과를 기록할 목적으로 분리된 상황의 활동을 이용함 | ◦학습은 의사소통을 통합하고 조정하는 다면적인 활동들을 이용함 |
| ◦아동들이 수업받은 것 중에서 제한된 범위의 과제를 평가함 | ◦아동들의 수업에서 참여했던 학습 행동의 전 범위를 나타냄 |
| ◦내용이 고정되고 미리 결정된 상황에서 아동들을 평가함 | ◦예상하지 못한 상황에서 아동이 적절히 수행하는 능력을 측정할 수 있음 |
| ◦오직 성취만을 고려함 | ◦향상, 노력, 성취와 태도를 고려함 |
| ◦아동들 자신이 학습 능력을 평가하기 위한 수단을 제공하지 않음 | ◦아동들이 자신의 학습을 점검하도록 스스로 평가하게 함 |
| ◦기계적으로 점수가 처리됨 | ◦진전과 성취를 평가하는 데 아동들을 참여시킴 |
| ◦학습에 대한 정서적 반응을 평가하는 항목들이 거의 포함되지 않음 | ◦학습에 대한 감정을 반성할 수 있는 기회를 제공함 |

출처: 김윤주 외(2019)

### 3) 포트폴리오 평가의 절차

포트폴리오 평가는 결과 중심이 아닌 과정 중심의 평가로 포트폴리오 평가의 일반적인 절차로는 계획, 실행, 평가 및 활용 단계를 많이 활용한다(김석우 외, 2000; 김지은, 2014; 황해익 외, 2009). 일반적으로 포트폴리오 평가는 아동과 교사, 아동과 환경, 아동의 발달적 상황에 대한 기술이 포함되어 있고, 아동과 기관, 가정과의 유기적인 상호작용도 포함되어 기록된다. 하지만 포트폴리오 평가는 비형식적인 평가라는 특성상 일반적으로 모든 아동에게 정형화된 평가 도구로 사용되기 어렵다. 따라서 아동의 개별적 특성과 유아교육기관의 환경, 기타 변인에 따른 제반적 상황에 따라 달리 적용하여야 한다. 왜냐하면 포트폴리오는 누가, 무엇을, 어디서, 어떻게 사용하는가에 따라 그 의미가 다르기 때문이다.

포트폴리오 평가의 일반적인 절차로의 계획, 실행, 평가 및 활용 단계를 유아교육기관의 특성을 고려하여 살펴보면 다음과 같다([그림 11-3] 참조).

|  |  |
|---|---|
| 1. 포트폴리오 평가의 **계획** | **평가에 대한 계획 세우기 단계**<br>◦평가목적 ◦아동발달특성 ◦활용 방법<br>◦수행평가의 주기 ◦평가준거 ◦참여자 등 |
| 2. 포트폴리오 평가의 **실행** | **자료를 수집하는 단계**<br>◦평가자료 ◦작품표본 ◦아동활동표<br>◦아동관찰지 ◦상담자료 ◦아동발달 특성자료 |
| 3. 포트폴리오 평가의 **조직** | **조직하는 기준을 정해 분류하는 단계**<br>◦내용마다 날짜를 기록<br>◦영역(주제)별 기록<br>◦기간(주, 월, 학기) 기록 등 |
| 4. 포트폴리오 평가 및 **활용** | **조직을 평가하고 요약하는 단계**<br>◦포트폴리오 요약서 준비<br>◦전시회 ◦인수포트폴리오 구성 |

**[그림 11-3] 포트폴리오 평가의 절차**

첫째, 포트폴리오 평가의 계획의 단계이다.

이 단계에서는 평가의 목적이 무엇인지, 평가를 위한 대상 아동의 발달 특성에 대한 배경적 정보 자료가 준비되어야 한다. 교사는 포트폴리오 자료의 활용 방법에 대해 정확하게 계획하고 있어야 포트폴리오 평가의 조직단계에서 분류를 통한 평가를 할 수 있다. 무엇보다도 평가를 위한 평가의 주기와 준거를 정하여 아동에 대한 훈련과 교육 등을 미리 준비할 수 있는 계획도 구성에 포함해야 한다.

둘째, 포트폴리오 평가의 실행단계이다.

이 단계에서는 계획된 자료를 수집하는 단계라 할 수 있으며, 아동의 평가 자료, 작품 표본, 아동의 하루일과 동안의 활동표와 통계표, 교사의 아동 관찰지, 아동-교사, 교사-부모의 상담자료, 아동의 발달 특성 자료 등 실행된 자료들을 잘 보관하고 수집하는 과정이다.

셋째, 포트폴리오 평가의 조직단계로 2단계 실행단계이다.

이 단계에서는 조직의 방법을 한가지로 설명하기는 매우 어려우며, 목적과 자료의 특징, 보관의 방법 등에 따라 차이가 있어 조직단계에서 수집된 자료들을 영역, 주제, 주기, 특성 등으로 유목화하여 분류-조직화한다. 자료수집을 하는 개별항목으로는 아동이 개별적으로 활동하는 과정에서 보여주는 개인의 독특한 성향, 태도, 지식을 보여주는 항목으로, 모든 아동에게 수집되는 오리기, 쓰기 표본, 검사기록, 교사의 관찰, 면접기록 등 포함된다(이정환 외, 2009).

마지막으로는 포트폴리오 평가와 활용의 단계이다.

이 단계에서는 실행 자료를 토대로 평가 요약서(<표 11-4> 참조)를 준비하여 정리하고, 평가가 필요할 때 작품의 표본으로 전시회를 열 수 있다. 또한 아동의 진급이나 이동에 따른 발달상황을 정리해야 할 때, 포트폴리오 평가를 바탕으로 아동의 전반적인 발달의 상황을 인수 포트폴리오(<표 11-2> 참조)에 정리하여 구성한다. 이는 부모와의 면담이나 새로운 교사에게 아동의 정보를 전달할 때 활용될 수 있도록 한다.

**표 11-4** 포트폴리오 평가 요약서(누리과정 영역 기준)

| 아동이름 | | 생년월일(성별) | ○○.○○.○○(남/여) |
|---|---|---|---|
| 기 록 자 | | 기 록 일 | ○○.○○.○○ |

| 구분 | 내용 | |
|---|---|---|
| 신체운동·건강 | 신체활동 즐기기 | |
| | 건강하게 생활하기 | |
| | 안전하게 생활하기 | |
| 의사소통 | 듣기와 말하기 | |
| | 읽기와 쓰기에 관심 가지기 | |
| | 책과 이야기 즐기기 | |
| 사회관계 | 나를 알고 존중하기 | |
| | 더불어 생활하기 | |
| | 사회에 관심 가지기 | |
| 예술경험 | 아름다움 찾아보기 | |
| | 창의적으로 표현하기 | |
| | 예술 감상하기 | |
| 자연탐구 | 탐구과정 즐기기 | |
| | 생활 속으로 탐구하기 | |
| | 자연과 더불어 살기 | |

### 4) 포트폴리오 조직 시 고려할 점

다음은 포트폴리오 평가를 위한 포트폴리오를 조직할 때 고려할 점이다(이정환 외, 2009).

① 포트폴리오를 조직하는 기준을 정한다. 예로, 보육 및 교육과제의 영역별, 활동 종류별, 흥미 영역별 등과 같은 기준을 정할 수 있다.

② 포트폴리오에 들어가는 기록물마다 날짜를 기록한다.

③ 각 아동마다 똑같은 포트폴리오를 수집했는지 파악한다.

④ 기록물을 보관할 장소와 도구로 적합한 보관함을 정한다.
⑤ 교사가 자신 있고 당장 할 수 있는 것부터 시작한다. 포트폴리오를 평가할 때 복잡한 계획으로 시작하기보다 1~2가지 평가 방법 또는 발달 영역에 익숙해지면 다음으로 넘어간다.
⑥ 포트폴리오 평가는 하루일과가 정규적으로 이루어지도록 한다. 교사는 자료 수집을 규칙적으로 하여 아동이 익숙해지도록 하며, 수집과정에서 아동의 행동이나 대화를 방해하지 않도록 주의한다.
⑦ 교사는 아동의 작품을 학기 초부터 수집해 놓도록 한다.

이렇듯 포트폴리오 평가는 아동의 일과 활동에서 모두 이루어지고, 아동의 전반적인 발달 변화를 한눈에 볼 수 있다.

## 4. 포트폴리오 평가의 장단점

다음은 포트폴리오 평가의 장점과 단점이다(성미영 외, 2021; 양옥승 외, 2021; Mayer, Li & Rose, 2004).

### 1) 포트폴리오 평가의 장점

첫째, 포트폴리오 평가는 아동의 변화에 긍정적인 평가를 한다.

포트폴리오 평가는 장기간 아동의 다양한 수행에 근거하여 평가가 이루어지므로, 아동의 변화에 초점을 둔다. 따라서 아동이 할 수 있는 것과 새롭게 하는 것, 개선할 것과 같이 아동의 장점에 초점을 맞추어 긍정적인 평가를 할 수 있다.

둘째, 포트폴리오 평가는 아동의 자기 주도적 학습을 가능하게 한다.

포트폴리오를 구성할 때 아동은 적극적으로 개입하며 수집할 자신의 작품을 고르면서 수시로 자기 평가를 한다. 이러한 경험은 아동이 스스로 주도적인 사고와 학습 능력을 형성할 수 있도록 돕는다.

셋째, 포트폴리오 평가는 각 아동에게 개별적 평가를 한다.

포트폴리오 평가는 아동의 각 발달 영역이나 활동 별로 개인 내 평가가 가능하며, 이를 기초로 각 아동의 특성을 고려한 개별화된 교육과정을 전개할 수 있다. 이러한 교육과정에서 아동은 학습 동기를 고취 시킬 수 있다.

넷째, 포트폴리오 평가는 교수학습 과정과 평가가 통합된 형태로 진행된다.

포트폴리오는 하루일과의 수업 과정에서 자연스럽게 일어나는 평가이므로, 교사는 포트폴리오 작업을 통하여 아동에게 무엇을 더 제공해야 하는지, 어떤 부분이 부족한지에 대해 생각하면서 자기반성과 자기 평가가 이루어지므로 교수학습과정을 계획하고, 계획 활동을 수정할 수 있다.

다섯째, 포트폴리오 평가는 아동의 보육과 교육을 지원할 수 있다.

포트폴리오 평가를 통해서 아동의 변화 흐름을 살펴볼 수 있으며, 이러한 평가 결과는 부모 상담을 통해 가정과 연계하여 아동의 보육과 교육을 지원할 수 있다. 예를 들어, 평가를 위해 준비된 아동의 포트폴리오 자료와 조직한 내용을 토대로 보육·교육과정의 영역으로 분류하고, 아동의 발달 변화, 시간의 흐름, 개별 포트폴리오, 협동작품 등으로 요약하며, 진보된 모습을 전시회를 통해 개최할 수 있다.

### 2) 포트폴리오 평가의 단점

첫째, 포트폴리오 평가는 많은 비용과 시간이 소용된다.

포트폴리오 평가를 준비하는 과정은 표준 검사에 비해 비용과 시간이 많이 소요된다. 교사는 아동의 작품을 지속적으로 수집하고 정리해야 하므로 많은 시간과 노력이 필요하다.

둘째, 포트폴리오 평가는 자료의 보관과 관리가 어렵다.

포트폴리오는 장기간 시간을 두고 자료를 수집하고 보관하기 때문에 공간 확보가 필요하다. 공간 확보가 충분치 않을 때 포트폴리오 구성에 어려움을 겪을 수 있으며, 보관과 관리가 용이한 평면적 활동이 주가 될 수 있다.

셋째, 포트폴리오 평가는 교사의 편견에 따라 달라질 수 있다.

포트폴리오 평가 시 교사의 주관이나 편견에 따라 평가 자료수집과 평가 기준이 달라질 수 있다. 즉, 교사의 편견은 아동의 작품을 과소 또는 과대평가할 수 있으며, 그러한 평가 결과는 타당성과 신뢰성 확보가 어렵다.

넷째, 평가에 도움이 되지 않는 단순 자료 모음집이 될 수 있다.

교사가 포트폴리오를 구성하는 단계에서 평가의 목적이나 방법을 명확하게 계획하지 않고, 평가를 위한 자료 수집이 연관성 없이 한쪽으로만 치우칠 때 평가가 아닌 단순한 자료 모음집으로 될 수 있다.

## 5. 포트폴리오의 실제

### 1) 포트폴리오 사례 Ⅰ

다음은 상담자료 활용을 목적으로 작성된 놀이 관찰기록의 사례이다.

**표 11-5** 바다놀이

# OO이의 놀이 이야기

**누리보듬(7월 3주)**

<table>
<tr><td>기 간</td><td colspan="3">2019년 7월 15일(월)~7월 20일(토)</td><td>이 름</td><td>김 OO</td><td>담 임</td><td></td></tr>
<tr><td>주 제</td><td colspan="3">여름과 건강</td><td>소주제</td><td colspan="3">더운 여름 나기</td></tr>
<tr><td>목 표</td><td colspan="7">1. 더운 여름을 시원하게 보낼 수 있는 방법에 대해 안다.<br>2. 여름철 볼 수 있는 물의 변화에 관심을 갖고 다양한 방법으로 물의 성질을 탐색한다.<br>3. 우리나라의 특별한 날 제헌절, 유두절에 관심을 갖고 알아본다.</td></tr>
<tr><td colspan="2">주 / 활동</td><td>1(월)</td><td>2(화)</td><td>3(수)</td><td>4(목)</td><td>5(금)</td><td>6(토)</td></tr>
<tr><td colspan="2" rowspan="2">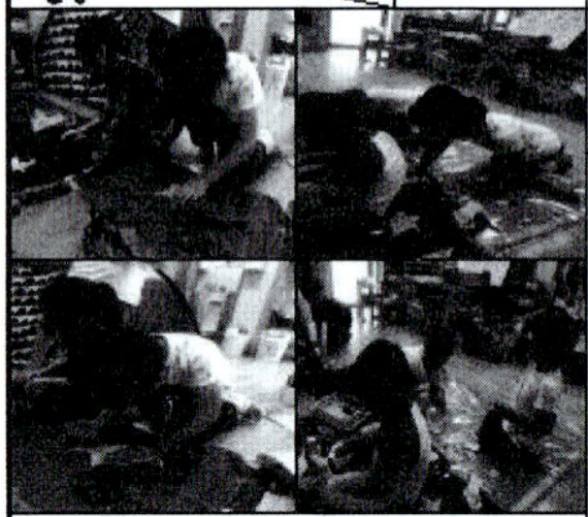<br>바다에서 놀아요.</td><td>놀이 지원<br>IEP</td><td colspan="5">②인지)3-2. 교사의 언어적 촉진으로 친구와 대화 사용하여 1회 이상 친구의 이름을 부르며 상호작용할 수 있다.</td></tr>
<tr><td colspan="6">이번 주 푸른나무 반에는 바다가 생겼어요.<br>파란 색지를 바닥에 깔아 바다 생물들을 만들어 보는 OO이^-^ 가장 먼저 불가사리를 만들어 보네요. "거북이 음...문어! 물고기"하며 아는 바다생물들은 모두 만든다는 OO이예요. OO이와 친구들이 만든 바다에서 물안경, 산소통을 착용하고 "수영"하고 친구들을 따라 수영하기도 하였어요. 바다 속 영상을 빔으로 쏘아주니 "우와 여기 상어다"하고 관찰하며 재미있어 하며 즐겁게 놀이했어요. 이 놀이로 친구들과 서로 도우며 즐거운 바다 탐험 놀이를 해 보았어요. 친구들과 협력하여 바다를 구성하고 친구의 이름을 알고 상호작용할 수 있도록 지원하였답니다.</td></tr>
<tr><td colspan="2" rowspan="2"><br>바다 화보 그리기</td><td>놀이 지원<br>IEP</td><td colspan="5">사회성) 1-3. 또래아동을 모방하여 3분 이상 무언가를 관찰할 수 있다.</td></tr>
<tr><td colspan="6">잠수함 재료로 사용 된 아세테이지를 넓게 제공 해 주었더니 그 위에 바다 생물들을 그려보는 OO이예요. 처음에는 색연필로 그렸는데 잘 되지 않아 매직으로 그리니 잘 그려지는 것을 알고 "이거"라고 말하면서 친구에게도 건네는 OO이^-^ OO이가 그리는 것을 보고 친구들도 다가와서 같이 바다 속 세상을 그려보네요. 완성된 그림을 교실 한쪽에 게시 해 주니 한참 바라보며 뿌듯 해 하네요. 이 놀이를 통해 주변 세계와 자연에 대해 지속적으로 호기심을 갖고 궁금한 것을 탐구하는 과정에 즐겁게 참여하는 경험을 가져 보았어요.</td></tr>
<tr><td colspan="2" rowspan="2"><br>스노클링 물안경 만들기</td><td>놀이 지원<br>IEP</td><td colspan="5">언어)2-1. 교사의 모델링으로 구성품을 "주제가 ~해요"라고 3회의 기회 중 1회 이상 따라하며 소개할 수 있다.</td></tr>
<tr><td colspan="6">바다 속을 수영하기 위해 필요한 스노쿨링 물안경!<br>물안경을 만드는 친구들을 모방해서 교사가 도움주지 않아도 스스로 척척 물안경을 오려서 만드는 OO이^-^ 눈 부분도 가위를 사용해서 스스로 뚫어요. 그 다음에는 연결 고무줄을 대체할 것을 고민하더니 빨대를 이어 연결해 만들어 보네요. 교사가 고무줄로 연결 해 주지 직접 써 보며 너무 좋아했어요. 산소통도 교사에게 도움을 요청하며 만든 후 장비를 착용하여 바다에서 수영하며 놀이했어요. OO이가 만든 작품을 친구들에게 소개 해 볼 수 있도록 선생님이 모델링하며 지원하였어요. 이 놀이를 통해 다양한 미술 재료와 도구로 생각과 느낌을 표현 해 보는 경험을 해 보았어요.</td></tr>
</table>

출처: https://www.i-nuri.go.kr

## 2) 포트폴리오 사례 II

**표 11-6 특수교육대상 유아와의 놀이 이야기**

| 아동명 : ○유찬 | 기록일자 : ○○.○○.○○ |
|---|---|
| 생년월일 :○○.○○.○○(만: 4세) | 기록자 : ○○○ |
| 실제<br>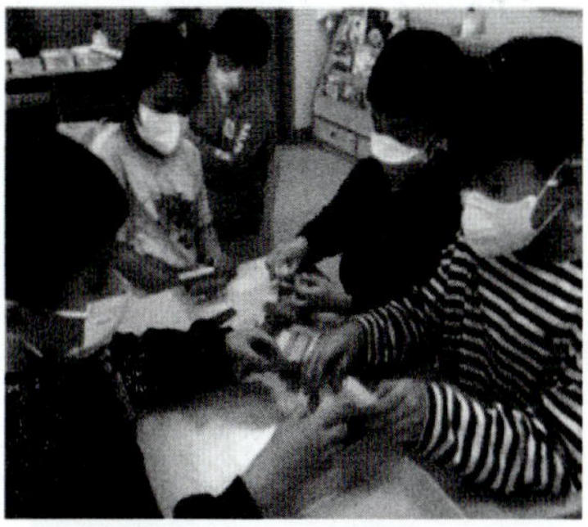 | 젠가 놀이를 좋아하는 발달지체 유아 민율이는 친구들이 높이 쌓은 젠가 탑을 손으로 자주 무너뜨린다. 친구들이 “힘들게 쌓은 건데 왜 무너뜨려?”, “무너뜨리지 마!”라고 말하지만, 민율이는 계속 무너뜨리는 행동을 한다. 이를 안 유찬이는 민율이에게 새로운 놀이를 제안하였다. “우리 젠가 블록으로 탑도 쌓고, 다리도 만들자.” 하지만 어제만큼 탑이 높아지지 않자, 민율이는 유찬이가 만든 다리를 무너뜨리고 그 블록으로 젠가탑을 더 높게 쌓았다. 유찬이가 속상해하며 “민율아! 다리를 무너뜨리면 어떡해!”라고 말하자, 민율이는 젠가탑도 무너뜨리고 교실 밖으로 뛰어나갔다. |
| 포트폴리오 수집내용 | · 놀이활동 사진<br>· 완성한 작품 사진<br>· 놀이 제안한 내용<br>· 놀이 연계 활동 내용 및 사진 |
| 교수지원 | · 장애 이해 교육 실시<br>- 장애의 다양성을 이해할 수 있도록 다양한 방식의 놀이 제공<br>- 장애가 아닌 아동의 개별적인 특성에 초점 맞추기<br>- 하루일과를 함께 보내고 상호작용하며 유대감 형성하기<br><br>· 대집단 활동 ‘우정활동하기’<br>- 오전 일과 소개 시간에 주의집중 활동으로 ‘가라사대’게임을 실시하여 애정표현 기회 제공(옆에 있는 친구에게 손 흔들어 인사하기)<br>- ‘가라사대’ 지시내용을 다양하게 제안하여 모든 아동이 흥미롭게 참여하도록 함(짝꿍 표정 따라 하기, 악수하기 등)<br>- 특수교육대상 유아가 옆에 있는 친구와 눈맞춤과 상호작용할 수 있는 기회 제공 |

출처: 특수교육대상 유아를 위한 놀이지원 자료집(3권) 재구성

## 3) 포트폴리오 사례 Ⅲ

**표 11-7 놀이공간과 매체가 살아있는 놀이 실천사례**

| 제 목 | 놀이공간과 매체가 함께 만든 놀이 |
|---|---|

성빈이가 미니카를 늘어놓은 것을 지켜보자 교사는 문득 선물로 받은 미니카들이 생각났다.

성빈이가 제일 먼저 교사 곁으로 다가와 미니카를 하나하나 가리키며 각 미니카의 특성을 설명해준다.

성빈: 어? 이건 방어 미니카예요. 여기로 방어를 할 수가 있거든요.
이건 웨이브 미니카예요. 어? 이건 파워미니카잖아요.

교사는 미니카들마다 이름이 있다는 것을 그제서야 알았다.

교사: 아~ 미니카마다 이름이 있구나?
성빈: 아, 이름이 다 있지요.
교사: 정말? 그럼 너무 고맙지.
성빈: 그럼, 이름을 붙이고 정말 전시회를 하면 되겠네.

성빈이가 미니카를 늘어놓은 것을 지켜보자 교사는 선물받은 미니카들을 성빈이처럼 펼쳐보고 싶었다. 그래서 커다란 우드락 판에 하나씩 올려놓았다.

성빈: 여기에 적어 줄까요?

출처: https://www.i-nuri.go.kr

### Activity

위 사례는 아동의 활동 모습을 관찰하여 기록한 놀이상황의 일부 기록입니다.
위 사례를 포트폴리오 자료로 활용하고자 할 때 어떠한 목적의 포트폴리오의 자료로 활용 가능할지 방법과 이유를 토의하여 작성해 보세요.

- 
- 
- 
- 
- 

## 척도연구

# 장애에 대한 유아의 반응 연구: 장자우화 '애태타 이야기'를 이용하여

**연구자 : 문미옥, 문명희(2021)**

출처: 학습자중심교육학회. 2021, Vol. 21, No. 2. pp. 787-815.

| 연구내용 | |
|---|---|
| 연구 목적 | 장자우화 '애태타 이야기'를 유아교육기관 실제 적용 후, 활동 전개에 따라 장애에 대한 유아들의 반응이 어떻게 나타나는지 알아보고자 하는 데 연구의 목적이 있음. |
| 연구 대상 | ◦서울시 S 유치원<br>◦하늘반 만 5세 26명(남 12명, 여 14명)<br>◦교사- 3년 경력의 담임교사 |
| 연구 방법 | ◦현장노트 ◦녹화자료 ◦교사면담 ◦유아포트폴리오 등<br>◦선형 및 비선형 질적 연구방법을 실행 |
| 자료 분석 | ◦유아의 반응을 알아보기 위해 사례 분석과 포스트 질적 연구를 병행<br>◦다차원적인 이해를 하기 위해 공동적으로 볼 수 있도록 비선형적인 방식을 동시에 진행<br>◦교육활동 분석은 유아에 의해 자율적으로 전개되었는지, 교사는 유아의 자발적 발현 활동이 되도록 지원하였는지, 유아와 교사의 상호작용에서 드러난 의미는 무엇인지<br>◦기존의 주류를 이루고 있던 패러다임의 존재나 인식, 방법을 수정하고 확장하는 방향성을 제안하는 포스트 질적 연구 적용<br>◦수시로 교사와의 비구조적인 면담을 통해 다시 확인하는 과정(Yin, 2016) 실시 |

**【활동과정】**

| 교수학습 방법 | 활동방법 | 상호작용 |
|---|---|---|
| 작가 소개하기  | ◦우화는 재구성되고 인형극으로 표현하고 움직일 수 있다는 것을 이야기한다.<br>◦박 바가지탈로 얼굴을 만들고 막대로 몸통을 만들어 한복을 입혔음을 이야기한다. | ◦이 우화를 어디서 들어 보았니?<br>◦인형극을 본 적이 있니?<br>◦전통인형극을 본 적이 있니?<br>◦박 바가지탈을 본 적이 있니?<br>◦한복을 입은 인형을 본 적이 있니? |
| 무대 설치하기  | ◦천을 이용하여 가설형태의 무대 막을 설치한다.<br>◦인형연행자가 서거나 앉을 건지 결정하고 무대막의 높이를 고려한다. | ◦배경무대그림은 어디다 붙일까?<br>◦무대설치는 어떻게 할 수 있을까?<br>◦유아의 눈높이와 무대 막의 높이는 어떻게 조정할까? |

**【질적연구 활용】**

교사: 제기도 좋아하는구나. 그렇데 애태타를 좋아하는 이유는 무엇일까요?
재현: 마음씨가 착해서요.
윤진: 상냥해요.
예린: 다른 사람의 말을 잘 따라주어서 좋아해요.
교사: 그렇구나. 애태타는 얼굴이 다르게 생겼고 낙타처럼 등이 굽었어요.
그런 사람을 보면 너희들은 어떤 마음이 들어요?
지영: 도와주고 싶은 마음이 들어요.
동욱: 등이 굽어서 빨리 못 걸을 것 같아서 도와주어야 해요.
주빈: 얼굴이 다르게 생겼어도 같이 놀 수 있는 마음이 들어요.
진규: 불쌍한 마음이 들어요.
유빈: 손을 잡아주고 안아주고 싶어요.
상원: 이상한 마음이 들어요.
미진: 너무 이상해서 놀고 싶지 않는 마음이 들어요.

(관찰, 2019. 9. 30. 오전)

| 포트폴리오 | ◦ 현장노트, ◦ 녹화자료, ◦ 교사면담, ◦ 유아포트폴리오 등<br>◦ 선형 및 비선형 질적 연구방법을 실행 |
|---|---|

# 참고문헌

## 단행본


- 김경철, 이진희, 최미숙, 황윤세 역(2007). **(발달과 학습에 대한) 유아평가**. 서울: 학지사. 원서: Assessing and Guiding Young Children's Development and Learning.- 4th ed.
- 김석우, 김명선, 강태용, 정혜영(2000). **포트폴리오 평가의 이론과 실제**. 서울: 학지사.
- 김지은(2014). **영유아 행동 관찰의 이해**. 서울: 정민사.
- 성미영, 전가일, 정현심, 김유미, 정하나(2021). **아동관찰 및 행동연구 2판**. 서울: 학지사.
- 양옥승, 김승옥, 류은미, 윤지영(2021). **영유아관찰 및 실습 2판**. 서울: 신정.
- 이정환, 박은혜(2009). **교사들을 위한 유아관찰 워크북**. 서울: 아이코리아.
- 황해익(2009). **유아교육 평가의 이해**. 경기: 정민사.
- 황해익, 송연숙, 최혜진, 정혜영, 손원경(2009). **유아 포트폴리오 평가**. 서울: 창지사.

- Bergen, D.(1997), *Assessing Student Learning Through the Analysis of Pupil Products, in Yearbook in Early Childhood Education*, Gullo, Dominic F.(ed), New York : Teachers College, 129-146.
- Mayer, T. O., X. & Rose, L. C. (2004). *Comparing Mean Variance Tests with Stochastic Dominance When Assessing International Portfolio Diversification Benefits*. Massey University Commerce Working Paper. No. 04.04. https://papers.ssrn.com
- McAfee, O. & Leong, D. J. (2007). Assessing and guiding young children's development and learning (4th Ed.). Boston: Allyn and Bacon.
- Shores, E. F., & Grace, C.(1998). *The portfolio book*. Beltsville, MD: Gryphon House, Inc.


## 논문


- 강숙현(2000). 발달에 적합한 실제에 대한 유아교사의 신념과 교육실제의 질적 수준과의 관계. 이화여자대학교 대학원 박사학위논문.
- 김윤주, 김서연, 고옥향(2019). 유아교육 활동 관련 포트폴리오 평가 동향 연구. **미래교육현장연구**, 40(1), 1-18.
- 문미옥, 문명희(2021). 장애에 대한 유아의 반응 연구: 장자우화 '애태타 이야기'를 이용하여. **학습자중심교육학회**, 21(2), 787-815.
- 이제경(2009). 학생 포트폴리오의 의미와 필요성. **공학교육동향**, 16(1), 19-22.

- Elkind, D. (1989). Developmentally appropriate practice: Philosophical and practical implications. Phi Delta Kappan, 71(2), 113-17.
- https://www.i-nuri.go.kr

Chapter

# 12

# 영아 참여관찰

효과적인 영유아 보육·교육과정을 운영하기 위해서는 아동 발달에 적합한 일과 운영 계획이 필요하다. 발달에 적합한 아동의 하루일과 계획은 발달생리학적 리듬이 존중되고, 규칙성 있는 활동으로 계획하는 것이 아동의 심리·정서적 안정에 도움을 줄 수 있다.

본 장에서는 영아의 일과 운영 관찰에 대해 살펴보고 교사의 지원 사례 및 교사 역할을 보고자 한다.

## 1. 일과 운영 계획

영아는 발달 단계상 독립적으로 살아가기 어렵다. 또한 생활하는 많은 부분을 성인에게 의존하고 살기에 성인의 보호와 도움이 필수적이다. 영아기는 급속한 발달이 이루어지는 시기로 이 시기의 발달은 이후 발달에 결정적인 영향을 미친다.

영아기에 이루어지는 주요한 발달 과업 중 하나는 주 양육자와의 애착 형성이다. 이러한 이유로 영아에게 개별적이고 융통성 있는 보육프로그램을 제공하는 것은 생애 발달적 측면에서 매우 중요하다(Berk, 2007).

### 1) 일과 운영 계획

영아의 일과 계획을 위한 고려사항은 다음과 같다(보건복지부, 2013).

○ 교사는 하루의 일과를 일관되게 계획한다.

일관된 하루의 일과는 영아에게 활동에 대한 안정감을 준다. 교사는 일과 계획 시 일상생활 관련 활동, 현장학습, 지역사회 연계 활동 등의 내용으로 계획한다. 그러나 계절에 따른 기온 및 일조량 등을 고려하여 일과 활동을 조절할 수 있다.

◦ 교사는 하루의 일과 계획에 실외활동을 계획한다.

영아의 실외활동은 건강과 밀접한 관련이 있고 신체 발달에 중요한 역할을 한다. 따라서 교사는 매일 실외활동을 계획하여 운영하고, 실외활동이 불가능할 경우 움직임을 권장할 수 있는 실내 대체활동을 계획하여 운영한다.

◦ 교사는 일과 운영 시간을 상황에 따라 다르게 계획한다.

교사는 영아의 일과 운영시간을 실내와 실외, 정적과 동적, 개별 활동과 휴식 등을 고려하여 균형 있게 계획하되 어린이집의 특성과 상황, 계절 등에 따른 일과 운영은 조정할 수 있다. 예를 들어, 모든 영아반이 오전 같은 시간대에 한꺼번에 실외놀이를 계획할 때 실외놀이가 원활하게 이루어지기 어려울 수 있다. 따라서 영아반에 따라 시간대를 다르게 하거나, 계절과 날씨를 고려하여 실외놀이를 오전 또는 오후로 변경하여 진행할 수도 있다.

◦ 교사는 영아가 안전 애착을 형성하도록 계획한다.

교사는 영아에게 안전한 놀이 환경 제공과 따뜻한 신체접촉을 통해 민감한 상호작용을 한다. 즉, 일부 활동이 아닌 일과 활동 전반을 통해서 영아가 교사와 안정 애착을 형성할 수 있도록 계획한다.

◦ 교사는 전이활동 시간을 계획한다.

교사는 다음 활동으로 넘어갈 때 전이활동 시간을 계획한다. 만 2세 후반의 영아는 다음 활동으로 넘어가기 전에 5~10분간 잠시 모여 앉아 전이활동(노래하기, 그림책 읽기, 손유희 등)에 참여할 수 있다.

◦ 교사는 하루의 일과 계획에 따른 운영 내용을 기록하도록 계획한다.

교사는 영아의 일상과 놀이 활동에 대해 관찰기록 형식으로 기록하도록 계획한다. 이때 관찰기록은 영아의 현재 발달 수준을 확인하게 하고, 그 가능성을 넓혀주는 방향으로 객관적으로 기술한다. 또한 부모와의 면담 시 면담 자료, 보육과정 운영 계획부터 교재, 교구, 환경구성 및 교수학습활동을 지원하기 위한 자료로 활용된다.

○ 교사는 일일 보육계획안이 연계되도록 계획한다.

교사는 일일 보육계획안이 한주에서 다음 주로 전이될 때 연계되도록 계획한다. 즉, 목요일과 금요일의 일일 보육계획안에 따른 일과 실행이 다음 주 월요일 일일 보육계획에 반영되도록 계획한다.

○ 교사는 일과 계획에 일일 보육 평가를 계획한다.

일일 보육 평가는 일과 중 지원되는 양육 활동에 대한 교사의 지원, 영아의 놀이 활동 특성, 놀이의 변화, 여러 유형의 상호작용 등을 고려하여 구체적으로 기록한다. 따라서 교사는 일과 계획에서 활동만을 계획하는 것이 아니라 활동에 대한 일일 보육 평가도 계획하여 활동에 대한 보완점과 영아에게 추가 지원해야 하는 것을 알 수 있다.

**표 12-1 보육기관 운영 시간 안내**

### 1. 어린이집 운영시간

** 평 일 : 07:30 ~ 19:30(12시간)
토요일 : 07:30 ~ 15:30(일요일 및 공휴일 휴원-8시간)

◦ 주 6일 이상 연중 계속 운영하는 것을 원칙으로 함, 다만 지역 및 시설 여건 등을 고려하여 미리 보호자의 동의를 받은 후, 어린이집 운영위원회의 결과에 따라 토요일 휴무를 할 수 있음
◦ 보호자의 근로시간 등을 고려하여 미리 보호자의 동의를 받은 경우에는 영유아 및 그 보호자에게 불편을 주지 않는 범위에서 어린이집 운영일 및 운영시간을 조정하여 운영가능(야간연장보육, 휴일보육 등 운영가능).

### 2. 보육시간

** 기본보육 : 09:00~16:00(7시간)

◦ 단, 지역별 어린이집별 사정에 따라 협의하여 9시~16시 전. 후 30분 범위 내에서 보육시간 탄력 조정 가능
◦ 07:30~09:00에서 30분의 등원지도 시간과 16:00~17:00에서 30분의 하원지도 시간은 기본 보육시간으로 간주

** 연장보육 : 16:00~19:30

◦ 2019년 4월에 신설된 조항으로, 보육시간을 운영시간과 구분함으로써 보육교사의 과다한 근무시간 및 영유아의 장시간 보육에 대한 조정 및 대안 마련이 일부분 마련되었다고 볼 수 있음

### 3. 시간 연장 운영시간

** 그 밖의 연장 보육

◦ 야간 연장보육 : 19:30 ~ 24:00
(7:30분 이전에 이용하는 경우 야간연장 보육으로 간주)
◦ 야간 12시간 보육 : 19:30 ~ 익일 07:30
◦ 24시간 보육 : 07:30 ~ 익일 07:30
◦ 휴일 보육 : 일요일, 공휴일 (09:00~16:00)

출처: 중앙육아종합지원센터〉가정양육지원〉어린이집이용정보〉어린이집이용시간

## 2) 일과 관찰 및 기록

영아반의 관찰을 위해 교사는 일과 운영에 대한 기본적 교육계획을 구성한다. 영아의 심리적 안정을 위해 교사는 하루의 일과를 영아가 예측 가능하게 구성한다.

영아반 교사는 영아가 일상생활에서 안전 애착을 형성하고 안전한 탐색 공간 조성을 조성하여 다양한 놀이를 진행할 수 있도록 일과를 계획해야 한다. 다음 <표 12-2>와 <표 12-3>은 어린이집 운영시간을 고려한 영아반 일과 운영시간과 영아반 주간계획안의 예시이다. 주간계획안 운영 시 일과에 대한 평가와 활동 내용을 보육일지 하단에 함께 기록하여 전반적인 일과 계획에 대한 평가와 지원 방법을 함께 살펴본다. 단, 기관의 특성과 상황에 따라 시간과 계획안은 수정될 수 있으니 참고하시기 바랍니다.

**표 12-2** 보육기관 운영시간을 고려한 영아반 일과 운영시간의 예시(연장보육 포함)

<table>
<tr><th>시간</th><th>기본보육</th><th colspan="2">연장보육</th></tr>
<tr><td>07:30~09:00</td><td>등원 통합 보육</td><td colspan="2"></td></tr>
<tr><td>09:00~10:20</td><td>실내(외) 자유놀이</td><td colspan="2"></td></tr>
<tr><td>10:20~10:50</td><td>손 씻기 및 화장실 가기<br>(기저귀 갈이)<br>오전 간식(또는 이유식)</td><td colspan="2"></td></tr>
<tr><td>10:50~11:30</td><td>실외놀이</td><td colspan="2"></td></tr>
<tr><td>11:30~12:40</td><td>손 씻기 및 화장실 가기<br>(기저귀 갈이)<br>점심 및 이 닦기</td><td colspan="2"></td></tr>
<tr><td>12:40~14:30</td><td>낮잠 및 휴식<br>(보조교사 지원 시 교사 휴게시간)</td><td colspan="2"></td></tr>
<tr><td>14:30~15:00</td><td>손 씻기 및 화장실 가기<br>(기저귀 갈이)<br>오후 간식 (또는 이유식)</td><td colspan="2"></td></tr>
<tr><td>15:00~16:00</td><td>실내 자유놀이<br>기본보육 이동 하원</td><td colspan="2">연장반 전담교사 출근<br>(인수인계 및 휴게시간)</td></tr>
<tr><td>16:00~16:30</td><td rowspan="2">기본보육 이동 통합보육 및 하원<br>(교사 휴게시간)</td><td>연장반 이동<br>(아동수 확인)<br>개별 옷, 가방 등 정리</td><td rowspan="2">자유놀이 및 휴식</td></tr>
<tr><td>16:30~17:00</td><td>인사 나누기<br>손 씻기 및 화장실 가기<br>(기저귀 갈이)</td></tr>
<tr><td>17:00~18:00</td><td>기본보육 준비 및 행정 업무</td><td colspan="2" rowspan="2">자유놀이 및 휴식(쉼)<br>일상생활(손 씻기, 화장실 가기 등)<br>연장 보육 이동 하원</td></tr>
<tr><td>18:00~19:30</td><td>퇴근</td></tr>
<tr><td>19:30</td><td></td><td colspan="2">퇴근</td></tr>
</table>

출처: 중앙육아종합지원센터〉 가정양육지원〉어린이집이용정보〉어린이집 하루일과 〉 영아반하루일과

표 12-3 영아반 주간보육계획 예시

<table>
<tr><td colspan="5" rowspan="2">주간보육일지(만 1세) ○○○반</td><td rowspan="4">결재</td><td>담임</td><td>원장</td></tr>
<tr><td rowspan="3"></td><td rowspan="3"></td></tr>
<tr><td colspan="2">주 제</td><td colspan="3"></td></tr>
<tr><td colspan="2">기 간</td><td colspan="3">년 월 일 ~ 월 일</td></tr>
<tr><td colspan="2">이번주 교사의 기대</td><td colspan="6">○○○반 영아들의 사물 탐색 놀이를 통해 창의적 사고능력을 기른다.</td></tr>
<tr><td colspan="2">통합보육</td><td colspan="3">등원(7:30 ~ 9:00)</td><td colspan="3">하원 및 연장 보육(16:00 ~ 19:30)</td></tr>
<tr><td colspan="2" rowspan="2">일과(시간)</td><td colspan="6">계획 및 실행</td></tr>
<tr><td>월요일</td><td>화요일</td><td>수요일</td><td>목요일</td><td colspan="2">금요일</td></tr>
<tr><td rowspan="12">일상생활</td><td rowspan="2">날씨<br>/미세먼지</td><td>맑음/좋음</td><td>비/좋음</td><td>비-맑음/보통</td><td>비/좋음</td><td colspan="2">맑음/좋음</td></tr>
<tr><td colspan="6">미세먼지가 나쁜 날에는 외출을 줄이고 안전 수칙을 지키고 건강한 생활 태도를 기른다.</td></tr>
<tr><td>등원 및 통합보육 (07:30~ 09:00)</td><td colspan="6">◦선생님, 친구들과 인사 나누기<br>◦보육실에서 자유놀이하기</td></tr>
<tr><td>자유놀이 (09:00~ 09:30)</td><td colspan="6">◦각 영역의 놀잇감을 선택하여 놀이하기(개별 또는 소집단)</td></tr>
<tr><td>오전간식 (09:30~ 10:00)</td><td colspan="6">◦책상 정리정돈을 한다. ◦손을 씻고 자리에 앉는다.<br>◦적당하게 간식을 배식한다. ◦스스로 먹는다.</td></tr>
<tr><td>손씻기 및 배변 (10:30~ 10:40)</td><td colspan="6">◦손을 씻는다.<br>◦기저귀 갈이대에 누워 기저귀를 간다.</td></tr>
<tr><td>점심식사 (11:30~ 12:30)</td><td colspan="6">◦책상을 닦는다. / 적당량을 배식한다.<br>◦손 씻고 자리에 앉는다. / 스스로 점심을 먹는다.<br>◦식사가 끝나면 손 씻기, 세수, 양치질하기<br>◦기저귀 갈이대에서 기저귀를 간다.</td></tr>
<tr><td>낮잠 및 휴식 (12:30~ 14:30)</td><td colspan="6">◦영아의 개별 침구를 준비한다. ◦음악 감상을 하고 휴식을 취한다.<br>◦낮잠 자고 일어나 이불을 정리한다. ◦기저귀 갈이대에서 기저귀를 간다.</td></tr>
<tr><td>오후간식 (14:30~ 15:00)</td><td colspan="6">◦책상을 정리정돈 한다. ◦손을 씻고 자리에 앉는다.<br>◦적당하게 간식을 배식한다. ◦스스로 먹는다.</td></tr>
<tr><td>오후 놀이 (15:30~ 16:00)</td><td colspan="6">◦오전 자유놀이의 연계적 확장놀이하기, 선택놀이하기</td></tr>
<tr><td>귀가 및 연장보육 (16:00~ 17:00)</td><td colspan="6">◦선생님 친구들과 인사나누기<br>◦통합보육실(연장반 등)로 이동하기</td></tr>
</table>

| | | | | | | |
|---|---|---|---|---|---|---|
| 놀이 | 실외놀이<br>(대체)<br>(10:40~<br>11:30) | 감기에 걸린 영아들을 고려하여 대체활동을 진행함.<br>※훌라후프를 이용한 신체활동 놀이실시 | 우천으로 인해 대체활동을 진행<br>※유희실에서 공놀이를 진행 | 우천으로 인해 대체활동을 진행<br>※ 계단 오르내리는 활동 | 우천으로 인해 대체활동진행<br>※ 리본 끈을 이용한 신체놀이 진행 | 지역사회연계 테마공원에서 미끄럼틀 타기, 계단 오르기, 그네 타기 등 나무로 된 기구를 이용한 전통놀이를 함 |
| | 실내놀이<br>(9:20~<br>10:30)<br>(15:00~<br>16:00) | 천으로 된 보자기 놀이<br>: 얼굴이 비추는 천 놀이에 관심을 보이며, 천의 종류와 촉감에 대해 관찰해요. | 스티커 놀이<br>: 자신과 똑같은 색의 옷을 입은 친구에게 스티커 붙여주기 놀이를 해요. | 그림 그리기 (끼적이기) 벽, 문에 끼적이기를 해요. | 블록으로 된 모양 도형을 보드판에 붙여서 옮겨놓기 놀이를 해요. | 모양 블록 맞추기, 같은 블록의 모양 홈에 블록을 넣어 맞추는 놀이활동을 해요. |

| 일과 활동 평가 | | |
|---|---|---|
| 날 짜 | 놀이 평가 및 다음날 지원 계획 | 안전교육 및 기타 |
| 00일(월) | · 지난주에 이어 천으로 몸에 두르거나 비추는 모습에 흥미를 보이고 천의 종류 촉감을 느끼면 흥미로워하고 놀이하는 모습을 볼 수 있음<br>· 천의 종류와 옷의 다양한 디자인으로 된 옷을 제공해줘야겠음 | * 소방 대피훈련<br>소방 대피훈련 시 걷기를 어려워하는 영아는 교사의 도움을 받아 교사를 안고 신속하게 대피장소로 안전하게 이동함 |
| 00일(화) | · 스티커를 제공해 주었더니 각 영아들의 흥미에 맞는 다양한 스티커 놀이가 진행됨.<br>· 일부 영아는 자신의 신체에 붙이며 신체를 인식하는 놀이를 하거나 자신과 비슷하거나 같은 색에 스티커 붙이기 놀이를 활발하게 하는 모습을 보임<br>· 스티커에 대한 흥미를 유지하기 위하여 다양한 모양의 스티커를 제공해줘야겠음 | * 건강생활<br>급·간식 시간 전후에 깨끗이 손을 씻을 수 있도록 지도하고, 도와주며, 청결, 위생에 관심을 갖음 |
| 00일(수) | · 영아가 이동 중 전지에 끼적이기를 하고 있음<br>· 끼적이기 판에 전지를 색 테이프로 고정시킨 후 전지가 찢어지지 않도록 하여 끼적이기하는 영아들이 방해받지 않도록 지원함. | * 영양섭취<br>음식을 골고루 냠냠 꼭꼭 맛있게 씹어 먹어야 소화도 잘되고 건강도 지킬 수 있다는 상호작용을 함 |
| 00일(목) | · 끼적이기 활동 중 영아가 크레용을 입에 넣는 모습을 보임<br>· 끼적이기를 전주보다 힘을 주어 즐겨함<br>· 간혹 종이를 찢는 경우도 있음.<br>· 끼적이기 활동을 할 때 크레용을 입에 넣지 않도록 주의 사항을 다시 안내해야겠음.<br>· 끼적이기 판을 찢지 않고 활동할 수 있도록 | * 안전생활<br>건강하고 안전한 생활을 하기 위해 예방하는 방법에 대해 그림자료(이야기 나누기)를 통하여 상호작용함. |

| | | |
|---|---|---|
| | 다양한 스티커 등을 제공해서 다양한 표상활동이 되도록 지원해야겠음.<br>· 보드판에 모양놀이 옮기기를 준비하였으나 끼적이기에 더 흥미를 가짐. | |
| **00일(금)** | · 영아들이 미끄럼틀 오르기, 계단 올라가기 등 대근육 놀이에 흥미를 많이 보임.<br>· 전체적으로 올라가는 대근육 놀이에 흥미가 많음으로 대근육 놀잇감을 추가로 제공하여 영아들의 신체발달 놀이를 지원해야겠음.<br>· 모양 맞추기 놀이를 제공하였으나 신체 놀이에 흥미를 갖고 활동함. | 영아들은 휴식을 할 수 있도록 도움을 줌. |
| 반 운영 특이사항 | · 전염성 바이러스(코로나, 독감 등)의 유행으로 확진자 방지를 위해 어린이집의 원아가 전염되었을 경우 일주일 가정에서 격리하여 머물러야 함(이동 금지). | |

## 2. 일과 운영 관찰

영아의 연령에 따라 교사의 역할은 달라진다. 교사는 영아와 안전한 애착을 형성하는 애착 관계 형성자, 영아가 안정적으로 성장할 수 있도록 도와주는 양육자, 다양한 놀이에 참여할 수 있도록 환경을 제공하는 놀이 환경 제공자, 영아의 발달 촉진에 도움을 주는 발달 촉진자의 역할을 한다.

등원을 시작으로 자유선택 활동 시간, 화장실 다녀오기 및 기저귀 가는 시간, 수유 및 점심시간, 낮잠 등 영아의 하루 일과를 알아보고, 영아의 일과 운영의 특징과 교사의 역할에 대해 살펴보고자 한다.

### 1) 일과 운영에 따른 교사 역할

#### (1) 등원

등원 시간은 영아의 건강 상태 및 기분을 확인하고, 당일 특이사항에 대한 정보교환의 시간이다. 영아는 아직 부모와 떨어지는 것에 익숙하지 않으므로, 분리불안에 대한 신체적 반응을 나타내기도 한다. 따라서 교사는 영아가 불안해하지 않도록 영아를 따뜻하게 안아주고 안심시키며, 영아가 적응을 할 수 있도록 많은 시간과 활동을 계획해야 한다.

교사가 관찰해야 하는 것은 '영아가 무엇 때문에 등원에 힘들어하는가?', '어떤 활동에 흥미를 가지고 있는가?', '영아가 긍정적으로 부모와 헤어지는 인사법은 무엇이 있는가?'를 관찰해야 한다.

#### (2) 실내 자유선택 활동

실내 자유선택 활동은 영아가 발달 수준에 적합한 교재 교구를 자유롭게 가지고 놀이하는 시간으로, 교사는 영아의 발달 수준에 적합한 교재 교구를 제공하고, 평가 기준에 맞게 영아의 인원수만큼 교구를 준비하여 교구장에 비치한다. 영아의 수만큼 교구가 제공되지 않으면 교구로 인한 갈등이 발생하여 영아의 안전 문제 및 놀이 단절이 발생할 수 있다.

실내 자유선택 활동 계획은 영아가 놀이 활동에 피로감을 느끼지 않도록 정적활동과 동적활동을 적절하게 균형적으로 구성하고, 놀이의 연계 및 전이활동 등을 통해 교사가 적절히 개입할 수 있도록 계획한다.

교사가 관찰해야 하는 것은 '영아들이 어떤 교구(놀잇감)을 많이 가지고 놀이를 하는가?', '문제가 발생하는 교구(놀잇감)는 무엇인가?', '영아들이 즐겨 하는 자유선택 활동은 무엇인가?'를 관찰해야 한다.

#### (3) 기저귀 갈기 및 화장실 다녀오기

배변 훈련은 영아마다 개인차가 나타나므로 부모에게 영아의 배변 습관에 대한 정보를 미리 받아 두는 것이 필요하다. 교사는 영아가 기저귀 발진이 생기 않도록 영아의 기저귀를 1~2시간 또는 2~3시간마다 확인하고 교체해야 하며, 기저귀를 갈 때 짧은 시간 동안 집중할 수 있도록 안전한 놀잇감, 모빌, 노래 부르기, 눈 맞추기 등으로 기저귀 가는 시간이 즐거운 시간이라는 것을 인지시켜야 한다. 배변 훈련 영아일 경우 일과 계획에 화장실 가는 시간을 계획하여 화장실에 다녀오도록 하며, 배변 훈련이 완성된 영아도 활동 중에는 화장실에 가는 것을 잊는 경우가 빈번하므로, 교사는 활동 전후에 영아가 화장실을 가고 싶은지를 물어보거나, 적절한 시간 간격을 두고 영아에게 화장실에 다녀오도록 유도한다.

교사가 관찰해야 하는 것은 '영아가 기저귀 갈기 전에 보이는 행동은 무엇인가?', '영아가 어떤 환경에서 기저귀 갈기를 좋아하는가?', '놀이 중 배변에 대한 의사 표현을 어떻게 행동하는가?'를 관찰해야 한다.

### (4) 급식 · 간식

영아기의 급식·간식은 성장 발달에 도움을 주기 때문에 균형 잡힌 고형 음식의 제공과 수유가 필요하다. 교사는 영아에게 규칙적으로 수유 및 급식·간식을 제공하고, 개별 수유, 급식 시간, 간식 시간 등을 기록하여 부모에게 전달한다. 이 시기에 급식과 간식 시간을 규칙적으로 보낸 영아는 균형 잡힌 식습관 형성으로 향후 스스로 먹기, 적당량 섭취하기, 수유 및 식사 중 적절한 상호작용하기 등의 모습을 관찰할 수 있다.

교사가 관찰해야 하는 것은 '영아가 배가 고플 때 보이는 행동은 무엇인가?', '영아가 음식을 다 먹었을 때 보이는 행동은 무엇인가?', '영아가 좋아하는 음식과 싫어하는 음식에 대해 어떻게 표현하는가?', '영아가 편식을 하는가?'를 관찰해야 한다.

### (5) 낮잠

낮잠은 영아에게 동적 활동과 정적 활동으로 지친 몸을 잠시 쉬고 충전하는 시간으로 다음 활동과 일상을 위해 중요한 시간이다. 수면은 영아 개인마다 개인차가 발생하기 때문에 교사는 부모에게 영아의 수면 관련 정보를 사전에 수집해야 한다. 따라서 교사는 보육기관에서 영아가 가정과 같은 편안하고 조용한 분위기에서 낮잠을 잘 수 있도록 휴식환경을 계획해야 한다.

다음은 낮잠 시간 운영 시 교사의 역할에 대한 설명이다(정미라 외, 2007).

- 교사는 부모와의 긴밀한 연락을 통해 영아의 생활 리듬, 수면 습관, 수면과 관계된 영아의 생활 경험을 알고 있어야 한다.
- 교사는 영아가 쉽게 잠들 수 있도록 실내 조명, 온도, 환기, 소음 등을

조절한다.

◦ 교사는 영아가 조금 피곤하거나 배가 부를 때 낮잠을 잘 이룰 수 있으므로, 일과 계획 시 고려하여 반영한다.

◦ 교사는 낮잠을 자지 않으려는 영아에게는 낮잠을 강요하지 않는다. 하지만 낮잠은 영아에게 에너지를 충전할 수 있는 시간이므로 자고 있는 영아에게 방해가 되지 않는 범위에서 누워서 휴식을 취하게 한다.

◦ 교사는 영아가 낮잠을 자는 동안 반드시 영아와 함께 낮잠 자는 방에 있어야 한다.

◦ 교사는 낮잠 시간 후에 자고 난 자리를 정리하고 다음 활동을 할 수 있도록 영아를 돕는다. 이때, 먼저 일어난 영아는 정적인 활동을 하도록 하고, 늦게까지 자는 영아는 조명을 서서히 밝혀 일어나도록 한다.

◦ 특히, 만 1세 미만의 영아는 영아돌연사 등의 문제가 발생할 수 있으므로 등을 바닥에 대고 자도록 하고, 푹신한 침구를 사용하지 않으며, 가까운 곳에 푹신한 인형 등을 두지 않도록 주의한다.

다음은 영아의 낮잠 시간을 관찰하여 기록하는 관찰일지의 예시이다(<표 12-4> 참조).

**표 12-4 낮잠 관찰일지 예시**

| 이름 | 낮잠시간(○○분) | 특이사항 |
|---|---|---|
| 전○○ | 12:30 ~ 2:00(90분) | 교사가 등을 쓰다듬어주며 잠듦. |
| 임□□ | 12:40 ~ 2:20(100분) | 자기 전에 ○○이 그림책을 읽고 잠. |
| 송○○ | 12:30 ~ 2:30(120분) | 자기 전에 이불을 목까지 덮고 누움.<br>1시에 자다가 깨서 울다가 교사가 안아주니 다시 잠듦. |

### (6) 귀가

귀가 시간은 영아를 보호자에게 인수인계하는 것으로 교사는 부모에게 영아에 대한 하루의 보육 내용(투약, 수유 확인, 배변 확인, 안내문 등)을 전달한다. 또한 영아가 귀가하는 시간을 미리 파악하여 부모(보호자, 양육자)가 오면 바로 귀가하도록 한다. 즉, 영아는 장시간 보호자와 떨어져 있어 귀가 시간에 보호자를 확인한 후 다시 교실로 돌아가 귀가를 준비하게 되면 보호자와 분리하기 어려워하기 때문이다.

교사가 관찰해야 하는 것은 '영아가 양육자(부모)를 만나 인사를 하는지?', '귀가하면서 선생님과 인사를 하는지?', '자신의 신발을 찾을 수 있는지?'를 관찰해야 한다.

## 3. 상호작용 관찰

영유아기의 발달적 특성(<표 12-5> 참조)을 고려한 교사와의 상호작용은 영유아에게 사고 활동을 촉진시키고, 영유아들이 활동에 적극적으로 참여할 수 있는 동기를 제공한다. 영유아는 교사뿐 아니라 교육환경에서 유아, 교사, 교구 등의 모든 환경과 상호작용을 한다.

표 12-5 영유아의 개별적 특성을 배려한 상호작용

| 영유아 기질 | 상호작용 |
|---|---|
| 쉬운 기질 | · 쉬운 기질의 영유아는 비교적 잘 지내기 때문에 교사의 관심과 배려를 상대적으로 덜 받을 수 있다.<br>· 쉬운 기질의 영유아도 교사의 관심과 사랑이 필요하므로 쉬운 기질 영유아에게도 교사가 주기적으로 관심을 보이고, 사랑을 적극적으로 표현해 주어야 한다. |
| 반응이 느린 기질 | · 반응이 느린 기질의 영유아는 새로운 상황에 적응하기 위해서 많은 시간이 필요하다.<br>· 느린 기질의 영유아를 위해서 교사는 영유아가 안심할 수 있도록 옆에 있어 주고 인내심을 가지고 기다려 주어야 한다.<br>· 느린 기질의 영유아는 환경에 적응하면 매우 안정되게 생활할 수 있다. |
| 까다로운 기질 | · 까다로운 기질을 가진 영유아는 매우 활동적이므로 놀이 실 한쪽에 에너지를 마음껏 발산할 수 있도록 환경을 마련해 주도록 한다.<br>· 자기주장과 욕구가 강하므로 놀이실 상황에 대해 미리 알려주어 당황하지 않도록 배려해 준다.<br>· 일과를 운영함에 있어서 집단의 계획표에 영유아를 맞추려 하기보다는 영유아 개개인의 발달 속도와 기질 등을 고려해 최대한 개별적으로 운영하도록 하고, 이에 따라 상호작용해 주도록 한다. |

출처: 권미량 외(2021).

## 1) 만 0~2세 영아의 상호작용 관찰

영아는 교사와 민감하고 긍정적인 상호작용을 통해 안정된 애착을 형성한다(김숙령 외, 2006). 영아의 안정적인 애착 형성을 위한 교사의 상호작용 원리는 다음과 같다(권미량 외, 2021)(<표 12-6>, <표 12-7> 참조).

### (1) 민감한 반응

영아기에는 영아의 기본적인 욕구와 개별적인 요구에 민감하게 반응하는 것이 중요하다. 영아기에는 수유, 기저귀 갈이 등 기본적인 신체적, 정신적 욕구의 충족이 중요하기 때문에 세밀한 관찰을 통해 개별적인 욕구를 파악하여 반응적인 상호작용을 해야 한다.

### (2) 긍정적 상호작용

긍정적 상호작용은 관심 보이기, 인정하기, 애정 표현하기를 통해 상호작용하는 과정으로 미소, 신체적 접촉과 같은 비언어적 행동에 초점을 두고 언어적 행동과 상호작용하며 더 효과적이라 할 수 있다.

### (3) 언어적 자극

영아기는 다양하고 풍부한 언어적 자극이 필요한 시기이므로, 교사는 지속적으로 언어적 상호작용을 함으로써 영아가 언어발달을 촉진할 수 있도록 바람직한 언어를 사용하는 좋은 언어 사용의 본보기가 되어야 한다.

### (4) 기본 생활습관 지도

영아기는 기본적인 자조 기술을 습득하는 시기이므로, 배변 훈련, 옷 입고 벗기, 수저질하기 등의 기본 생활습관 발달에 맞는 지도가 이루어져야 한다. 교사는 기본생활 습관을 지도하면서 영아의 사회기술 습득에 대해 관찰한다(<표 12-6>, <표 12-7> 참조).

### (5) 적절한 환경과 활동 계획

영아기에는 입과 눈을 통해 주변 환경 및 놀잇감을 탐색하기 때문에 입에 넣어도 해롭지 않은 놀잇감을 준비하고, 세탁 및 소독을 통해 위생적으로 놀잇감을 관리하도록 한다. 걸음마기 영아는 탐색 활동이 높은 시기이므로 다양하고 안전한 탐색활동을 하도록 계획한다.

안전하지 않은 환경에서는 교사가 영아를 제한할 수 있으므로 긍정적인 상호작용이 어렵다. 따라서 영아의 발달에 적합한 환경을 계획하고 제공하는 것이 필요하다.

**표 12-6** 만 2세 미만 영아의 사회관계영역에 대한 교사 지침

| 내용범주 | 지 침 |
| --- | --- |
| 자기 존중 | ◦자신을 인식할 수 있도록 개별적인 침대, 침구, 서랍장, 그 밖의 개인 소지품에 영아의 얼굴 사진을 붙여주고 이름을 적어준다.<br>◦영어가 자신을 볼 수 있도록 거울을 제공한다.<br>◦영아에게 신체적인 접촉과 언어적 표현으로 자주 애정을 표현한다.<br>◦영아와 일대일로 얼굴을 마주 보며 상호작용을 한다.<br>◦간식시간, 기저귀 갈기 시간, 낮잠 시간 등의 일상생활 중에 대화하면서 영아들과 함께 하루의 일과를 진행한다. |
| 정서 인식과 조절 | ◦영아의 울음이나 몸 움직임은 영아의 주된 의사소통 방법임을 인식한다.<br>◦이 시기 영아는 부정적인 정서표현도 할 수 있음을 이해하고, 부정적 정서표현을 받아들인다.<br>◦영아의 언어적, 비언어적 신호를 해석하여 민감하고 일관성 있게 대한다.<br>◦영아의 기질적 특성을 이해하고 반응속도와 생물학적 리듬을 파악하여 조화로운 관계를 유지한다. |
| 사회적 관계 | ◦영아는 낯가림을 할 수 있고, 낯선 어른보다 친숙한 어른과 활발하게 상호작용한다는 것을 이해한다.<br>◦양육자와 안정적인 애착을 형성하고 돌보는 교사와 상호 신뢰 관계를 형성하는 것이 무엇보다 중요함을 안다.<br>◦영아가 새로운 상황과 환경에 직면했을 때 안정감을 갖고 편안히 적응할 수 있도록 배려한다. |

출처 : 보건복지부(2020).

표 12-7 만 2세의 사회관계영역의 교사 지침

| 내용범주 | 지 침 |
|---|---|
| 자기 존중 | ◦영아는 자신에 대해 긍정적인 느낌과 자아개념을 가지고, 다른 사람에 대해 이해하기 시작한다는 것을 지각한다.<br>◦영아 자신을 인식할 수 있도록 개별적인 침대, 침구, 서랍장, 그 밖의 개인 소지품을 사용하게 하며 영아의 얼굴 사진을 붙여주고 이름을 적어준다.<br>◦영아와 개별적으로 신체적, 언어적 상호작용을 하며, 일대일로 얼굴을 마주 보고 상호작용을 한다.<br>◦영아가 혼자서 할 수 있는 일을 스스로 해볼 수 있는 기회를 제공하고, 기다려 주며, 자신을 조절할 수 있도록 돕는다.<br>◦영아가 친근한 물체나 음식을 선호하고 친근한 사람들을 선택하는 것을 존중한다. |
| 정서 인식과 조절 | ◦영아가 정서를 표현하는 방법이 훨씬 다양해짐을 이해한다. 영아가 다양한 방법으로 정서를 표현할 수 있도록 영아의 정서표현을 격려하는 대화를 많이 한다.<br>◦영아가 부정적인 정서를 나타낼 경우 영아의 신체적 심리적 원인을 파악하고, 상황을 바꾸어 주며, 단호한 목소리와 표정으로 말한다. 영아에게 대안을 제시하여 선택하도록 하고 영아의 자기통제 행동을 격려한다. |
| 사회적 관계 | ◦또래에 대해 관심을 가지나, 아직까지는 사물을 가지고 하는 놀이나 병행놀이 단계임을 이해한다.<br>◦영아는 좌절 상황에 대처할 수 있는 기술이 없기 때문에 공격적이 되고 다른 영아에게 상해를 입힐 수 있다는 것을 이해하고 사전에 대처한다.<br>◦놀잇감을 넉넉하게 준비하고 똑같은 놀잇감을 여러 개 마련하여 분쟁을 사전에 예방하도록 한다.<br>◦다른 친구들과 함께 놀이하고 생활하기 위해서 지켜야 할 기본적인 규칙과 약속이 있다는 것을 알게 하여 지킬 수 있도록 일관성 있게 지도한다.<br>◦같은 놀잇감을 서로 가지려고 다툴 때 영아가 자신의 충동과 행동을 통제할 수 있도록 돕는다. |

출처 : 보건복지부(2020).

# 참고문헌

## 단행본


- 권미량, 서영희, 이숙희(2021). 보육학개론. 서울: 동문사.
- 보건복지부(2013). 3차 표준보육과정. 서울: 보건복지부.
- 정미라, 배소연, 이영미(2007). 영유아를 위한 건강 및 영양 교육. 경기: 양서원.
- 보건복지부(2020). 4차 표준보육과정 해설서. 세종: 보건복지부.

- Berk, L, E. (2007). Child Development, 아동발달(박낭자, 박경희, 강숙현, 백미열, 성정숙, 오채선 등 옮김). 서울: 정민사(원판, 2005).


## 논문


- 김숙령, 김선희, 육길나, 조숙진(2006). 영아와 교사의 집단 활동 상호작용에 있어서 영아교사의 민감성에 관한 연구. 유아교육학논집, 10(4), 1254-150.

Chapter

# 13

# 유아 참여관찰

# 1. 일과 운영 계획

만 3~5세 유아는 영아보다 부모와의 분리에 적응이 되어 있지만, 가정 보육 후 기관을 처음 경험하는 유아도 있으므로 교사는 유아가 기관에 잘 적응할 수 있도록 배려해야 한다. 본 장에서는 유아의 발달특징을 고려한 누리과정을 기반으로 일과 운영 계획을 구성해야 한다(<표 13-1> 참조).

유아기는 대·소근육의 발달이 활발하고, 인지발달이 급속하게 성장하는 전조작기로 사회성이 발달되고, 대인관계 형성에도 적극적이며, 자신의 감정에 대한 조절 능력도 생기기 시작한다. 이 시기에는 자신의 의견이 분명해지는 시기로 정확한 의미에 대한 개념을 지도해주는 것은 유아의 사고능력을 확장 및 어휘력 향상에 도움을 줄 수 있다.

## 1) 일과 운영 계획

다음은 유아반의 일과 운영 계획을 위한 고려사항이다(<표 13-1> 참조).

- 유아의 전인발달을 목적으로 계획, 실행한다.
- 유아의 흥미와 교육적 요구가 반영된 누리과정이 필요하다.
- 유아를 위해 정적활동과 동적 활동의 적절한 균형 잡힌 활동이 배치되어야 한다.
- 교사-유아, 유아-유아의 상호작용이 원활하게 이루어질 수 있도록 활동을 계획해야 한다. 교사는 확산적 발문을 통해 유아의 언어적 사고작용이 적극적으로 반응되도록 도와야 한다.

표 13-1 만 3세 유아반 관찰 계획의 예시

| 월 | 주제 | 기본생활 습관 영역 관찰 내용 | 교육과정 관찰영역 | 관찰항목 |
|---|---|---|---|---|
| 3 | 즐거운 유치원(어린이집) | ◦인사하기<br>◦스스로 일어나기<br>◦자기 물건 스스로 정리하기<br>◦스스로 씻고 옷 입기 | 기본생활습관영역 | ◦바르게 반갑게 인사하기<br>◦정리정돈하기<br>◦즐겁게 하루 보내기<br>◦타인의 물건 구분하기<br>◦스스로 손 씻기 |
| 4 | 봄과 동식물 | ◦깨끗한 나의 몸<br>◦화장실 혼자서 다녀오기<br>◦바른 자세로 앉고, 서고, 걷기<br>◦즐겁게 활동하기 | 신체운동건강영역 | ◦안전한 활동<br>◦바른 태도, 안전한 태도<br>◦자신 신체 인식<br>◦신체활동 참여<br>◦스스로 활동 |
| 5 | 나와 가족 | ◦친사회적 행동하기(돕고, 나누고, 함께하기)<br>◦즐겁게 놀이하기<br>◦다 함께 놀이하기<br>◦기다려 주기<br>◦칭찬해주기 | 사회관계영역 | ◦긍정적 표현<br>◦타인의 배려<br>◦수용적 태도<br>◦차이점 인정<br>◦적극적 참여 |

출처: 교육부 · 보건복지부(2019) 일부 발췌

## 2) 일과 관찰 및 기록

유아의 관찰을 위해 교사는 유아반의 하루일과 운영에 대한 기본적 교육계획을 구성해야 한다(<표 13-2>, <표 13-3> 참조).

**표 13-2 어린이집 운영시간을 고려한 만 3~5세 일과운영 시간의 예시(연장보육포함)**

| 시간 | 기본보육 | 연장보육 |
|---|---|---|
| 07:30~09:00 | 등원 통합보육 | |
| 09:00~10:20 | 실내(외) 자유놀이 / 오전간식 | |
| 10:20~10:50 | 정리정돈 및 화장실 가기 | |
| 10:50~11:30 | 대소집단 활동(자유놀이) | |
| 11:30~12:40 | 바깥놀이/손 씻기 | |
| 12:20~13:20 | 점심시간 및 이 닦기 | |
| 13:20~14:30 | 낮잠 및 휴식 :4~5세는 자유놀이 및 휴식<br>보조교사 지원시 교사 휴게시간 | |
| 14:30~15:00 | 손 씻기 및 오후 간식 | |
| 15:00~16:00 | 실내자유놀이<br>기본보육 이동 하원 | 연장반 전담교사 출근<br>(인수인계 및 휴게시간) |
| 16:00~16:30 | 기본보육 이동 통합보육 및 하원<br>(교사 휴게시간) | 연장반 이동(아동수 확인)<br>개별 옷, 가방 등 정리 |
| 16:30~17:00 | | 인사 나누기<br>손 씻기 및 화장실 가기 |
| 17:00~18:00 | 기본 보육 준비 및 행정 업무 | 자유놀이 및 휴식(쉼)<br>일상생활(손 씻기, 화장실 가기 등)<br>연장 보육 이동 하원 |
| 18:00~19:30 | 퇴근 | |
| 19:30 | | 퇴근 |

* 출처: 중앙육아종합지원센터〉가정양육지원〉어린이집 이용정보〉〉유아반 하루일과

**표 13-3 유치원 운영시간을 고려한 만 3~5세 일과 운영 시간의 예시**

| 시간 | 기본교육 | 담당교사 |
|---|---|---|
| ~ 08:40 | 등원 및 오전활동 | 교육과정 교사 (담임교사) |
| 08:40~09:00 | 출석 점검 및 일과운영 계획 | |
| 09:00~10:30 | 자유놀이 | |
| 10:30~10:40 | 정리 정돈 및 평가 | |
| 10:40~11:40 | 실외놀이 및 신체활동 | |
| 11:40~12:40 | 점심식사 | |
| 12:40~13:00 | 대·소집단활동 | 방과후 교사/ 담임교사 |
| 13:00~14:00 | 휴식 | |
| 14:00~14:50 | 특성화 활동 | |
| 14:50~15:20 | 정리 정돈 및 오후 간식 | |
| 15:20~16:00 | 자유놀이 또는 바깥놀이 | |
| 16:00~16:40 | 정리 정돈 및 귀가지도 | |
| 16:40~18:40 | 돌봄이동(아동확인) / 저녁 돌봄 | 돌봄 교사 |

2019 개정 누리과정은 놀이 중심 교육과정으로 교사가 유아들의 놀이를 관찰하여 지원할 수 있도록 계획한다. 즉, 기존의 교사 사전 계획은 최소화하며 유아의 개인적 발달 특성, 안전한 환경, 유아의 관심 정도 등과 같은 유아 주도적인 놀이를 계획에 반영하도록 하는 목적을 두고 있다. 다음은 누리과정에 따른 놀이 실행 계획안이다(<표 13-4>, <표 13-5>, <표 13-6> 참조).

**표 13-4 일일 교육계획안에 놀이 실행 내용 담기의 예시**

| 설명 | 항목 | 내용 |
|---|---|---|
| | 학급명 | |
| 현재 교실에서 중심이 되어 진행되고 있는 주제(생활주제, 놀이주제, 소재 등)를 기록한다. ← | 주제 | 동물원 |
| | 일일 목표 | -동물원에 사는 동물에 관심을 가진다.<br>-동물원 놀이에 필요한 것들을 알아보고 창의적으로 만든다.<br>-친구들과 협력하여 동물원 놀이를 해본다. |
| 예상되는 일과를 사전에 계획하여 기록하며, 놀이 진행에 따라 변경된 것은 수정하여 기록한다. ← | 일과의 흐름 | 등원 ⇛ 자유놀이 및 간식 ⇛ 새노래 ⇛ 점심식사 ⇛ 바깥놀이 ⇛ 동화 ⇛ 하루평가 및 귀가 |
| 저널, 사진, 주제망 등 자유로운 형식으로 흔적 남기기 벽면 기록으로 할 수 있고, 유아들이 하는 기록 자체를 사진으로 찍어 남긴다. ← | 오늘의 흔적 | 다양한 기록방식 중 선택하여 흔적 남기기<br>⇛ 사진, 저널, 마인드맵 등 |
| 교사가 놀이의 의미를 찾아 해석한 것을 기록하거나 놀이를 지원하기 위해 반영해야 할 사항 등을 기록한다. ← | 해석 및 반영 사항 | |

출처: 경기도 교육청, 유아교육과 놀이중심교육과정 실천자료: 놀이 2019. 놀이로 유아의 삶을 담다. p. 32.

**표 13-5** 놀이 실행 및 지원을 기록한 주간 계획의 예시

<table>
<tr><th>주제</th><td colspan="2">우리 동네</td><th>목표</th><td colspan="2">내가 살고있는 곳에 대해 궁금한 것을 알아본다.</td></tr>
<tr><th></th><th colspan="3">실행</th><th colspan="2">지원</th></tr>
<tr><th>목</th><td colspan="3">◦교실 한 칸에 있는 지도에 대해 관심을 가지고 가장 빨리 가는 길에 대한 대화를 나눔.</td><td colspan="2">✔인터넷을 활용하여 유아가 지도를 잘 볼 수 있도록 지원함</td></tr>
<tr><th>금</th><td colspan="3">◦인터넷으로 본 지도를 보며 그림으로 길을 표상함.<br>◦교실에 있는 종이가 작다고 하면서 점점 더 큰 크기의 종이를 요청함.</td><td colspan="2">✔더 큰 종이 제공함:<br>도화지⇒4절지⇒전지⇒전지 이어 붙여서 그림그리기</td></tr>
<tr><th>월</th><td colspan="3">◦지난주 금요일에 이어 길을 그림으로 표상함.<br>◦그림에서 일반도로뿐 아니라 다양한 길(예: 지하철, 고속도로 등)에 대한 표상이 나타남.<br>◦종이를 이어 붙이는 것이 불편함.<br>◦더불어 이어 붙인 종이 위에 올라가서 그림을 그리자 다시 그릴 공간이 좁아지는 상황이 벌어짐</td><td colspan="2">✔문제 해결 방법에 대해 유아들과 토의하였고, 복도에 나가서 그림을 그리기로 결정함.<br>✔종이는 계속 이어 붙이기 어려워 바닥에 그림을 그리면 좋겠으나 바닥을 훼손하면 안 되므로 다음날 교사와 함께 자료실에 가서 바닥에 그리기 적절한 그리기 도구가 있는지 찾아보기로 함.</td></tr>
<tr><th>화</th><td colspan="3">◦자료실에서 바닥에 그리고 지우기 적절한 그리기 도구를 찾다가 우연히 테이프를 발견하고 테이프로 길을 만들고자 함.<br>◦유아가 선택한 자료인 테이프로 유아는 복도에서 길을 만들기 시작함.</td><td colspan="2">✔교사와 유아가 함께 자료실에 가서 유아가 선택한 자료(절연테이프)를 제공함.<br>✔교실 외 놀이 공간(복도) 활용함.</td></tr>
<tr><th>수</th><td>◦복도에서 이어서 놀이함.<br>◦색 테이프를 요청함.<br>◦테이프로 벽에 도로 표상을 시작함.</td><td colspan="2">▪노랑 - 고속도로<br>▪파랑 - 1호선<br>▪초록 - 2호선<br>▪빨강 - 3호선<br>▪“아파트는 바닥 X 서 있잖아.”</td><td colspan="2">✔벽까지 올라가서 어떻게 다 떼어 정리하나 걱정도 되었지만, 유아들의 놀이를 지켜보기로 함.<br>✔요청에 따라 다양한 색깔 테이프를 추가 제공함.<br>✔테이프로 만든 길 위에 입체적으로 동네를 구성할까 싶어 조이 벽돌 블록과 소품 일부를 제시해 보았음.</td></tr>
<tr><th>목</th><td colspan="3">◦제시한 블록, 소품에 관심을 보이지 않음. 오로지 테이프로만 길 만들기에 집중함 .<br>◦복도에 테이프 길로 거의 꽉 차고 멈춰야 되는지 다른 공간으로 길을 확장해도</td><td colspan="2">✔유아가 안전하게 놀이하도록 교사도 전체를 관찰하지만, 평소 놀이하던 공간이 아니고 다른 학급의 유아들이 오가는 공간이므로 안전하게 놀이할 수 있도록 안전에 대해 짧게 이야기를 나눔.</td></tr>
</table>

| | | |
|---|---|---|
| | 괜찮은지 묻기 시작함.<br>◦유아들과 토의 후 계단, 강당까지 가기로 함.<br>◦길/미로/경사로 관련 대화가 오감. | ✔유아들의 의견을 받아들여 복도에서 계단, 강당까지 기관 전체로 이어서 놀이하는 것으로 함. |
| 금 | ◦테이프로 길 만드는 유아들이 줄어들고 복도나 계단에서 길 만들기 놀이를 하기보다는 뛰어다니는 유아들이 많아짐.<br>◦테이프를 떼어 정리하는 과정에서 돌돌 말린 테이프가 공처럼 되었고 테이프 공은 다시 유아들에게 새로운 놀잇감으로 보이기 시작함. | ✔길 만들기 놀이에 대한 관심이 줄어들었음.<br>✔정리도 유아와 함께 진행함.<br>✔정리하는 과정에서 새로운 놀이자료(테이프 공)를 발견함.<br>✔테이프 공 활용하여 놀이할 수 있는 방법을 유아들이 스스로 창안하기 시작함. |

출처: 교육부 · 보건복지부(2019)

**표 13-6 놀이계획 및 실행, 누리과정 운영 평가를 포함한 주간계획의 예시**

| 기간 | | 5월 2주 | | | | | |
|---|---|---|---|---|---|---|---|
| 요일 | | 월 | 화 | 수 | 목 | 금 | 비고 |
| 놀이 | 봄 | ◦꽃가게 놀이 확장(조화, 포장지, 끈, 화분, 가위, 테이프, 다양한 종이 등) 꽃가게가 구성되면 자연스럽게 놀이가 진행되도록 지원함.<br>◦필요에 따라 놀이그룹 또는 학급 전체의 놀이 진행 상황을 공유하기 위한 이야기 나누기를 진행함. | | | | | |
| | 반짝이 끈 | ◦그림책(빨간 끈)<br>: 반짝이 끈 놀이의 진행에 따라 적절한 시기에 그림책을 제공함. 유아가 그림책에 대한 관심을 많이 가져 활동을 통해 전체 유아와 함께 읽고 반짝이는 놀이와 연계하였음.<br>◦반짝이 끈과 상자놀이<br>: 반짝이는 속에 몸을 숨기던 유아들이 이제는 놀잇감을 숨기고 찾기 놀이를 함. 유아 스스로 놀이 규칙을 만드는 과정을 지원함.<br>◦반짝이 끈과 상자로 상상놀이하기<br>: 반짝이 끈과 상자를 이용하여 만들고 싶은 것을 만들었고, 결과물을 활용하여 상상놀이가 전개됨. | | | | | 계획안에는 없었지만 진행된 놀이의 기록 |
| 활동 | | ◦이야기 나누기 '놀이에서 생긴 문제를 어떻게 해결할까? 갈등 상황을 해결하기 위해 활동으로 진행 | | | | | 월안에서 계획했던 내용을 실제 놀이에 반영하여 융통성 있게 실행 |
| | | ◦동화 '빨간 끈' PPT 동화로 진행함 | | | | | |
| | | ◦노래 '씨앗이 자라서' 꽃가게 놀이 경험과 연계하여 진행함 | | | | | |
| | | ◦반짝이 끈 게임 진행되지 않음 | | | | | |
| 실외놀이 | | ◦풀 찧어 소꿉놀이하기/반짝이 끈 나뭇가지에 묶기 | | | | | |

<table>
<tr><td>인성교육</td><td colspan="5">◦친구에게 친절하게 말하기</td><td></td></tr>
<tr><td>일일기록<br>및<br>지원</td><td>▲반짝이 끈 속성을 이용한 놀이로 진행함.<br>▲꽃가게를 열기 위해 꽃다발 만들기에 관심을 가짐.</td><td>▲반짝이 끈과 상자를 같이 활용하여 숨기, 보물찾기 놀이를 함.</td><td>▲반짝이 끈을 활용하여 상상놀이를 함.<br>▲실외놀이 동안 풀에 대한 관심을 표현함.</td><td>▲반짝이 끈 놀이 공간에 대한 갈등 상황이 발생하여 이야기 나누기를 진행함.</td><td>▲반짝이 끈 정리하기<br>▲풀에 대한 관심을 교실로 확장해 보고자함.</td><td rowspan="2">일일 및 주간 기록으로 놀이내용과 지원계획에 대해 간단히 기록</td></tr>
<tr><td>주간기록<br>및<br>지원</td><td colspan="5">◦반짝이 끈으로 놀이하고 정리도 유아가 스스로 할 수 있도록 함.<br>◦정리 시 반짝이 끈을 비닐에 담아 공이 되었고, 실외놀이 시 소품으로 활용해 보았음.<br>◦유아들이 놀이하면서 반짝이 끈 공굴리기 게임 및 실외놀이 시 자유롭게 공놀이하는 자료로 활용해 볼 것임.<br><br>◦실내놀이에서 지난 2주간 제공하였던 조화와 유아들이 만든 꽃이 어우러져 꽃가게 놀이로 진행됨.<br>◦교사가 놀이를 기본적으로 제공하였지만, 유아들 사이에서 자발적으로 가게에 필요한 공간구성과 놀이자료를 스스로 만들기 위해 노력하고 의사소통이 활발하게 일어남.<br><br>◦실외놀이에서 풀을 뜯어 소꿉놀이, 찧기 등이 나타나며, 봄의 식물에 대한 탐구와 심미적 감상이 활발하게 이루어짐.<br>◦교실에서 풀과 관련된 놀이가 이어질 것으로 예상됨.</td></tr>
</table>

출처: 교육부・보건복지부(2019)

## 2. 일과 운영 관찰

### 1) 일과 운영에 따른 교사 역할

만 3~5세 유아는 영아에 비해 활동 양이 많아지므로 적절한 휴식과 간식 제공, 실내외 활동, 안전한 생활, 인지발달 등과 같은 균형적 성장과 발달에 관심과 지원이 필요한 시기이다. 교사는 유아가 유아교육기관에 등원하여 하루의 일과를 즐겁고 건강하게 참여할 수 있도록 계획해야 한다. 다음은 만 3~5세 유아의 일과 운영의 특징과 교사의 역할에 대한 설명이다.

### (1) 등원

교사는 유아가 등원하기 전에 미리 출근하여 교실 내부의 안전을 확인 후 맞이할 준비를 한다. 유아가 등원하게 되면 교사는 현관 입구에서 유아를 반갑게 맞이하고, 유아의 기분 상태, 건강 상태, 청결 상태를 관찰하면서 유아의 안부를 묻는다. 부모와 함께 등원할 때 유아의 개별적인 특이사항(투약 의뢰서 등)에 대한 정보를 교환한다. 따라서 교사는 유아의 정보 수집가의 역할을 한다. 다음은 아침 등원 시 관찰해야 하는 항목이다(<표 13-7> 참조).

**표 13-7 등원 시 관찰항목**

| 이름 | 임○○(남/여) | | 날짜 | 20○○.○○.○○ | |
|---|---|---|---|---|---|
| 구분 | 관찰내용<br>(관찰한 내용을 횟수별로 ✓표시하시오) | 1회<br>(월/일) | 2회<br>(월/일) | 비고 | |
| 기분 | 피곤해한다. | | | | |
| | 부모와 떨어지는 데 다른 날에 비해 차이가 있다. | | | | |
| 상태 | 감기 증상(콧물, 감기)이 있다. | | | | |
| | 눈이 충혈되어 있다. | | | | |
| | 귀, 코, 안색 등이 이상하다. | | | | |
| | 피부에 이상이 있다. | | | | |
| | 열이 있다. | | | | |
| 청결 | 눈곱, 콧물이 있다. | | | | |
| | 머리, 손톱, 발등이 깨끗하지 않다. | | | | |
| 복장 | 옷이 깨끗하지 않다. | | | | |
| | 계절에 맞는 옷차림이 아니다. | | | | |

### (2) 실내 자유선택 활동

교사는 유아가 발달, 흥미에 적합한 놀이를 할 수 있도록 영역별로 계획하여 준비된 교구와 재료를 제공해주고, 유아의 수준에 적절한 실내 자유선택 활동이 유지되면서 다른 놀이와 연계되도록 계획한다. 또한 같은 종류의 교구를 충분히 제공해주어 유아들 사이의 갈등을 예방하고, 유아가 자연스럽게 자유선택 활동을 촉진할 수 있도록 유아의 연령, 흥미, 주제 등을 고려한 흥미 영역을 구성한다. 따라서 교사는 유아가 안전한 환경에서 놀이와 학습이 촉진될 수 있도록 환경을 구성해 주는 역할을 한다. 다음은 흥미영역에서 관찰해야 하는 항목이다(<표 13-8> 참조). 자유 선택 활동에 대한 관찰 항목은 아동별 개별적으로 관찰할 수도 있지만 교사가 교수학습 평가를 위해 사용할 수 있다.

**표 13-8 자유선택 활동 시 영역별 관찰항목**

| 이름 | 정○○(남/여) | 날짜 | 20○○.○○.○○ |
|---|---|---|---|
| 구분 | 관찰내용<br>(해당하는 내용에 기록 및 ○, ×로 표시하시오) | | 기록 |
| 언어 | 듣기, 말하기, 읽기, 쓰기, 극놀이 등의 활동 중 어떤 영역에 관심을 보이는가? | | |
| | 또래 유아들과 대화를 나누며 자신의 의견을 잘 표현하는가? | | |
| | 유아의 연령에 적합하게 놀잇감을 준비하여 제시되어 있는가? | | |
| | 그림책을 읽는가? (*교사는 그림책을 읽는 유아의 책 제목, 저자, 출판사와 유아의 반응을 상황과 함께 기록해둔다.) | | |
| 조형 | 유아가 위험하지 않고 사용하기 쉬운 미술도구가 준비되어있는가? | | |
| | 미술재료 등이 다양하고 충분하게 제공되어 있는가? | | |
| | 다른 유아와 조형 활동을 하면서 나타나는 반응 어떠한가? | | |
| | 안전하게 재료, 도구의 사용법을 알고 사용하는가? | | |
| 역할 | 역할영역에 적정 수의 유아가 참여하고 있는가? | | |
| | 역할영역에 극놀이 대본과 도구 등이 준비되어있는가?<br>(* 교사는 유아-유아의 극놀이 상호작용을 기록한다.) | | |
| | 역할영역과 쌓기영역 간의 확장 놀이가 이루어지는가?<br>(* 교사는 쌓기영역의 결과(구성물)가 전시될 수 있도록 한다.) | | |

### (3) 대 · 소집단 활동

대·소집단 활동 시간은 교사와 유아의 상호작용이 활발하게 진행되는 시간으로 이야기 나누기, 율동, 노래, 동극, 실험 등을 계획한다. 교사는 유아의 활동 시간이 30분 이상을 넘지 않도록 계획하며, 활동과 휴식 시간을 적절히 조절하여 계획한다. 그리고 활동이 진행되기 어려울 경우를 대비하여 대체수업에 미리 계획한다. 다음은 대집단 활동 중 이야기 나누기 영역에서 관찰해야 하는 항목이다(<표 13-9> 참조).

**표 13-9** 이야기 나누기 시 관찰항목

| 반(교사명) | 이슬반(전○○) | 날짜 | 20○○.○○.○○ | | |
|---|---|---|---|---|---|
| 관찰내용<br>(해당하는 내용에 기록 및 ○, ×로 표시하시오) | | | ○ | × | 비고 |
| 주제와 연관된 내용으로 유아의 발달, 흥미, 경험에 적합한가? | | | | | |
| 유아가 대집단으로 앉아서 집중하기 적합한 대형인가? | | | | | |
| 교수매체 준비는 적절한가? (동영상, 그림, 사진, 실물 자료 등) | | | | | |
| 이야기 나누기에 대한 반응은 적절한가? | | | | | |
| 이야기 나누기에 대한 교사의 질문은 적절한가? | | | | | |
| 이야기 나누기 소요시간은 적절한가?<br>(* 만 3세 10분, 만 4세 20분, 만 5세 30분) | | | | | |
| 이야기 나누기의 마무리 평가는 어떠한가? | | | | | |

### (4) 실외활동(체험활동)

실외활동은 유아가 실내에서 하기 어려운 동작이 큰 신체활동을 할 수 있는 뛰기, 달리기, 게임 등과 산책 또는 근거리 체험학습 등으로 교사는 이동할 때 도보에서 발생하는 안전, 질서 등에 대한 지도도 계획한다. 하지만 실외활동의 경우 날씨에 영향을 많이 받기 때문에 미리 날씨를 확인하여 활동에 피해가 가지 않도록 계획해야 한다. 다음은 실외활동에서 관찰 가능한 행동이다(Karyn Wellhousen, 2001; 신화식 외, 2011 역저)(<표 13-10> 참조).

**표 13-10** 실외활동 시 관찰항목

| 아동 이름 | 전○○ | 날짜 | 20○○.○○.○○ |
|---|---|---|---|

아래 항목을 읽고 실외놀이에서 보이는 아동의 행동에 ✓표로 체크하세요.
* D: (특정행동을)보인다. ND: 행동을 보이지 않는다.

| 기술 내용 | | D | ND | 비고 |
|---|---|---|---|---|
| 기준 1. 여러 가지 움직임에서 뛰어나고 몇 가지 부분에서는 특히 우수하다. | | | | |
| 1-1 | 다양한 운동기기를 사용하여 앞으로 혹은 옆으로 갈 줄 알고, 신호에 빠르게 대응하여 방향을 전환할 수 있다. | | | |
| 1-2 | 움직이면서 느린 동작과 빠른 동작 간에 분명한 차이점을 보인다. | | | |
| 1-3 | 능숙한 자세로 걷고 뛴다. | | | |
| 1-4 | 망설이거나 멈추지 않고 옆으로 잘 구른다. | | | |
| 1-5 | 공이 두 번 튀기 전에 잘 주고받는다. | | | |
| 1-6 | 달리면서 자연스럽게 공을 찰 줄 안다. | | | |
| 1-7 | 신체의 다양한 부분에 무게중심을 두고 잠시 멈춰 서 있을 수 있다. | | | |
| 기준 2. 다양한 움직임을 운동신경의 학습 및 발달에 적용한다. | | | | |
| 2-1 | 앞으로 혹은 옆으로 걷고, 뛰고, 점프하고, 신호에 따라 빠르게 방향을 전환한다. | | | |
| 2-2 | 물체와 다양한 관계를 규명하고 사용한다(위, 아래, 뒤, 옆, 속). | | | |
| 2-3 | 뛰어서 내릴 때 충격을 완화하는 기술들을 활용할 줄 안다(다리의 반동을 이용해서). | | | |
| 기준 3. 신체적으로 활동적인 모습을 보인다. | | | | |
| 3-1 | 활발한 신체활동에 정기적으로 참여한다. | | | |
| 3-2 | 신체활동이 개인의 행동에 좋다는 것을 안다. | | | |
| 3-3 | 신체활동에 참여할 때 어떤 기분이 드는지에 대해 안다. | | | |
| 기준 4. 건강을 증진시키는 수준의 신체활동을 꾸준히 한다. | | | | |
| 4-1 | 가벼운 운동에서 힘이 드는 신체적 활동을 유지한다. | | | |
| 4-2 | 심장 박동이 빠르게 될 정도의 강한 신체운동을 한다. | | | |
| 기준 5. 신체활동 장소에서 책임 있는 모습을 보인다. | | | | |
| 5-1 | 체육관이나 운동장에서 운동에 참여할 때 관련 규칙을 잘 안다. | | | |
| 5-2 | 그룹 활동을 할 때 다른 사람을 방해하지 않는다. | | | |

| | | | | |
|---|---|---|---|---|
| 5-3 | 교사가 집중을 요구할 때 집중할 줄 안다. | | | |
| 5-4 | 규칙을 어겼다고 말할 때 시정할 줄 안다. | | | |
| 5-5 | 학급 활동 시에 정해진 규칙을 따른다. | | | |
| 5-6 | 놀이기구를 사용하지 않을 때 잘 치워 둠으로써 안전하게 사용할 줄 안다. | | | |
| 5-7 | 특정 놀이기구를 사용할 때 순서를 기다릴 줄 안다. | | | |
| 5-8 | 체육관에서의 규칙을 운동장에 나가서도 알맞게 적용할 줄 안다. | | | |
| 기준 6. 신체활동에 참여하는 다양한 사람들의 차이점을 이해하고 존중한다. | | | | |
| 6-1 | 혼자 하는 놀이와 같이하는 놀이에 모두 적극 참여한다. | | | |
| 6-2 | 개인적 차이에 상관없이 다양한 또래와 어울린다.<br>(인종, 성별, 장애 여부와 상관없이) | | | |
| 기준 7. 신체활동이 즐거움, 도전, 자기 표현, 사회적 교류를 제공한다는 것을 이해한다. | | | | |
| 7-1 | 혼자 또는 같이 어울려 놀이하는 것 모두를 즐긴다. | | | |
| 7-2 | 신체활동에 참여할 때 느끼는 기분을 안다. | | | |
| 7-3 | 신체활동에 대해 즐거움과 기대감을 갖는다. | | | |

From NASPE(1995). Moving into the Future: National Standards for Physical Education. St, Louis, MO: Mos-by-Year Book. The checklist is based on national professional standards published-by the National Association for Sport and Physical Education(NASPE).

출처: 신화식 외(2011); Karyn Wellhousen(2001). Outdoor Play Everyday: Innovative Play Concepts for Early Childhood 1st Edition.

### (5) 화장실 사용 및 손 씻기

유아는 스스로 화장실을 사용하고 손을 씻고 올 수 있다. 교사는 유아가 변기와 세면대를 바르게 사용할 수 있도록 화장실 사용법을 안내해 주며, 개인 수건, 물비누, 손 소독, 로션 등이 비치되어 있는지 확인한다. 다음은 화장실 사용하기 및 손 씻기 시 관찰해야 하는 항목이다(<표 13-11> 참조).

**표 13-11** 화장실 사용 및 손 씻기 시 관찰 항목

| 이름 | 임○○(남/여) | | 날짜 | 20○○.○○.○○ | | |
|---|---|---|---|---|---|---|
| 구분 | 관찰내용<br>(관찰한 내용을 횟수별로 ✓표시하시오) | 1회<br>(월/일) | 2회<br>(월/일) | 3회<br>(월/일) | 비고 | |
| 화장실 사용 | 대소변 의사를 표현한다. | | | | | |
| | 스스로 옷을 내리고 올린다. | | | | | |
| | 화장실을 스스로 다녀온다. | | | | | |
| | 화장실 사용 후 물을 내린다. | | | | | |
| 손 씻기 | 대소변 후에 스스로 손을 씻는다. | | | | | |
| | 손 씻는 차례를 지킨다. | | | | | |
| | 비누를 사용하여 손을 씻는다. | | | | | |
| | 손을 씻은 후 개인 수건 및 종이타올을 사용하여 물기를 닦는다. | | | | | |

출처: 양옥승 외(2021) 재구성

### (6) 정리정돈

정리정돈은 유아가 놀이를 끝낸 다음에 사용하던 놀잇감을 정리하는 활동으로 대부분 활동이나 자유선택 활동 끝에 이루어진다. 교사는 유아가 자신의 발달 수준에 맞게 자신의 교구를 스스로 정리할 수 있도록 지원해주며, 놀이시간 종료에 대해서는 5분 전에 미리 안내하고, 유아가 충분히 인지하여 스스로 정리할 수 있도록 시간을 제공한다. 다음은 정리정돈 시 관찰해야 하는 항목이다(<표 13-12> 참조).

**표 13-12** 정리정돈 시 관찰항목

| 관찰자 | 전○○ | 관찰 일시 | 20○○.○○.○○<br>(오전/오후) ○시 ○분-○시 ○분 |
|---|---|---|---|
| 관찰 행동 | 그림 그리기 후 책상 정리 | | |

1. 아동의 행동을 관찰하고 해당 칸에 ✓ 표시로 해주세요.
2. 기타에는 아동의 행동을 간단하게 기술해 주세요.

| 이름 | 정리하지 않음 | 도움받아 정리함 | 스스로 정리함 | 다른 친구를 도와줌 | 기타 |
|---|---|---|---|---|---|
| 임○○ | | | ✓ | | 색연필을 정리함 |
| 손○○ | | | | ✓ | 자신의 자리 정리 후 다른 친구의 미술도구 도와줌 |
| 김○○ | ✓ | | | | 정리하지 않고 돌아다님 |

### (7) 급식 및 간식

균형 잡힌 영양 섭취는 유아의 성격, 성장, 건강, 정서 등의 일상생활 전체에 영향을 미치며, 음식에 대한 즐거움과 식습관에 대한 긍정적인 태도를 형성할 수 있도록 도와준다. 교사는 유아가 스스로 먹을 수 있도록 격려하고 도움이 필요한 유아에게는 적절한 도움을 준다. 또한 유아의 급식·간식시간에 교사-유아, 유아-유아 간에 올바른 태도로 식사할 수 있도록 적절한 언어적 상호작용을 지도한다.

이 시기에 형성된 식습관은 성인이 되어서도 영향을 미치므로, 교사는 식사 전, 식사 중, 식사 후의 기본적인 식사 예절과 식후의 양치질, 자리 정리 등 유아가 스스로 할 수 있도록 계획한다. 다음은 식사 전·후의 행동에서 관찰해야 하는 항목이다(<표 13-13> 참조).

표 13-13 간식 및 급식 시 관찰항목

| 이름 | 정○○(남/여) | | 날짜 | 20○○.○○.○○ | | |
|---|---|---|---|---|---|---|
| 구분 | 관찰내용<br>(관찰한 내용을 횟수별로 ✓ 표시하시오) | 1회<br>(월/일) | 2회<br>(월/일) | 3회<br>(월/일) | 비고 | |
| 식사태도 | 간식 및 급식 전에 식사 준비를 한다. | | | | | |
| | 제자리에 앉아서 먹는다. | | | | | |
| | 흘리지 않고 음식을 먹는다. | | | | | |
| | 음식을 먹을 때 골고루 먹는다. | | | | | |
| 식사예절 | 음식을 입에 넣고 말하지 않는다. | | | | | |
| | 자신이 흘린 음식은 자신이 치운다. | | | | | |
| | 간식 및 급식 후 자리 정리를 한다. | | | | | |
| | 다른 친구가 다 먹을 때까지 정적활동을 한다. | | | | | |
| 도구사용 | 식사 도구를 바르게 사용한다. | | | | | |
| | 식사 도구를 안전하게 사용한다. | | | | | |
| | 식사 후 식사 도구를 정리한다. | | | | | |
| 양치하기 | 급식 후 자발적으로 이를 닦는다. | | | | | |
| | 양치하는 차례를 지킨다. | | | | | |
| | 치약을 이용하여 이를 깨끗이 닦는다. | | | | | |
| | 양치 후 스스로 컵과 칫솔을 정리한다. | | | | | |

### (8) 휴식 및 낮잠

유아의 휴식 시간은 건강한 생활을 위해 필수적이다. 유아기는 영아기보다 활동 양도 많아지고 이동과 활동 시간이 길어지기 때문에 일정한 휴식을 취하도록 계획해야 한다. 교사는 유아의 휴식 및 낮잠 시간을 보통 휴식은 30분, 낮잠은 1~2시간 정도로 계획하며, 연령 별 낮잠 시간으로는 만 3세는 1시간 정도, 만 4~5세는 약 30~40분 정도로 계획한다. 또한 종일반 유아를 위한 낮잠 공간은 별도로 구성하는 것이 필요하다. 단, 유아별 개인차가 있으므로 유아의 개인 발달적 특성에 따라 적절한 휴식과 낮잠 시간을 미리 부모 상담을 통해 알아 두는 것도 좋다. 다음은 유아의 휴식 및 낮잠 시간 시 관찰해야 하는 항목이다(<표 13-14> 참조).

**표 13-14 휴식 및 낮잠 시 관찰항목**

| 이름 | 손○○(남/여) | 날짜 | 20○○.○○.○○ | | | |
|---|---|---|---|---|---|---|
| 구분 | 관찰내용<br>(관찰한 내용을 횟수별로 ✓ 표시하시오) | 1회<br>(월/일) | 2회<br>(월/일) | 3회<br>(월/일) | 비고 | |
| 휴식 | 실외놀이나 대근육활동 등 활발한 활동을 마친 후 스스로 휴식을 취한다. | | | | | |
| | 쉬는 영역에서 휴식을 취한다. | | | | | |
| | 자기 자리에서 조용히 쉰다. | | | | | |
| 낮잠 | 침구를 준비하여 낮잠 준비를 한다. | | | | | |
| | 혼자 잠든다. | | | | | |
| | 낮잠시간이 일정하다. | | | | | |
| | 교사가 깨우면 일어난다. | | | | | |
| | 자신의 침구를 정리한다. | | | | | |

### (9) 귀가

귀가 준비 시 교사는 유아들과 대집단으로 모여 하루의 일과에 대해 상호작용을 하면서 무엇이 재미있었는지, 다시 하고 싶은 놀이가 무엇인지 등의 의견을 교류하는 평가 시간 및 가정에 전달할 사항 등을 안내한다. 또한 귀가 전 유아의 옷차림, 얼굴 등의 청결도를 점검하며, 부모에게 전달할 내용이 있으며 준비하고, 귀가 전 교통안전 교육을 한다. 다음은 유아의 귀가 시 자조 기술과 사회적 태도를 관찰하기 위한 항목이다(<표 13-15> 참조).

**표 13-15 귀가 시 관찰항목**

| 이름 | | 전○○(남/여) | 날짜 | | 20○○.○○.○○ | |
|---|---|---|---|---|---|---|
| 구분 | 관찰내용<br>(관찰한 내용을 횟수별로 ✓ 표시하시오) | | 1회<br>(월/일) | 2회<br>(월/일) | 3회<br>(월/일) | 비고 |
| 자조기술 | 자신의 소지품을 챙긴다. | | | | | |
| | 자신의 겉옷을 스스로 입는다. | | | | | |
| | 혼자 신발을 신을 수 있다. | | | | | |
| 귀가태도 | 친구들과 인사하고 헤어진다. | | | | | |
| | 양육자(부모)를 만나서 반갑게 인사한다. | | | | | |
| | 선생님께 인사하고 헤어진다. | | | | | |

출처: 양옥승 외(2021).

## 3. 상호작용 관찰

유아는 교사와의 상호작용을 통하여 사고활동 촉진 및 활동에 적극적으로 참여하는 동기가 생긴다. 교사의 다양한 발문은 유아와의 상호작용에 도움을 주고, 유아의 사회적 관계 및 언어발달에 영향을 미친다. 교사가 다양한 활동에서 유아에게 발문하는 이유는 다음과 같다(전경원, 1998)(<부록 2> 참조).

- ○ 흥미를 고조시키고 유아가 활동에 적극적으로 참여하도록 동기유발
- ○ 유아의 준비도를 평가하고, 그에 맞추어 활동 준비
- ○ 알려준 것을 복습하고 요약
- ○ 새로운 관계를 알아볼 수 있는 통찰력을 함양
- ○ 비판적 사고를 자극하고 발문하는 태도 발달
- ○ 유아 스스로 지식을 더 찾도록 자극 제시
- ○ 활동의 목적을 달성했는지 평가

### 1) 만 3~5세 유아의 상호작용 관찰

유아 개별의 경험, 흥미, 수준 등에 기초한 교육계획의 수립과 다양한 교수 자료의 준비 등은 유아의 교육활동 참여의 정도, 교육효과, 교육평가의 질에 영향을 미친다. 교사는 교육활동에서 유아와의 상호작용을 통해 유아의 흥미와 관심을 발견하고, 그것을 중심으로 인지발달의 확장을 돕는 동기부여 역할을 한다. 다음 <표 13-16>은 누리과정 지도를 위한 각 영역별 교사의 역할이다.

**표 13-16** 만 3~5세 누리과정 지도를 위한 교사의 역할

| 영역 | 교사역할 |
|---|---|
| 신체운동<br>건강 | ◦다양한 감각활동을 제공한다.<br>◦교사-유아의 긍정적 상호작용의 활동이 되도록 한다.<br>◦신체활동에 대한 즐거움을 갖도록 한다.<br>◦매일 매일 규칙적으로 신체활동을 할 수 있도록 계획한다.<br>◦기구를 사용할 때 안전하게 사용하도록 한다.<br>◦자신의 몸과 주변을 청결하고 위생적으로 깨끗하게 할 수 있도록 지도한다. |
| 의사소통 | ◦듣기에 방해가 되는 환경요소를 제거한다.<br>◦유아의 호기심을 자극하는 다양한 자료를 활용한다.<br>◦유아의 적극적인 질문이 유발될 수 있도록 개방적인 분위기를 조성한다.<br>◦유아에게 흥미로운 내용의 주제, 작품을 선택한다.<br>◦시제나, 문법이 사용되어 모호한 경우 적절한 문장을 다시 한번 반복하여 들려준다.<br>◦교사는 육하원칙에 따라 사건을 구체화하여 설명할 수 있도록 유아를 격려한다.<br>◦유아가 수행한 결과에 대한 것에 관심과 격려한다.<br>◦언어활동에 대한 즐거움을 경험하도록 한다. |
| 사회관계 | ◦자신과 타인에 대한 변화에 대한 비교를 점진적으로 가지도록 한다.<br>◦교사-유아는 부드러운 언어를 사용하도록 한다.<br>◦유아가 경험을 통해 지율성을 기르도록 격려한다.<br>◦유아에게 일방적인 배려, 양보 등을 권유하지 않도록 한다.<br>◦성에 대한 개념이 형성되는 시기로 양성평등의식을 가지도록 한다.<br>◦타인에 대한 존중과 관심을 갖고, 공공규칙을 지키는 것을 습관화되도록 한다. |
| 예술경험 | ◦여러 장르에 대한 개방적인 태도를 갖도록 돕는다.<br>◦충분한 시간과 공간을 마련한다.<br>◦다른 영역과의 통합적 확장 활동을 적극적으로 지원한다.<br>◦유아들이 스스로 창의적 활동을 개발할 수 있도록 돕는다.<br>◦예술적 감상과 표현에 민감하게 반응하고, 이것을 소재로 한 이야기 나누기를 즐겨한다.<br>◦자주 예술적 경험을 접할 수 있도록 기회를 제공한다. |
| 자연탐구 | ◦자연탐구의 호기심이 구체화 될 수 있도록 한다.<br>◦문제 상황을 예측하고 추론하도록 한다.<br>◦교사는 유아가 생각한 바를 확인시켜주면서 결과와 비교할 수 있게 한다.<br>◦유아가 관심이 있는 동·식물의 특성에 대한 탐구를 적극적으로 격려한다.<br>◦우주의 변화에 대해 규칙성을 이해하고, 지속적으로 관찰하도록 한다. |

출처 : 누리과정지도를 위한 유치원, 어린이집 교사 연수 자료집 요약정리

유아는 소그룹, 개별 교구 활동 등에 더 많은 시간을 보낸다. 교사는 유아들이 또래 유아와 함께 즐겁게 교육활동에 참여할 수 있도록 교구활동에 대한 시범을 준비하고 유아의 발달 수준을 고려하여 상호작용한다(<표 13-17> 참조). 다음은 유아와 교사의 상호작용을 관찰하는 예시이다(<표 13-18> 참조).

**표 13-17 유아-교사-교구-상호작용의 정의**

| 정 의 | |
|---|---|
| 활동의 종류 | 1. 교사 주도적 역할의 정도와 유아에게 주어지는 선택의 범위에 따른 구분<br>1) 대집단 활동 : 교사 중심, 교사 주도의 활동(이야기 나누기, 율동, 게임, 노래, 동극, 기타로 구분)<br>2) 소집단 활동 : 교사가 제안한 활동 중에서 유아가 선택해서 진행하는 활동<br>3) 자유선택 활동: 유아의 개별적 선호도에 따라 흥미 영역별로 자유롭게 선택된 활동<br><br>2. 활동이 이루어지는 장소에 따라 두 가지로 구분한다.<br>- 실내활동, 실외활동 |
| 대소집단 활동의 종류 | 미술, 이야기 나누기, 동화, 동시, 동극, 음률, 게임, 급・간식, 기타 |
| 소그룹 활동 및 자유선택 활동의 종류 | 역할놀이, 물, 모래놀이, 조작놀이, 언어, 과학, 음률, 대근육, 미술, 게임, 기타 |
| 상호작용의 유형 | 활동의 성격이 '목적 없는 행동'인 경우를 제외하고 유아가 주로 상호관계를 갖는 대상에 따라 세 가지고 구분<br>1) 유아 - 유아의 상호작용 : 유아가 다른 유아와 상호작용을 하는 경우<br>2) 유아 - 교구의 상호작용 : 놀잇감이나 사물과 주로 관계를 갖는 경우<br>3) 유아 - 교구의 상호작용 : 유아가 교사와 상호작용을 하는 경우 |
| 유아의 행동 | 1. 유아 - 유아의 상호작용 시<br>① 긍정적 행동 - 유아 간에 서로 의논이나 질문으로 대답하는 등 협조적 활동에 참여<br>② 부정적 행동 - 비협조. 방해하는 경우와 공격으로 구분하고 공격은 신체적 공격과 언어적 공격으로 다시 구분<br>・신체적 공격 : 때리기, 밀기, 차기, 물건 던지기, 물기, 꼬집기 등 신체적 공격을 하는 경우<br>・언어적 공격 : 욕, 비난 놀림, 고함 등 다른 유아에 대한 언어적 공격을 하는 경우<br><br>2. 유아 - 교수 상호작용 시<br>① 주의집중 : 유아가 교구에 주의와 관심을 기울임 |

| | |
|---|---|
| | ② 부주의 : 유아가 주의를 별로 집중하지 않음<br><br>3. 유아 - 교사 상호작용 시<br>· 활동 형태<br>① 활동을 시작 또는 주도<br>② 활동에 적극 참여하거나 협력<br>③ 활동에 소극적으로 참여<br>· 언어형태<br>① 단순 언급 또는 반응<br>유아가 교사에게 행하는 단순 언급이나 혹은 교사의 질문에 대한 유아의 단순한 반응<br>② 대화적 언급 또는 반응<br>교사에게서 적극적인 반응을 기대하면서 유아가 교사에게 시도하는 언급이나 혹은 교사의 질문에 대한 유아의 적극적인 반응<br>③ 질문 : 교사의 반응을 기대하면서 유아가 교사에게 행하는 질문<br>④ 비언어 : 표정, 몸짓, 신체적 접촉 등의 행동으로만 상호작용이 이루어지는 경우 |
| 교사의 역할 | · 행동형태<br>① 시범 : 교수적인 활동에서 교사가 정보를 주거나 설명할 경우, 설명 혹은 어떻게 해야 알려주는 경우, 개방과 폐쇄로 구분<br>② 통제, 지시 : 진행 중인 활동을 멈추게 하거나 유아가 복종할 것을 요구하는 지시나 명령<br>③ 비난, 벌 : 유아의 행위를 비난하거나 비교하는 경우와 신체적 제한을 주는 경우<br>④ 허락, 칭찬 : 유아의 행위에 대해 허락, 칭찬<br>⑤ 개별적 대화 : 유아와 개별적으로 대화<br>⑥ 신체적 접촉 : 긍정적인 신체접촉, 애정을 보임<br>(예-손을 잡아준다, 머리를 쓰다듬어준다. 안아준다)<br>⑦ 무응답, 방관 : 유아기 관심을 얻고자 하나 교사가 반응하지 않음<br>⑧ 도움행동 : 유아의 활동에 도움 줌<br>· 언어형태<br>① 단순 언급 또는 반응 : 유아의 질문 언급에 대한 교사의 단순한 반응<br>② 대화적 언급 또는 반응 : 교사의 언급에 반응하며 유아의 대답이 있는 경우, 혹은 유아의 질문, 언급에 대하여, 교사의 언어적인 적극적 반응이 있는 경우<br>③ 질문 : 유아가 답할 것을 기대하면서 교사가 유아에게 행하는 질문<br>④ 비언어 : 표정, 몸짓, 신체적, 접촉 등의 행동으로만 상호작용이 이루어지는 경우. |
| 교구 선택<br>및 종류 | 1. 선택의 주제<br>· 유아 선택 : 유아가 스스로 교구를 선택해서 활동하는 경우<br>· 교사 선택 : 교사가 유아에게 교구를 선택 혹은 제안해 주는 경우<br><br>2. 교구의 종류 : 미술, 과학, 역할, 음률, 언어 조작, 쌓기, 물·모래, 기타 |

출처: 심성경(1989)

**표 13-18 유아와 교사의 상호작용 관찰의 예시**

<table>
<tr><th colspan="2">관찰유아</th><td colspan="2"></td><th colspan="5">연령</th><td colspan="5">세</td></tr>
<tr><th colspan="2">관찰일</th><td colspan="2"></td><th colspan="5">관찰자</th><td colspan="5"></td></tr>
<tr><th colspan="4">관찰횟수 / 상호작용</th><th>1</th><th>2</th><th>3</th><th>4</th><th>5</th><th>6</th><th>7</th><th>8</th><th>9</th><th>10</th></tr>
<tr><td rowspan="2">1. 활동의 종류</td><td colspan="3">1) 대집단 2) 소집단 3) 자유선택</td><td></td><td></td><td></td><td></td><td></td><td></td><td></td><td></td><td></td><td></td></tr>
<tr><td colspan="3">1) 실내 2) 실외</td><td></td><td></td><td></td><td></td><td></td><td></td><td></td><td></td><td></td><td></td></tr>
<tr><td>1-1<br>대소집단<br>활동 종류</td><td colspan="3">1) 이야기 나누기 2) 동화<br>3) 동시 4) 동극 5) 음악</td><td></td><td></td><td></td><td></td><td></td><td></td><td></td><td></td><td></td><td></td></tr>
<tr><td rowspan="3">2. 상호작용 유형</td><td colspan="3">유아-유아</td><td></td><td></td><td></td><td></td><td></td><td></td><td></td><td></td><td></td><td></td></tr>
<tr><td colspan="3">유아-교구</td><td></td><td></td><td></td><td></td><td></td><td></td><td></td><td></td><td></td><td></td></tr>
<tr><td colspan="3">유아-교사</td><td></td><td></td><td></td><td></td><td></td><td></td><td></td><td></td><td></td><td></td></tr>
<tr><td rowspan="4">2-1<br>유아-유아<br>상호작용</td><td rowspan="4">유아<br>행동</td><td colspan="2">긍정적</td><td></td><td></td><td></td><td></td><td></td><td></td><td></td><td></td><td></td><td></td></tr>
<tr><td rowspan="3">부정적</td><td>비협조, 방해</td><td></td><td></td><td></td><td></td><td></td><td></td><td></td><td></td><td></td><td></td></tr>
<tr><td>신체적, 공격</td><td></td><td></td><td></td><td></td><td></td><td></td><td></td><td></td><td></td><td></td></tr>
<tr><td>언어적, 공격</td><td></td><td></td><td></td><td></td><td></td><td></td><td></td><td></td><td></td><td></td></tr>
<tr><td rowspan="12">2-2<br>유아-교구<br>상호작용</td><td rowspan="2">유아<br>행동</td><td colspan="2">주의집중</td><td></td><td></td><td></td><td></td><td></td><td></td><td></td><td></td><td></td><td></td></tr>
<tr><td colspan="2">부주의</td><td></td><td></td><td></td><td></td><td></td><td></td><td></td><td></td><td></td><td></td></tr>
<tr><td rowspan="2">놀이<br>선택</td><td colspan="2">유아선택</td><td></td><td></td><td></td><td></td><td></td><td></td><td></td><td></td><td></td><td></td></tr>
<tr><td colspan="2">교사선택</td><td></td><td></td><td></td><td></td><td></td><td></td><td></td><td></td><td></td><td></td></tr>
<tr><td rowspan="8">교구<br>종류</td><td colspan="2">교구쌓기 영역교구</td><td></td><td></td><td></td><td></td><td></td><td></td><td></td><td></td><td></td><td></td></tr>
<tr><td colspan="2">역할놀이 영역교구</td><td></td><td></td><td></td><td></td><td></td><td></td><td></td><td></td><td></td><td></td></tr>
<tr><td colspan="2">언어영역 교구</td><td></td><td></td><td></td><td></td><td></td><td></td><td></td><td></td><td></td><td></td></tr>
<tr><td colspan="2">수, 조작 영역교구</td><td></td><td></td><td></td><td></td><td></td><td></td><td></td><td></td><td></td><td></td></tr>
<tr><td colspan="2">과학 영역교구</td><td></td><td></td><td></td><td></td><td></td><td></td><td></td><td></td><td></td><td></td></tr>
<tr><td colspan="2">미술 영역교구</td><td></td><td></td><td></td><td></td><td></td><td></td><td></td><td></td><td></td><td></td></tr>
<tr><td colspan="2">음률 영역교구</td><td></td><td></td><td></td><td></td><td></td><td></td><td></td><td></td><td></td><td></td></tr>
<tr><td colspan="2">기타</td><td></td><td></td><td></td><td></td><td></td><td></td><td></td><td></td><td></td><td></td></tr>
<tr><td rowspan="3">2-3<br>유아-교사<br>상호작용</td><td rowspan="3">유아<br>행동</td><td colspan="2">활동 시작-주도</td><td></td><td></td><td></td><td></td><td></td><td></td><td></td><td></td><td></td><td></td></tr>
<tr><td colspan="2">적극적 참여</td><td></td><td></td><td></td><td></td><td></td><td></td><td></td><td></td><td></td><td></td></tr>
<tr><td colspan="2">소극적 참여</td><td></td><td></td><td></td><td></td><td></td><td></td><td></td><td></td><td></td><td></td></tr>
</table>

| | | | | | | | | | | | | | |
|---|---|---|---|---|---|---|---|---|---|---|---|---|---|
| | | 비협조- 방해 | | | | | | | | | | | |
| | 유아 언어 형태 | 단순언급 또는 반응 | | | | | | | | | | | |
| | | 대화적 언급 또는 반응 | | | | | | | | | | | |
| | | 질문 | | | | | | | | | | | |
| | | 비언어(웃음) | | | | | | | | | | | |
| | 교사 행동 | 시범 설명 | 개방 | | | | | | | | | | |
| | | | 폐쇄 | | | | | | | | | | |
| | | 통제, 지시 | | | | | | | | | | | |
| | | 비난, 벌 | | | | | | | | | | | |
| | | 허락, 칭찬 | | | | | | | | | | | |
| | | 개별적 대화 | | | | | | | | | | | |
| | | 신체적 접촉 | | | | | | | | | | | |
| | | 무응답, 방관 | | | | | | | | | | | |
| | | 도움 행동 | | | | | | | | | | | |
| | 교사 언어 형태 | 단순언급 또는 반응 | | | | | | | | | | | |
| | | 대화적 언급 또는 반응 | | | | | | | | | | | |
| | | 질문 | | | | | | | | | | | |
| | | 비언어 | | | | | | | | | | | |
| 평가 | | | | | | | | | | | | | |

Tip
1. 관찰은 30초씩 기록한다(30초 관찰, 30초 기록).
   단. 30초 관찰하는 동안 여러 가지 유형의 행동을 보이면 주된 유형에 표시를 한다.
2. 활동의 종류를 기록한다.
   예) 대집단활동(이야기 나누기, 율동, 게임, 동극, 간식, 미술 등), 소집단 활동, 자유선택활동

* 기록순서
① 활동의 종류를 기록한다.
② 대소집단 활동의 경우 1-1로, 자유선택활동의 경우 1-2로 간다.
③ 상호작용 유형을 기록한다.
④ 유아-유아 상호작용의 경우 2-1로, 유아-교구 상호작용의 경우 2-2로, 유아-교사 상호작용의 경우 2-3으로 간다.

출처: 심성경, 함은숙(2015)

## 참고문헌

### 단행본


- 경기도 교육청(2019). **유아교육과 놀이중심교육과정 실천자료: 놀이 2019. 놀이로 유아의 삶을 담다**. 경기: 경기도교육청.
- 교육부 · 보건복지부(2019). **2019 개정누리과정 놀이실행자료**. 세종: 교육부.
- 심성경, 함은숙(2015). **유아교육기관 현장관찰 및 평가**. 경기: 공동체.
- 양옥승, 김승옥, 류은미, 윤지영(2021). **영유아관찰 및 실습(제2판)**. 서울: 신정.
- 중앙육아종합지원센터 http://central.childcare.go.kr/ccef/main.jsp

- Karyn Wellhousen(2001). *Outdoor Play Everyday: Innovative Play Concepts for Early Childhood 1st* Edition. 신화식, 이상화, 이희경, 오은순, 이성희, 이춘자, 배지희(2011). **실외놀이**. 경기: Cengage Learning(역저).


### 논문


- 심성경(1989). NAEYC기준에 의한 한국 유아교육프로그램의 질에 관한 분석. 이화여자대학교 대학원 박사학위논문.

Chapter

# 14

# 누리과정 기반의 평가와 실제

## 1. 2019 개정 누리과정

개정 누리과정은 유아가 놀이를 통해 경험하는 신체운동·건강, 의사소통, 사회관계, 예술경험, 자연탐구 5개 영역으로, 각 3개씩 총 15개의 내용범주로 구성되어 있다(교육부·보건복지부, 2019a). 각 영역은 신체운동·건강 영역 12개, 의사소통 영역 12개, 사회관계 영역 12개, 예술경험 영역 10개, 자연탐구 영역 13개 총 59개의 내용이며, 3~5세 연령별 구분하지 않고 모든 유아가 놀이를 통해 경험하게 되는 배움으로 구성되어 있다.

누리과정에서 유아는 자신의 흥미와 관심에 따라 적합한 방식으로 놀이를 진행하기 때문에 교사는 유아의 다양한 상황에 따라 적절한 교육적 지원을 하기 위해 유아의 일상생활과 놀이를 관찰하여 놀이 지원의 판단 근거로 사용한다.

교육과정의 평가는 간략화하여 각 기관이 자율적으로 평가하도록 하며, 기관의 목적, 대상, 방법, 결과의 활용 방법을 바탕으로 실시한다. 평가의 중점은 누리과정의 운영의 질을 개선하기 위한 평가, 유아의 특성 및 변화를 발견하고 그것을 바탕으로 유아의 성장을 지원하기 위한 평가, 평가의 목적에 적합한 방법을 찾기 위한 자료수집을 위한 평가, 수집된 자료로 유아의 전반적인 이해와 부모의 면담 자료로 활용하기 위한 평가이다(교육부·보건복지부, 2019a). 이러한 개정 누리과정의 실행 중심은 유아가 교육과정의 중심이 되고 유아들의 놀이가 재발견되어 배움과 성장이 촉진되는 것이다.

**참고자료**

2019 개정 누리과정 「해설서」를 참고해 주세요.
*교육부(moe.go.kr)〈정책〈유아교육〈누리과정 해설서

## 2. 누리과정에서의 교사의 역할

개정 누리과정에서는 유아중심·놀이중심 교육과정을 강조하므로 유아교육기관에서는 유아의 놀이에 초점을 맞춰 관찰하고 평가한다. 교사는 유아의 놀이를 세심하게 관찰하고 기록하며, 다양한 결과물을 수집하여 누리과정 내용을 기반으로 분석한다.

이렇듯 교사는 유아의 놀이를 관찰하고 다양한 기록작업을 통해 유아의 놀이의미를 파악하며, 유아의 놀이 지원방안을 계획해야 한다. 개정 누리과정의 '놀이 실행자료'에서는 유아의 놀이를 잘 운영할 수 있도록 교사가 수행해야 할 역할을 제시하였다(교육부·보건복지부, 2019b).

첫째, 유아·놀이 중심의 교육과정을 이해하고 실천하는 역할

교사는 5개 영역의 내용을 바탕으로 유아의 놀이, 일상생활, 활동과 연계하여 교육과정을 운영한다. 교사가 누리과정을 잘 이해하고 실행한다면 일과에서 놀이시간을 충분히 제공하고 유아의 흥미와 무관한 활동은 계획하지 않을 것이다.

둘째, 놀이를 통한 유아의 배움을 지원하는 역할

교사는 유아의 놀이를 잘 관찰하고 지원하기 위해서 유아를 이해하는 민감성과 유아가 놀이를 통해 경험하고 배우는 것이 무엇인지 관심을 가져야 한다. 교사는 유아와 함께 놀이에 직접 참여하지 않아도 유아에게 격려, 미소, 공감의 표정, 칭찬 등의 정서적 지원을 제공할 수 있고, 유아가 놀이를 통해 배움이 일어나도록 질문이나 제안의 상호작용인 언어적 지원, 새로운 자료를 제공하거나 공간구성을 변경하는 환경적 지원을 할 수 있다.

셋째, 놀이와 배움을 기록하고 평가하는 역할

교사는 유아의 놀이, 일상생활 및 활동을 관찰하고 기록하는 것과 유아의 배움을 지원하기 위한 계획을 한다. 또한 유아의 활동 결과가 아닌 과

정을 주목해야 하며, 단편적인 놀이 에피소드 활동보다는 전개된 놀이와 일상생활, 활동에 대한 누적된 기록을 종합하여 평가해야 한다.

넷째, 함께 배우며 성장하는 역할

교사는 놀이를 지원하는 과정에서 각 유아와 놀이의 특성을 고려하여 놀이를 언제, 어떻게 지원해야 할지에 끊임없는 고민을 해야 한다.

참고자료

2019 개정 누리과정 「놀이실행자료」를 참고해 주세요.
*교육부(moe.go.kr)〈정책〈유아교육〈누리과정 놀이실행자료

## 3. 개정 누리과정을 고려한 유아관찰 척도

교사의 관찰과 기록은 유아의 배우는 과정과 성장, 유아의 자율적 놀이를 지원하는 자료로 활용한다. 교육현장에서의 관찰과 기록은 유아의 놀이를 지원할 수 있는 방법이다. 다음은 개정 누리과정을 기반으로 한 「KICCE 유아관찰척도」 문항으로(강은진 외, 2019) 유아의 영역별 관찰과 수준에 따른 관찰항목에 대한 설명이다(<표 14-1> 참조).

참고자료

2019 개정 누리과정에 따른 「KICCE 유아관찰척도」를 참고해 주세요.
* 출처: 강은진, 이미화, 예한나(2019). 누리과정 효과성 분석연구(Ⅱ): 누리과정 개정에 따른 KICCE 유아관찰척도 개발 및 시범적용.

표 14-1 2019 개정 누리과정을 고려한 영역별 관찰 문항 및 수준 예시

| 2019 개정 누리과정 | | 관찰요소 | 관찰문항 | 관찰수준 | | | |
|---|---|---|---|---|---|---|---|
| 목표 | 내용 | | | 1 | 2 | 3 | 4 |
| 신체 활동에 즐겁게 참여한다. | 1. 신체를 인식하고 움직인다. | 신체인식 | 신체 각 부분의 이름을 안다. | 신체 각 부분의 이름을 알지 못한다. | 도움을 받아 신체 각 부분의 이름을 안다. | 신체 각 부분의 이름을 일부 알 수 있다. | 신체 각 부분의 모든 이름을 안다. |
| | 2. 신체 움직임을 조절한다. | 대·소근육 협응, 조절력 | 신체를 조절하여 움직인다. | 신체를 조절하여 움직이는 데 어려움을 갖는다. | 도움을 받아 신체를 조절하여 움직인다. | 신체를 조절하여 움직일 수 있다. | 신체를 조절하여 능숙하게 움직인다. |
| | 3. 기초적인 이동운동, 제자리 운동, 도구를 이용한 운동을 한다. | 수행력, 운동능력 | 기본운동(기초적인 이동운동, 제자리 운동, 도구를 이용한 운동)을 한다. | 기본운동(기초적인 이동운동, 제자리 운동, 도구를 이용한 운동)을 수행하는 데 어려움이 있다. | 도움을 받으면 기본운동(기초적인 이동운동, 제자리 운동, 도구를 이용한 운동)을 시도한다. | 기본운동(기초적인 이동운동, 제자리 운동, 도구를 이용한 운동)을 할 수 있다. | 기본운동(기초적인 이동운동, 제자리 운동, 도구를 이용한 운동)을 능숙하게 한다. |
| | 4. 실내외 신체활동에 다발적으로 참여한다. | 자발성, 건강 | 실내외 신체활동에 자발적으로 참여한다. | 실내외 신체활동에 참여하지 않는다. | 도움을 받으면 실내외 신체활동에 참여한다. | 실내외 신체활동에 참여할 수 있다. | 실내외 신체활동에 자발적으로 참여한다. |
| 일상에서 듣고 말하기를 즐긴다. | 1. 말이나 이야기를 관심 있게 듣는다. | 듣기, 주의집중 | 말이나 이야기를 관심 있게 듣는다. | 교사나 또래의 말이나 이야기를 주의 깊게 듣지 않는다. | 교사의 제안이나 시범이 있으면, 타인의 말이나 이야기에 관심을 갖는다. | 교사나 또래의 말이나 이야기를 관심 있게 듣지만, 중간에 생각이 떠오르면 상대방의 말이 끝나기 전에 곧바로 말한다. | 타인의 말이나 이야기를 끝까지 관심 있게 들으면서 적절한 표현이나 행동을 한다. |
| | 2. 자신의 경험, 느낌, 생각을 말한다. | 말하기, 어휘력 | 자신의 경험, 느낌, 생각을 말한다. | 자신의 경험이나 느낌, 생각을 말할 차례가 되었을 때 생각이 안 난다며 말하지 않는다. | 교사의 시범이나 제안이 있으면 단어나 짧은 문장으로 자신의 경험이나 느낌, 생각을 말한다. | 자신의 경험이나 느낌, 생각을 말할 기회가 오면 간단한 문장으로 표현한다. | 적극적으로 자신의 경험을 말하며 그때의 느낌이나 생각을 덧붙여 말한다. |

| 2019 개정 누리과정 | | 관찰요소 | 관찰문항 | 관찰수준 | | | |
|---|---|---|---|---|---|---|---|
| 목표 | 내용 | | | 1 | 2 | 3 | 4 |
| | 3. 상황에 적절한 단어를 사용하여 말한다. | 듣기, 이해력 | 상황에 적절한 단어를 사용하여 말한다. | 상황에 적절한 단어 사용에 어려움이 있다. | 상황에 대해 익숙한 단어로 간단히 말한다. | 상황에 적절한 단어를 사용하여 말하며, 새로운 단어에 관심을 보인다. | 익숙한 단어와 새로 익힌 단어를 적절히 활용해 상황에 맞게 말한다. |
| | 4. 상대방이 하는 이야기를 듣고 관련해서 말한다. | 듣기, 말하기 바른 태도 | 상대방이 하는 이야기를 듣고 적절하게 말한다. | 상대방이 하는 이야기를 듣고 관련해서 말하지 못한다. | 도움이 있으면, 상대방이 한 이야기를 듣고 관련해서 말한다. | 상대방이 한 이야기를 듣고 일부 적절하게 말한다. | 상대방이 하는 이야기는 듣고 적절하게 말한다. |
| | 5. 바른 태도로 듣고 말한다. | 듣기, 말하기, 바른 태도 | 상황에 맞는 바른 태도로 듣고 말한다. | 교사나 또래의 말에 집중하지 못하고 주변 사물을 만지작거리거나, 엉뚱한 말을 한다. | 교사의 지시가 있으면, 교사나 또래의 말을 듣지만 오래 지속되지는 않는다. | 교사의 질문이나 설명에 관심을 갖고 듣지만, 생각나는 대로 자신의 생각을 말한다. | 교사나 또래의 말을 끝까지 듣고 난 후, 차례가 되었을 때 말한다. |
| | 6. 고운 말을 사용한다. | 언어습관, 바른 태도 | 고운 말을 사용한다. | 또래에게 속어를 사용하거나 공격적인 언어를 사용해 말한다. | 교사의 시범과 도움이 있으면, 고운 말을 사용해 말한다. | 갈등 상황에서도 상대방에게 공격적인 표현 대신에 자신의 생각을 긍정적으로 표현하려고 한다. | 다양한 상황에서 스스로 고운말을 사용해 말한다. |
| 자신을 이해하고 존중한다. | 1. 나를 알고 소중히 여긴다. | 자아 인식, 자아 존중감 | 자신의 특성을 알고 소중히 여긴다. | 자신의 특성을 모른다. | 도움이 있으면 자신의 특성을 안다. | 나와 다른 사람의 차이를 통해 자신의 특성을 안다. | 자신의 특성을 알고 소중히 여긴다. |
| | 2. 나의 감정을 알고 상황에 맞게 표현한다. | 감정인식, 감정표현 | 자신의 감정을 알고 상황에 맞게 표현한다. | 자신의 감정을 알지 못한다. | 도움이 있으면 자신의 감정을 표현한다. | 자신의 감정을 알고 표현한다. | 자신의 감정을 알고 상황에 맞게 표현한다. |
| | 3. 내가 할 수 있는 것을 스스로 한다. | 자율성, 자조 능력 | 혼자서 할 수 있는 일을 스스로 한다. | 혼자서 할 수 있는 일을 하지 못한다. | 도움이 있으면, 혼자서 할 수 있는 일을 한다. | 혼자서 할 수 있는 일을 하지만 끝내지는 못한다. | 혼자서 할 수 있는 일을 스스로 한다. |
| 자연과 생활 및 예술에서 | 1. 자연과 생활에서 | 심미감 | 자연과 일상생활에서 아름다움을 찾고 | 자연과 일상생활에서 아름다움에 | 도움이 있으면 자연과 일상생활의 | 자연과 일상생활에서 아름다움을 | 자연과 일상생활에서 아름다움을 |

| 2019 개정 누리과정 | | 관찰요소 | 관찰문항 | 관찰수준 | | | |
|---|---|---|---|---|---|---|---|
| 목표 | 내용 | | | 1 | 2 | 3 | 4 |
| 아름다움을 느낀다 | 아름다움을 느끼고 즐긴다. | | 즐긴다. | 관심을 보이지 않는다. | 아름다움에 관심을 가진다. | 느낀다. | 즐긴다. |
| | 2. 예술적 요소에 관심을 갖고 찾아본다. | 심미감, 자율성 | 예술적 요소에 관심을 갖고 찾아본다. | 예술적 요소에 관심이 없다. | 도움이 있으면 예술적 요소에 관심을 갖는다. | 자발적으로 예술적 요소를 찾아본다. | 예술적 요소를 찾아 활용하기를 즐긴다. |
| 일상에서 호기심을 가지고 탐구하는 과정을 즐긴다 | 1. 주변 세계와 자연에 대해 지속적으로 호기심을 가진다. | 호기심, 지속성 | 주변 세계와 자연에 대해 지속적으로 호기심을 가진다. | 주변 세계와 자연에 대해 관심이 없다. | 주변 세계와 자연에 대해 관심이 나타나지만 지속되지 않는다. | 도움이 있으면, 주변 세계와 자연에 대해 궁금해한다. | 주변 세계와 자연에 대한 호기심을 지속적으로 표현한다. |
| | 2. 궁금한 것을 탐구하는 과정에 즐겁게 참여한다. | 흥미, 자발성, 탐구태도 | 궁금한 것을 탐구하는 과정에 즐겁게 참여한다. | 궁금한 것을 탐구하는 과정에 관심이 없다. | 도움이 있으면, 궁금한 것을 탐구하는 과정에 관심을 갖는다. | 궁금한 것을 탐구하는 과정에 참여한다. | 스스로 궁금한 것을 탐구하는 과정에 즐겁게 참여한다. |
| | 3. 탐구과정에서 서로 다른 생각에 관심을 가진다. | 개방성, 수용성 | 탐구과정에서 서로 다른 생각에 관심을 가진다. | 탐구과정에서 자신과 다른 생각에 대한 관심이 없다. | 도움이 있으면, 자신과 다른 생각에 관심을 가진다. | 탐구과정에서 자신과 다른 생각에 관심을 가진다. | 탐구과정에서 서로 다른 생각에 적극적으로 관심을 가진다. |

출처: 강은진 외(2019)

## 4. 누리과정 관련 사이트 안내

**표 14-2 누리과정 관련 사이트**

| 사이트 | 내용 | URL |
|---|---|---|
|  | 「누리과정 포털사이트-i 누리」는 개정 누리과정과 관련하여 고시문, 놀이 지원 자료, 부모교육 자료, 현장에서 사용할 수 있는 관찰일지, 놀이 기록지, 현장지원 자료 및 연수자료 등이 있습니다. | https://i-nuri.go.kr/main/index.do |
|  | 「현장지원 자료」는 현장에서 사용할 수 있는 놀이운영 사례집입니다. PDF 파일로 다운로드하여 사용할 수 있다. | https://i-nuri.go.kr/main/board/index.do?menu_idx=105&manage_idx=31 |
|  | 「연수자료」는 교사 및 원장(감) 대상의 연수자료입니다. PDF 파일로 다운로드하여 사용할 수 있다. | https://i-nuri.go.kr/main/board/index.do?menu_idx=206&manage_idx=51 |
| 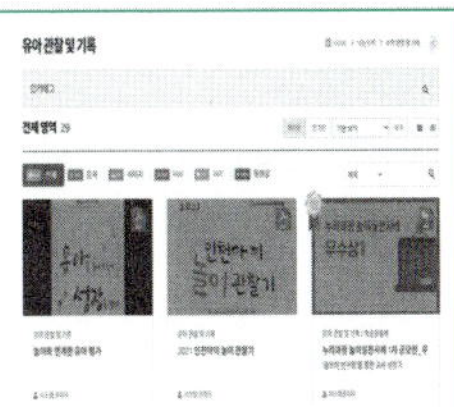 | 「유아관찰 및 기록」은 누리과정 기관별 실천 및 놀이 관찰기록 사례를 제공하고 있습니다. 다양한 파일 형태로 다운로드하여 사용할 수 있습니다. | https://i-nuri.go.kr/main/module/dataManage/index.do?cate_menu_idx=3&menu_idx=111 |
|  | 「학습공동체」는 현장에서 사용하는 누리 교육과정에 대해서 교사들이 학습이 이루어지는 공간입니다. 누리과정에 대해 어려움을 겪고 있는 교사들이 도움을 받을 수 있는 공간입니다. | https://www.i-nuri.go.kr/main/module/dataManage/index.do?cate_menu_idx=5&menu_idx=113 |
|  | 「유아 관찰 앱」은 현장에 사진을 찍어 바로 코멘트를 달아 기록하는 것으로 교육현장에서 쉽게 관찰기록을 남길 수 있다. | https://www.i-nuri.go.kr/main/module/community/view.do?menu_idx=117&manage_idx=1&blog_idx=289 |

# 참고문헌

## 단행본


- 교육부 · 보건복지부(2019a). 2019 개정 누리과정 해설서. 세종: 교육부.
- 교육부 · 보건복지부(2019b). 2019 개정 누리과정 놀이실행자료. 세종: 교육부.
- 강은진, 이미화, 예한나(2019). 누리과정 효과성 분석 연구(II). 서울: 육아정책연구소.

- https://www.i-nuri.go.kr

# 부록

# 차례

**【 1 】 아동연구를 위한 윤리적 기준**

출처: 아동연구를 위한 윤리적 기준은 Society for Research in Child Development에서 제시한 아동연구의 윤리강령(이은해 외(2006) 번역).

**【 2 】 교사의 발문유형과 사례**

**【 3 】 운동능력 측정 검사(MOT 4-6: Motoriktest fur vier-bissechsjahrige kinder)**

출처: 강혜정(2011). 생활주제에 따른 심리운동프로그램이 발달지체유아의 동작활동 능력과 사회적 기술 향상에 미치는 효과. 우석대학교 대학원, 박사학위논문.

**【 4 】 교사 상호작용 척도(CIS) 문항별 조작적 정의**

출처: 김민정(2013). 유아교육기관의 질이 5세 유아의 누리과정 성취에 미치는 영향. 이화여자대학교 대학원 박사학위논문

부록 1

# 아동연구를 위한 윤리적 기준

출처: 아동연구를 위한 윤리적 기준은 Society for Research in Child Development에서 제시한 아동연구의 윤리강령 (이은해 외, 2006 번역).

** 일부 문장의 용어를 같은 의미의 맥락에서 수정됨

** 일부 문장을 수정 및 삭제하여 사용함

## 원칙 1. 피해를 주지 않는 절차

연구자는 아동에게 신체적, 심리적으로 피해를 줄 수 있는 연구 절차를 사용해서는 안 된다. 또한 아동에게 가능한 스트레스가 적은 연구 절차를 사용할 책임이 있다. 심리적 피해를 정의하기 어려우나 이에 대한 정의와 피해를 감소시키는 방법을 적용하는 것은 연구자의 책임에 속한다. 연구자가 연구 절차상 피해를 줄지 모른다고 의심이 되면 전문가에게 자문해야 한다. 피해가 불가피하게 보일 때는 정보수집의 다른 방안을 찾거나 연구를 포기해야 한다. 진단적 또는 치료적 혜택을 주는 연구라 하더라도 아동에게 스트레스를 줄지 모를 때에는 기관별 연구심의위원회(IRB)에서 충분히 이를 고려해야 한다.

## 원칙 2. 서면동의

아동에게 연구 참여의 동의를 구하기 전에 연구자는 참여에 영향을 줄 수 있는 연구의 모든 측면에 대해 안내하고, 아동이 이해할 수 있게 질문에 답변해야 한다. 연구자는 아동의 연구 참여에 대한 자유의사를 존중하여 참여하거나 거부할 수 있도록 하고, 참여 도중에도 언제든지 그만둘 수 있는 선택의 자유를 보장해야 한다. 아동의 동의 의사는 형식적 서면동의로 할 수 없지만, 어떤 형태로든지 표현되어야 하므로 아동을 대상으로 한 연구자는 부모에게 연구 절차를 설명하고 아동이 나타내는 불편의 표시를 민감하게 살펴야 한다.

연구 참여에 대한 동의를 받는 것이 원칙적으로 중요하나, 동의를 얻기 불가능한 상황(예: 비개입 현장 연구)에서는 공공의 장소에서 대상의 익명성이 전적으로 보장되고, 부정적 결과가 예견되지 않는다면, 연구가 수행될 수도 있다. 그러나 이 연구가 윤리적으로 문제가 없는지는 연구심의위원회(IRB)에 자문해야 한다.

### 원칙 3. 부모동의

연구 참여에 대한 서면동의는 부모, 법적 보호자 또는 법정 대리인(예: 교사, 교육기관장)으로부터 받아야 한다. 서면동의 진행 시 연구자는 아동의 연구 참여에 영향을 줄 수 있는 연구의 모든 절차를 설명하고 연구자의 소속기관과 직위를 안내한다. 부모의 거부할 권리를 존중하고, 참여 거부로 인해 어떤 불이익도 가해지지 않는다는 것을 안내한다.

### 원칙 4. 추가적 동의

연구 과정에서 아동과 상호작용을 하게 되는 사람(부모, 교사 등)도 서면동의를 받아야 한다. 이들에게도 연구의 모든 측면에 대해 안내하고, 질문에 응답해야 한다. 아동과 함께 연구에 포함된 사람들도 참여를 결정할 자유가 있으며, 참여 도중에 언제든지 중지할 수 있다는 것을 안내한다.

### 원칙 5. 참여에 대한 보상

연구 참여에 대한 보상은 공평해야 하고 아동이 정상적으로 경험하는 보상의 범위를 지나치게 넘지 말아야 한다. 연구자는 어떤 보상을 사용하든지 연구가 아동에게 미치는 효과가 클수록 아동의 복리와 자유를 보호할 의무도 커진다는 점을 항상 유념해야 한다.

## 원칙 6. 속임

연구 참여에 대해 동의를 받을 때 연구의 모든 내용이 충분히 공개되어야 하는 것이 원칙이나, 특수한 연구에서는 어떤 정보를 제공하지 않거나 거짓으로 속여야 할 필요가 있을 수 있다. 이러한 연구를 수행할 때 연구자는 동료 전문가들로부터 그러한 판단이 옳다는 것에 대해 확인을 받아야 한다. 일부의 정보가 제공되지 않거나 속여야 할 때는 연구 참여자들이 그로 인해 부정적 영향을 받지 않을 것이라는 근거가 있어야 하며, 연구가 끝난 후 참여자들을 속인 이유에 대해 이해할 수 있도록 명확히 설명해야 한다. 속임이 포함된 연구를 수행할 연구자는 선행연구에서 아동이나 가족에게 부정적 효과가 없다고 알려진 방법을 사용해야 한다.

## 원칙 7. 익명성

연구자는 기관이 보유한 자료를 사용할 때 그 자료를 책임지는 사람으로부터 허가를 받아야 한다. 정보의 익명성이 유지되어야 하며 허가받은 목적 외의 정보사용을 금해야 한다. 연구자는 자료를 사용하도록 허가해 준 책임자도 참여자의 신뢰를 바탕으로 하며 책임을 공유한다는 점을 확실히 인식한다.

## 원칙 8. 상호 책임

연구의 시작부터 연구자, 부모 또는 보호자 그리고 아동 각자의 책임 한계에 대해 분명한 동의가 있어야 한다. 연구자는 그 동의와 모든 약속을 존중할 의무가 있다.

### 원칙 9. 위험 요소의 발견

연구 진행 과정에서 아동의 복리가 위협받을 수 있다는 정보가 입수되면, 연구자는 이를 부모, 보호자 그리고 현장의 전문가와 논의할 책임이 있다.

### 원칙 10. 사전에 예견하지 못한 결과

연구 절차에서 사전에 예견하지 못한 결과가 참여자에게 생길 때 연구자는 즉시 이를 수정하기 위한 적절한 조치를 취하고, 차후 연구에서 같은 절차가 포함된다면 이를 수정해서 설계해야 한다.

### 원칙 11. 비밀 유지

연구 참여자에 대해 수집된 모든 정보는 비밀로 유지되어야 한다. 참여자 개인의 이름은 구두 발표나 보고서, 학생이나 동료들과의 비공식적 대화에서도 일체 공개돼서는 안 된다. 만일 연구 참여자의 정보에 다른 사람들이 접근할 가능성이 조금이라도 있다면, 비밀을 유지할 수 있는 계획과 함께 서면동의 절차에서 가능성을 참여자에게 설명해야 한다.

### 원칙 12. 참여자에게 정보제공

연구자는 자료수집이 끝난 후 즉시 참여자들이 연구에 대해 가질 수 있는 오해의 소지를 없애도록 해야 한다. 연구자는 또한 참여자들이 이해할 수 있는 용어로 연구의 일반적 결과를 알릴 의무가 있다. 정보제공을 보류할 때는 그것이 참여자들에게 해가 되지 않도록 해야 한다.

## 원칙 13. 결과보고

연구 결과 보고에서 연구자의 언어는 의도하지 않게 아동이나 부모에게 부담이 될 수 있으므로 결과 보고, 평가적 서술, 제언 등에서 특별히 세심하게 주의를 기울여야 한다.

## 원칙 14. 결과의 함의

연구자는 연구 결과가 내포하고 있는 사회적·정치적·인간적 함의에 대해 충분히 이해하고, 결과의 제시에 특별히 유의해야 한다.

## 원칙 15. 과학적 측면의 위법행위

위법행위란 자료의 누락, 잘못된 분석, 표절, 왜곡된 제시 등으로 학계에서 일반적으로 수용되는 연구의 분석과 보고의 수준으로부터 심각하게 이탈된 행위를 말한다. 여기에는 연구자가 의도하지 않은 오류나 자료 해석에서의 진정한 차이는 포함되지 않는다. 따라서 연구자의 통합성과 연구의 진실성 기초 위에서 과학적 연구를 추구하며, 위법행위를 묵과하지 않는다.

## 원칙 16. 개인적 범법행위

연구자의 연구가 범법행위로 개인적 유죄 판결을 받게 되면 연구자는 학회에서 제명될 수 있다. 이는 해당 연구학회에서 논의하여 결정한다.

부록 2

# 교사의 발문유형과 사례

<table>
<tr><th>구분</th><th colspan="2">유형</th><th>내포된 의미</th></tr>
<tr><td rowspan="2">개방형 질문</td><td>확산적 사고 질문</td><td>◦빗길에 넘어지지 않으려면 어떤 방법이 있을까?<br>◦기억에 남는 것은 무엇인가?<br>◦어떤 점이 재미있었나요?</td><td>◦추론, 시사, 예측, 반응에 제한한 증거가 불충분할 경우</td></tr>
<tr><td>평가적 사고 발문</td><td>◦오늘 태양의 움직임에 대해 알아 보았는데, 어땠나요?<br>◦신발을 제자리에 놓아 보았는데 어땠나요?<br>◦손 씻기 순서를 보고 직접 해보니 느낌이 어땠나요?</td><td>◦인지, 정의적 행동과 연결됨<br>◦계획과 선택적 입장에 따른 정의적 의미가 포함되어 있음</td></tr>
<tr><td rowspan="2">폐쇄형 질문</td><td>기억적 · 인지적 발문</td><td>◦밖에 비가 오나요?<br>◦이것은 사과인가요? 배인가요?<br>◦어제 달을 보았나요?<br>◦저건 자동차인가요?</td><td>◦인식, 기계적 암기, 선택적 회상 등을 통해 기억함<br>◦사실, 개념 등을 단순히 재생함</td></tr>
<tr><td>수렴적 사고 발문</td><td>◦개와 고양이가 다른 점은 무엇인가요?<br>◦나무를 잘 자라게 하려면 무엇이 필요할까요?<br>◦반달과 보름달은 어떤 점이 다른가요?<br>◦비가 오면 무엇이 필요하나요?</td><td>◦기억하고 있는 자료의 분석과 통합을 요구함<br>◦정답을 이끌어 냄</td></tr>
</table>

부록 3

# 운동능력 측정 검사

## (MOT 4-6: Motoriktest fur vier-bissechsjahrige kinder)

출처: 강혜정(2011). 생활주제에 따른 심리운동프로그램이 발달지체유아의 동작활동 능력과 사회적 기술 향상에 미치는 효과. 우석대학교 대학원, 박사학위논문.

<table>
<tr><th>대상</th><td colspan="2">4~6세 유아</td><th>검사시간</th><td>20분</td></tr>
<tr><th>시범</th><td colspan="4">언어적 설명과 시범을 함께 보여 줌</td></tr>
<tr><th>하위영역</th><th colspan="4">내용</th></tr>
<tr><td rowspan="3">민첩성</td><td>정의</td><td colspan="3">정해진 공간 안에서 몸의 방향을 재빨리 정확하게 전환하는 능력을 정의함</td></tr>
<tr><td>항목</td><td colspan="3">점찍기, 번갈아 뛰기, 막대 잡기, 상자 안으로 공 나르기</td></tr>
<tr><td>점수</td><td colspan="3">0점~8점</td></tr>
<tr><td rowspan="3">균형 감각</td><td>정의</td><td colspan="3">움직이거나 정지한 상태에서 균형을 유지하는 능력으로 신체 안전 유지와 사고 및 위험을 피하는 데 중요한 역할을 정의함</td></tr>
<tr><td>항목</td><td colspan="3">앞으로 균형 걷기, 뒤로 균형 걷기, 훌라후프 안으로 뛰어 균형 잡기, 팔 벌려 뛰기, 공들고 앉고 일어나기</td></tr>
<tr><td>점수</td><td colspan="3">0점~10점</td></tr>
<tr><td rowspan="3">신체 조절</td><td>정의</td><td colspan="3">신체 전체의 유연성, 신체 도식, 팔다리 움직임 협응, 움직임의 흐름 및 위치가 바뀔 때 신체 긴장의 유지 등을 정의함</td></tr>
<tr><td>항목</td><td colspan="3">훌라후프 통과하기, 링 받기, 몸통 굴리기, 중축 회전</td></tr>
<tr><td>점수</td><td colspan="3">0점~8점</td></tr>
<tr><td rowspan="3">움직임 조절</td><td>정의</td><td colspan="3">움직임 조절은 몸 전체나 팔, 다리 등 신체 각 부분의 움직임에 대한 조절력을 정의함</td></tr>
<tr><td>항목</td><td colspan="3">훌라후프 안으로 뛰기, 발가락으로 천 올리기, 과녁 맞히기, 성냥 모으기, 줄 넘어 뛰기</td></tr>
<tr><td>점수</td><td colspan="3">0점~8점</td></tr>
</table>

부록 4

# 교사 상호작용 척도(CIS) 문항별 조작적 정의

출처: 김민정(2013). 유아교육기관의 질이 5세 유아의 누리과정 성취에 미치는 영향. 이화여자대학교 대학원 박사학위논문
** 일부 문장의 용어를 같은 의미의 맥락에서 수정됨
** 일부 문장을 수정 및 삭제하여 사용함

### 1. 교사는 아동과 다정하게 이야기한다.

- 교사가 편안하고 즐거운 분위기를 조성하고 아동에게 다정하고 상냥한 태도로 이야기한다.
- 교사는 아동과 대화할 때 부드럽고 친근한 목소리를 사용하여 아동이 존중받고 있음을 느끼게 한다.
- 교사는 아동의 이름을 부르며 반갑고 따뜻하게 맞이하거나, 아동이 교사에게 상호작용을 시도할 때 상냥한 어투로 말한다.

### 2. 교사는 아동을 비판적으로 대한다.

- 교사는 아동의 행동에 대해 비평하거나 간섭하는 등의 부정적인 언어를 사용한다.
- 교사는 매우 위급한 상황에서 아동에게 분명한 의도를 전달하기 위해 '안 돼', '하지 마' 등의 언어적 제재를 할 수 있으나, 일반적인 상호작용에서도 자주 사용한다.
- 교사가 아동을 부정적으로 평가하는 언어를 사용한다.
- 교사는 아동의 작품이나 활동에 대해 냉랭하고 차가운 태도로 대하거나 작품을 인정하지 않거나 최소한의 반응만 한다.

### 3. 교사는 아동이 교사에게 이야기할 때 주의를 기울여 듣는다.

- 교사는 아동이 자신의 느낌이나 생각을 자유로이 이야기할 수 있도록 격려한다.
- 교사는 아동이 의사소통을 시도할 때 인내심을 갖고 반응하며 아동이 천천히 반응하는 것에 조급함을 보이면서 중단시키거나 방해하지 않는다.
- 교사는 아동의 말을 주의 깊게 듣고 정확한 표현으로 다시 말해주는 등 명료화시켜 반응한다.
- 교사는 의사소통하려는 아동의 노력을 격려하며 질문이나 설명에 대해 어떻게 대답할 것인지 생각을 충분히 갖도록 한다.

4. 교사는 아동이 자신의 명령을 따르는 것에 가치를 둔다.

- 교사는 아동이 자신의 명령을 따라야 한다는 것에 강력한 초점을 두고 있는 것을 의미한다.
- 교사는 아동이 다양한 질문을 할 수 있는 허용적인 분위기를 조성하기보다는 상세한 설명 없이 일방적으로 지시한다.
- 교사는 아동이 자신의 명령에 따르는 태도나 반응을 강화하고 이러한 분위기를 조성한다.

5. 교사는 아동에게 관심이 없거나 분리되어 보인다.

- 교사는 아동이 보내는 신체적·언어적 신호 관심에 적절히 반응해 주지 않는다.
- 교사는 교실 내 전반적인 상황에 관심을 두지 않는다.

6. 교사는 아동을 좋아하는 것처럼 보인다.

- 교사는 아동이 놀이에 참여할 때 개별 혹은 소집단의 아동과 긴밀하게 상호작용하며 놀잇감을 함께 사용하고, 놀이 친구로서 역할을 한다. 이때 교사의 표정이 밝고, 미소나 웃음이 나타난다.
- 교사가 미소 짓고 웃는 편안한 분위기 속에서 아동이 자유로이 활동에 참여할 수 있도록 한다.

7. 교사는 아동이 잘못된 행동을 했을 때 어긴 규칙을 지켜야 하는 이유를 설명한다.

- 교사는 교실 행동에 있어 명백하고 공정한 한계를 가지고 있으며, 이를 일관성 있게 적용하고 아동이 이해할 수 있도록 격려한다.
- 교사는 아동의 부적절한 행동에 대해서 상호 존중하는 분위기에서 아동과 대화를 통해 해결하고자 하며 이를 강요하거나 지시하지 않는다.

8. 교사는 아동이 새로운 경험을 할 수 있도록 격려한다.

- 교사는 아동의 탐색을 위해 허용적인 분위기를 조성하며, 교사가 생각하는 방법과 절차에 따라 유도하거나 강요하지 않는다.
- 교사는 새로운 활동이나 사건에 대해 "이것 좀 볼래?" 등으로 아동의 관심을 유도한다.
- 교사는 아동의 활동이나 생각을 인정해 주고, 다른 아동에게도 친구의 활동과 생각에 관심을 갖도록 유도한다.
- 교사는 아동에게 주변 사건이나 사물에 대해 "왜 그럴까?", "어떻게 될까?"라는 개방적 질문을 자주 하고 이를 통해 아동의 사고를 자극한다.
- 교사는 아동이 자신의 활동이나 경험에 깊이 몰입하도록 지원하고 관련 자료나 흥미를 유발하는 교구 등을 제공하여 활동으로 이끈다.

9. 교사는 아동에게 적절한 수준의 통제를 제공한다.

- 교사가 너무 허용적 인지를 측정하는 문항이다.
- 교사가 너무 허용적이라고 생각할 때는 '아니다', '전혀 아니다' 중에서 수준을 결정해야 한다.
- 교사는 아동이 한 영역에 너무 오래 머무르거나, 재료를 독점하는 행동에 대해서 긍정적인 방향으로 유도한다. 이때 직접 지시보다는 여러 활동을 제안하여 아동의 선택을 존중한다.

**10. 교사는 아동에게 짜증을 내거나 적대감을 갖고 이야기한다.**

◦교사가 아동의 문제를 발견했을 때 침착하게 처리하기보다는 참을성을 잃거나 언성을 높여서 이야기한다.
◦교사가 아동에게 부적절한 표정과 어조, 태도(예: 무시하는 듯한 표정이나, 신경질적인 말투, 태도)로 이야기한다.

**11. 교사는 아동의 활동이나 노력에 대해 열의를 보인다.**

◦교사는 아동의 놀이에 관심을 갖고 적극적으로 참여한다.
◦교사는 아동의 놀이에 관찰자나 방관자로 있기보다 놀이의 한 역할을 담당하여 아동과 적극적으로 상호작용한다.

**12. 교사는 아동을 통제하기 위해 아동을 위협한다.**

◦교사는 아동을 지도할 때 칭찬과 격려 등의 긍정적인 방법을 사용하기보다는 비판이나 위협 등의 부정적인 방법을 주로 사용한다.
◦교사가 아동의 부적절한 행동을 통제하기 위한 조건으로 "또 싸우면 둘 다 가지고 놀지 못하게 할 거야" 등의 표현을 사용하면서 아동을 함부로 대한다.

**13. 교사는 활동하는 시간 동안 아동과 상호작용하지 않는다.**

◦교사는 교사 간에는 빈번하게 서로 이야기하지만 아동과는 좀처럼 대화하지 않는다.
◦교사가 아동의 행동이나 활동에 애정 또는 관심을 보이지 않는다.
◦교사는 활동의 전이, 일상적인 양육, 필수적인 훈육을 위해서(예: 어떤 아동을 다른 아동으로부터 떼어놓기 위해서) 언어적인 지시만을 하는 등 최소한의 상호작용을 한다.

**14. 교사는 아동에게 개별적으로 긍정적인 관심을 기울인다.**

◦교사는 활동과 일과 동안 개별 아동과 대화하고 개별 아동의 말에 귀를 기울인다.
◦교사는 전체 그룹으로 아동을 대하기보다는 개별 아동과 다정하게 자주 이야기하고 아동에 대해 정보를 모은다.
◦교사는 아동을 대할 때 미소 짓기, 안아주기, 쓰다듬기와 같은 긍정적인 신체 표현을 자주 한다.
◦교사는 아동과 직접적인 상호작용을 하지 않아도 또래 간 상호작용이나 비계설정을 격려한다.
◦교사는 학급의 모든 아동이 다양한 방법으로 학급 내 활동에 참여할 기회를 제공한다.

**15. 교사는 아동이 잘못했을 때 적절한 수준으로 개입한다.**

◦이 문항은 교사의 허용을 측정하는 문항이다.
◦교사는 아동이 잘못했을 때 전혀 개입하지 않는다면 '아니다', '전혀 아니다' 중에서 수준을 결정해야 한다.
◦교사는 아동 간의 갈등 해결에 적극적으로 개입한다.
◦교사는 교실 내 안전한 환경을 제공하고 주의 깊게 감독한다.

### 16. 교사는 아동이 이해할 수 있는 수준으로 이야기한다.

- 교사는 아동과 이야기를 나눌 때 간결하고 명료한 문장을 사용한다.
- 문장은 짧게 하되 주어와 동사는 분명한 문장을 사용한다.
- 아동이 이해할 수 있는 단어들을 사용하고 '이것', '저것', '저쪽' 등의 대명사보다는 '노란색 사인펜', '자동차', '책상 앞에' 등의 구체적인 언어를 사용한다.

### 17. 교사는 설명 없이 아동을 처벌한다.

- 교사는 관찰하는 동안 처벌하는 행동이 관찰되지 않았다면 '전혀 그렇지 않다'로 평정한다.
- 교사는 아동이 부적절한 행동을 했을 때 아동에게 관련된 상황을 설명하거나 문제에 대해서 생각해 볼 수 있는 기회를 주지 않고 아동을 처벌한다.
- 교사는 아동의 감정과 좌절에 귀 기울이거나 반응해 주지 않고 문제를 해결하려 한다.

### 18. 교사는 필요하다면 단호함을 보여준다.

- 교사는 아동들 간에 공격적이고 위험한 행동이 나타날 때, 즉시 멈추게 하고 적절하게 중재한다.
- 교사는 위험한 상황의 발생을 막기 위한 방법으로 아동에게 "안 돼", "그만" 등 언어적 제지를 사용한다.
- 교사는 불안정한 아동(예: 교사의 주의를 끌기 위해서 떼를 쓰거나, 고집을 부리면서 무조건 울거나, 부정적인 행동을 반복하는 경우)을 잠시 분리하는 방법을 사용하여 적절하게 지도한다.

### 19. 교사는 아동의 돕기, 함께 나누기와 같은 친사회적 행동을 격려한다.

- 친사회적 행동은 성인, 아동 모두에 대한 행동을 포함한다.
- 교사는 아동들 간에 협동하기, 순서 지키기, 문제 해결을 위해 말하기, 타인에 대한 관심 갖기 등과 같은 친사회적 행동을 격려한다.
- 교사는 아동에게 긍정적인 상호작용의 모델을 보인다.

### 20. 교사는 아동의 잘못이나 부주의(과실)를 쉽게 찾아낸다.

- 교사는 아동에게 바람직하지 못한 행동이 나타날 때, 바람직한 행동으로 아동의 주의를 돌리기보다는 아동의 행동을 직접적으로 지적한다.
- 교사는 아동이 부적절한 행동을 할 때, 다른 활동으로 관심을 전환하거나, 이름을 불러서 주의를 환기하기보다는 비판, 야단치는 등의 방법을 사용한다.

### 21. 교사는 아동의 활동에 흥미가 없는 것처럼 보인다.

- 교사는 아동의 활동에 관심을 보이지 않고 관찰하지 않는다.
- 교사는 아동이 보이는 흥미, 생각, 제안 등을 필요에 따라 의미 있는 학습경험으로 이끌어 주지 못한다.

### 22. 교사는 아동이 하고 싶어 하는 것 중 많은 것을 금지하는 경향이 있다.

- 교사는 아동이 하는 놀이나 행동을 중단할 때 미리 알려주거나 그 이유에 대해 설명하지 않는다.
- 교사는 아동이 중요하게 여기는 것, 흥미와 관심을 보이는 것에 대해서 이야기하거나 주의를 기울이지 않고 관심을 보이지 않는다.

**23. 교사는 아동을 가까이서 지도한다.**

◦ 교사는 아동의 활동에 관심을 갖고 관찰한다.
◦ 교사는 아동이 보이는 흥미, 생각, 제안 등을 필요에 따라 의미 있는 학습경험으로 이끌어 준다.
◦ 교사는 교육과정 주제와 아동의 흥미, 이미 알고 있는 것이나 할 수 있는 것과 연결 지어 주려고 노력한다.

**24. 교사는 아동이 자기통제를 연습하기를 기대한다.**

◦ 교사는 아동이 책임감, 자기조절, 자기통제를 발달시킬 수 있도록 기대하고 지지한다(예: 집단활동에 지장을 주지 않는 것, 줄 서서 조용히 있을 수 있는 것 등).
◦ 교사는 아동들 간의 갈등이나 문제가 있는 경우 아동이 스스로 해결할 수 있도록 지도하며 필요한 경우 적절히 개입한다.

**25. 교사는 아동이 이야기할 때 눈을 맞추기 위해 아동 수준으로 무릎을 구부리거나 앉는다.**

◦ 교사는 아동과 이야기를 나눌 때 아동의 눈높이에 맞게 자세를 낮춘다.

**26. 교사는 아동을 필요 이상으로 엄하게 꾸짖거나 금지하는 것처럼 보인다.**

◦ 교사가 아동의 행동을 지도할 때 물리적인 힘, 격리, 위협, 고함치기 등의 부정적인 방법을 사용하는 빈도나 강도가 높다.

# 찾아보기

## ㄱ



## ㄴ

## ㅅ



## ㅇ

## ㅌ



## ㅍ



## ㅎ



## 기타

# 저자소개


**전 은 옥**

가톨릭대학교 대학원 아동가족학과 이학박사

유한대학교 아동보육학과 외래교수

한국방송통신대학교 교육학과 & 청소년학과 외래교수

임마누엘 어린이집 보육교사

現) 대전보건대학교 유아교육학과 겸임교수

**이 은 희**

성신여자대학교 대학원 유아교육학과 교육학박사

청하유치원 교사, 원감/양지어린이집 원장

現) 대전보건대학교 유아교육학과 교수

**손 은 경**

원광대학교 대학원 유아교육학과 문학박사

자연유치원 교사/개미유치원 원감/예랑유치원 원장

現) 중부대학교 보건복지학부 아동보육학전공 조교수

# 아동관찰 및 행동연구

**초판 1쇄 발행** / 2022년 10월 13일
**초판 2쇄 발행** / 2023년 3월 2일
**초판 3쇄 발행** / 2025년 3월 5일

●

**공저자** / 전은옥 · 이은희 · 손은경
**발행인** / 이 중 수
**발행처** / 동 문 사

●

서울특별시 서대문구 홍제원 1길 12
(홍제동 137-8)
Tel: 02)736-3718(대), 736-3710, 3720
Fax: 02)736-3719
등록번호: 1974.04.27. 제9-17호
가격: 18,000원

●

ISBN: 979-11-6328-469-7(93370)
E-mail: dong736@naver.com
www.dongmunsa.com